일본프로축구를 누빈 한국인 30명의 증언
일본은 라이벌인가

신무광 지음

● sportalkorea

Contents

일본은 라이벌인가
일본프로축구를 누빈 한국인 30명의 증언

책을 시작하며 | 더 깊어진 한일 교류… 일본은 여전히 라이벌인가? | 4

PART 1 한국인 J리거 1세대 (1993년~1999년)

홍명보	① '영원한 캡틴'이 말하는 일본 | 10
	② 한국, 일본 두 나라의 미래를 보면서 | 20
	③ 한일 양국의 강점을 살려 세계 무대에 서다 | 30
고정운	한국과 일본은 경쟁 관계가 아닌 함께 할 파트너 | 36
황선홍	일본 팬 여러분, 아시아 무대에서 만납시다 | 48
유상철	① 한국은 있지만, 일본은 없는 것 | 58
	② 사투를 벌였기에 공유할 수 있는 것 | 70
김도훈	축구로 고베에 용기 주고 싶었다 | 84
하석주	한국과 일본에 필요한 것은 긴장과 교류 | 90
노정윤	1993년의 도하, 비하인드 스토리 | 106
김호 하석주 서정원	도하의 기적과 한일 축구의 발전 | 114

PART 2 한국인 J리거 2~3세대 (2000년~2009년)

최용수	① J리그에서 힘들게 한 선수? 특별히 없었다 | 126
	② 진정한 공격수는 온탕에서 자라지 않는다 | 138
안정환	유럽 재진출 위해 일본서 실력을 증명해야 했다 | 146
장외룡	일본과의 관계, 변화를 인정하지 않으면 안 된다 | 160
박지성	① 내게 J리그는 프로 경력의 시작이다 | 174
	② 유럽에서 본 한국과 일본 축구는? | 182
안효연	일본의 기술과 창조적인 플레이 배워야 한다 | 192
김남일	J리그에서 팬 서비스가 의무라고 배웠다 | 198
조재진 박동혁	J리그의 수준은 K리그보다 낮지 않다 | 204
김진규	한국과 일본은 미묘하게 달라 배우는 것도 많다 | 216
칼럼	선수 입장에서 J리그 매력은 10년 전의 절반 수준 | 224

PART 3 한국인 J리거 4세대 (2009년~현재)

오재석 김민우 조영철	한국인 J리거 4세대의 초상 | 230
이근호	한일전 정기 개최는 한국, 일본 모두 득 | 240
이정수	경기의 컨트롤은 일본이 능숙하다 | 250
박주호	결과를 내지 못하고 한국에 돌아갈 수 없다 | 260
김진현 김보경	일본의 시스템은 한국이 본받아야 한다 | 270
김영권	J리그는 외국인 공격수 수준이 높다 | 280
정우영	언젠가 일본과 진검승부를 하고 싶다 | 288
백성동	J리그 선택은 항상 머릿속에 있었다 | 292
윤정환	최선을 다하지 않으면 프로의 자격이 없다 | 298
김창수	K리그와 J리그의 수준 차이는 없다 | 308
장현수	일본 축구의 좋은 점을 배울 필요가 있었다 | 316
칼럼	전체적인 면에서 J리그가 아시아 No.1 | 328
특별대담	홍명보×이하라 : 한국과 일본의 미래에 대하여 | 332

책을 시작하며

더 깊어진 한일 교류… 일본은 여전히 라이벌인가?

"축구는 일본에 지지 않는다"는 한국인의 정서

'숙명의 라이벌'이라 일컬어지는 한국과 일본. 양국은 그렇게 단언할 수 있을 정도로 수십 년간 치열하게 싸워왔다. 대한해협을 사이에 두고 있는 두 나라의 축구 교류는 90년을 거슬러 올라간다. 교류의 시초가 되었던 것은 1926년. 그 해 4월 '오사카 축구클럽'이 바다를 건너 한국을 방문했고, 10월에는 '조선 축구단'이 일본을 찾았다. 그 후에는 학생, 사회인 등 계층을 불문하고 많은 팀이 양국을 오간 것으로 전해진다. 일본을 방문한 선수가 메밀국수를 과식하는 바람에 경기 중에 복통을 일으켰다든가, 일본 선수의 집에 둘러 앉아 스키야키를 함께 먹었다는 유쾌한 에피소드도 있지만 이때는 일제강점기 시대였다. 1936년 베를린 올림픽에 손기정 선생이 일본 국가대표로 출전하기도 했었다.

그리고 바로 이 '식민지 지배'라는 역사적 사실에 기인한 인식이 한국인의 일본에 대해 가지고 있는 특별한 저항심이다.

"축구는 일본에 절대 지지 않는다, 아니 져서는 안 된다!"

투쟁심으로 정신 무장을 한 한국은 첫 번째 국가간 대항전으로 치러진 1954년 스위스 월드컵 아시아 예선 이후 축구에서는 항상 일본에 앞서 왔다. 스위스 월드컵 예선 당시 이승만 대통령은 원정을 떠나는 선수들에게 "일본에 지면 대한해협에 몸을 던지라"고 했을 정도였다. 이후에도 1976년 몬트리올 올림픽 예선, 1985년 멕시코 월드컵 아시아 최종예선 등 일본이 세계 무대로의 화려한 도약을 노렸던 길목마다 한국이 버티고 서 있었다. 한국은 결정적인 순간에 반드시 나타나 모든 투지를 총동원해 일본을 위협했다.

그 엄청난 경쟁심은 실제 결과로 나타났고, 한국은 상대전적에서 압도적인 우위를 유지했다. 그렇게 축적된 승리의 역사는 자신감과 '프라이드'로 연결됐다. 그런 정신력을 어린 시절부터 몸과 마음으로 체득해 온 한국선수들은 '일본에 져서는 안 된다'는 강한 의식을 자연스레 갖게 된다. 언젠가 한 선수가 이런 이야기를 한 적이 있다. "경기를 지켜보는 팬들도 '일본을 꺾어버리는 한국'을 기대하고 있다. 그 마음을 생각하면 한일전에서는 뜨거워지지 않을 수 없다."

그 정도로 부담감도 크다. 무엇보다 한국과 일본이 축구에서 맞붙게 되면 평소 축구라는 스포츠에 관심이 없던 사람들까지도 승패에 관심을 갖게 되고, 언론은 그런 일반 대중의 심리를 부추기는 듯한 자극적인 제목의 기사를 쏟아낸다. 국가대표팀 간의 대결뿐만 아니라 프로, 아마추어 팀들의 경기에서도 '한일전'이라는 타이틀은 수사처럼 사용된다. 그리고 어느 경기 하나 빠짐없이 '패배'를 용서할 수 없는 열기와 긴장감이 선수들을 압박한다.

실제로 경기를 취재하다 보면 한일전이 다가왔다는 것은 몸으로 느낄 수 있다. 내가 일본 쪽을 취재하고 있다는 사실 때문에 한국 선수들과는 경기 며칠 전부터 대화하기 힘들고, 팀 분위기도 상당히 날카로워져 긴장감 넘치는 장면을 몇 번이고 우연히 맞닥뜨린 적도 있다. 한일전이 주는 엄청난 정신적 압박감 때문에 개중에는 식욕을 잃은 선수도 있는가 하면 친선경기였음에도 한일전서 패했다는 사실이 너무나 분해서 눈물을 흘리는 선수도 있었다. 한국선수들에게 있어 일본은 절대로 져서는 안 되는 존재였던 것이다.

그런데 최근에는 일본을 향한 한국의 정서에도 '변화'가 느껴진다. 더 이상 일본에 대해 미움이나 원망 같은 부정적인 감정만을 갖지 않는다. 오히려 "일본 축구로부터 배워야 하는 부분도 많다"는 의견도 존재한다. 그리고 바로 이런 '관계개선'을 가장 먼저 주도한 것은 일본에 진출했던, 혹은 진출해 있는 한국인 J리거들이다.

어느덧 '4세대'까지 등장한 한국인 J리거의 계보

일본 축구의 최고 정점으로도 여겨지는 일본프로축구리그 J리그. 1993년에 개막해 23년의 역사를 가진 J리그로 성장하는데 있어 한국 선수는 빼놓을 수 없는 존재가 됐다. J리그에 가장 많은 선수를 이적시킨 나라는 '축구의 나라' 브라질이 압도적이다. 하지만 '외국인

책을 시작하며

선수' 최다 수출국인 브라질에 근접하는 수의 한국인 선수들이 J1리그(1부리그)와 J2리그(2부리그)에서 활약하고 있다.

가장 먼저 J리그에 온 한국인 선수는 노정윤이었다. 고려대학교에 재학 중이었던 노정윤은 국가대표팀에도 발탁됐던 선수였다. 그런 선수가 K리그를 거치지 않고 바로 J리그 산프레체 히로시마에 입단했기 때문에 일부에서는 '배신자'라는 단어를 쓰며 이적을 비난했다. 하지만 비슷한 시기에 J리그로 이적한 외국인 선수들인 '하얀 펠레' 지쿠(브라질)나 게리 리네커(잉글랜드), 피에르 리트바르스키(독일) 등과 비교하면 노정윤의 연봉은 무척 낮은 편에 속했다. 전문 통역이나 자동차, 고급 아파트가 제공됐던 것도 아니다. 노정윤은 수입의 대부분을 저축하거나 한국의 부모님에게 송금했다고 한다. 생활비를 절약하기 위해 당시 살고 있던 히로시마 시내의 슈퍼마켓에는 폐점 시간 직전에 가는 일도 많았던, 역경의 시간을 보낸 선수였다.

노정윤이 '1세대' 선수였다면 1997년에 고정운, 홍명보, 황선홍, 하석주, 유상철이 대거 J리그로 이적해 왔다. 이 선수들이 '2세대'에 해당할 것이다. K리그에서 실력과 명성을 쌓고, 각자 팀의 에이스이기도 했던 선수들이다. 이 선수들은 대부분 한국에서보다 연봉도, 대우도 훨씬 좋은 조건으로 이적했다. 전임 통역을 대동한 경우도 있다. 당시 한국 언론에서 'J리그, 한국인 선수들의 엘도라도'라고 썼을 정도다. 황금기를 열었던 2세대의 흐름은 최용수, 안정환까지 이어졌고 박지성에 이르러 '3세대'를 이루게 된다.

박지성은 명지대학교를 중퇴하고 교토 상가에 입단했다. 이후 J리그에서 성장기를 거쳤고, 국가대표팀에서도 정착했다. 2002년 한일 월드컵에서 활약한 뒤에는 네덜란드 PSV에 인트호번에서 뛰었다. 그 뒤에는 잉글랜드 맨체스터 유나이티드에 진출했다. 박지성의 성공이 전례가 돼 J리그 팀들은 앞다퉈 한국인 유망주들의 입도선매에 나섰다. 한국 선수들도 대학이나 K리그를 거치지 않고 곧바로 J리그 팀과 계약하는 경우가 많아졌다. 그 대부분은 박지성처럼 '한국에서 일본을 경유해 유럽행'을 목표로 했던 것. 하지만 실제로 이런 목표를 현실로 바꾼 선수는 그리 많지 않다. 미토 홀리호크에 입단, 가시마 앤틀러스를 거처 바젤(스위스)로 이적한 박주호와 세레소 오사카에서 카디프 시티(잉글랜드)로 직행한 김보경, 알비렉스 니가타에서 호펜하임(독일) 이적에 성공한 김진수 정도일 것이다. 그 이외의 선수는 한국으로 돌아가거나 K리그에서도 이렇다 할 활약을 하지 못한 채 현역생활을 마친 선수도 있다.

한국인 선수들이 J리그로 오는 이유 중에는 K리그의 드래프트 제도 등 물리적인 이유도 있었다. 3세대의 성공이 극히 드물었음에도 불구하고 한국인 선수들의 J리그 진출이 완전히 끝난 것은 아니다.

지금 J리그에서 뛰고 있는 한국인 선수들은 '4세대'라 할 수 있다. 이 선수들의 가장 큰 특징 중 하나는 연령이다. 20대 초반의 선수들이 특히 많다. K리그를 거치지 않고 바로 J리그 팀에서 프로 생활을 시작한 선수가 상당수다. 그렇기 때문인지 저연령층, 저조한 활약 역시 분명한 흐름이 되어가고 있다. 게다가 이제 더 이상 일본에 온 모든 한국 선수가 각자의 소속팀에서 주전을 보장받는 상황도 아니다. 특히 J2리그에서는 일단 일본 진출에는 성공했지만 막상 한 시즌 정도가 지나고 나면 한국으로 돌아가 버리는 선수도 적지 않게 나오고 있다고 한다. 그럼에도 불구하고 한국인 선수들의 J리그 진출은 여전히 이어지고 있다. 그들은 무엇을 꿈꾸며 일본에 올까. 일본에서 무엇을 얻을까. 그들의 눈에 지금의 일본 축구는 어떻게 비춰지고 있을까.

이 책은 지금까지 그리고 지금도 J리그에서 활약하고 있는 한국인 선수들을 인터뷰 해 만든 책이다. 최근의 내용도 있고, 오래 전 이야기도 있다. 단, 그들의 속내에 귀를 기울이면 '한국인 선수가 본 J리그'를 볼 수 있을 뿐만 아니라 한일 양국의 축구 교류에 얽힌 진면목도 볼 수 있다는 점은 공통된 테마다.

과연 한국인 J리거에게, 일본은 지금도 라이벌일까.

도쿄에서
신무광

PART 1

한국인 J리거 1세대
(1993년~1999년)

홍명보

① '영원한 캡틴'이 말하는 일본

일본을 누구보다 잘 아는
한국의 카리스마

한국 축구의 '영원한 캡틴' 홍명보. 현역 시절에는 1990년 이탈리아 월드컵부터 2002년 한일 월드컵까지 4개 대회 연속 월드컵 출전 기록을 가지고 있다. 주장을 맡았던 한일 월드컵에서는 한국의 4강 진출을 이끌었고, J리그서 활약했을 당시에도 명성은 대단했다.

일본 무대를 밟은 것은 1997년 벨마레 히라츠카(현 쇼난 벨마레)에 입단하면서다. 1999년 가시와 레이솔로 이적한 뒤에는 한국인 J리거로는 처음으로 주장을 맡아 활약했고, J리그 베스트 일레븐에도 선정됐다.

2004년 미국프로축구 메이저리그사커(MLS) LA 갤럭시를 끝으로 현역 선수 생활을 마감한 뒤에는 2006년 독일 월드컵 국가대표팀 코치로도 활약했다. 이후 꾸준히 국가대표팀 코치와 올림픽대표팀 감독을 맡으며 지도자 생활을 이어갔다.

2009년 FIFA 이집트 20세 이하(U-20) 월드컵에서는 U-20 대표팀을 8강에 올려놓았고, 2012년 런던 올림픽에서는 한국 축구 사상 최초로 올림픽 동메달을 목에 거는 쾌거를 이뤄냈다. 2014년 브라질 월드컵에서는 국가대표팀 감독을 지냈다.

홍명보 감독과는 지금까지 몇 번이고 인터뷰를 한 적이 있고, 본인도 매번 흔쾌히 응해 준 기억을 갖고 있다. 영원한 캡틴은 늘 한국과 일본 축구를 냉정하게 바라보며 앞으로 과제 그리고 희망을 이야기했다. 지금부터 전하는 것은 그런 홍명보 감독이 지도자 경력 3년째를 맞던 2008년 2월 진행했던 인터뷰다.

> ## 선수에게 '명령'하는
> ## 스타일의 감독은 아니다

지도자 생활 3년 차를 맞습니다. 보람을 느끼는지요?

　선수 시절과는 또 다른 즐거움도 있지만 어렵네요. 초기에는 벤치에서 경기를 봐도 반대편에서 무슨 일이 벌어지고 있는지도 모를 정도로 여유가 없었습니다. (웃음) 하지만 이제는 벤치에서 전세를 읽는 일에도 익숙해졌습니다. 벤치에서 경기 전반을 침착하게 살피는 '눈'은 꽤 좋아졌다고 생각합니다.

생각해 보면 '지도자 인생'은 갑작스럽게 시작했습니다. 2004년 LA 갤럭시에서 현역 생활을 마감한 뒤 2005년 9월 딕 아드보카트[1] 감독이 취임한 국가대표팀의 코치에 임명됐죠. 당시 좀 의외의, 파격적인 발탁이었습니다.

　저 역시 예상하지 않았던 일이었습니다. 지도자 경험은 전무했고, 제대로 된 교육도 받지 않은 상태였는데 갑자기 대표팀 코치가 됐으니까요. 개인적으로는 도리에 어긋나는 일이라 생각했지만 당시 코치였던 핌 베어벡 전 감독이 끈질기게 설득하시면서 결국 합류하기로 결정했습니다. 저로서는 외국인 코칭스태프와 대표팀 선수들을 잘 연결하는 '파이프' 역할을 맡았다는 인식이 더 컸다고 할까요? 코치라는 입장에서 선수들을 지도하는 위치는 아니었다고 봅니다. 오히려 제 스스로 코치라는 자각을 갖게 된 것은 독일 월드컵 이후였으니까요. 베어벡 감독이 취임하고 난 뒤 국가대표팀과 올림픽대표팀 코치를 맡아 재합류하면서 본격적으로 '지도자'로서의 경력이 시작됐다고 생각합니다.

NOTE

1　딕 아드보카트(Dirk Advocaat). 네덜란드 출신으로 2005년 9월부터 2006년 6월까지 9개월의 짧은 기간 동안 한국 대표팀을 이끈 지도자. 2006년 독일 월드컵에서 한국의 월드컵 원정 첫 승을 이끌었다. 그러나 조별리그에서 1승 1무 1패를 기록해 16강 진출은 실패했다.

선수와 지도자 중 어느 쪽이 어렵습니까?

당연히 지도자네요. 선수 시절에는 체력 관리나 경기력 등 모든 것을 제 자신만 생각하면 충분했으니까요. 지도자는 선수 전체의 상태를 제대로 파악해야 하고, 팀으로서 무언가를 만들어 결과를 끌어내야 합니다. 그것도 각자 서로 다른 개성을 가진 사람들을 하나로 만드는 일이니 지도자 쪽이 훨씬 어려울 수 밖에 없습니다. 단지 그런 과정을 통해서 선수 그리고 팀이 한 단계 성장한 모습과 마주할 수 있다는 것이 바로 지도자의 진정한 기쁨이라고도 생각합니다. 그것은 현역 시절에는 느껴볼 수 없었던 축구의 새로운 매력이기도 하고요.

하지만 사람을 가르친다는 것은 어려운 일이죠. 더욱이 홍명보 감독은 현역 시절 엄청난 스타 플레이어였습니다. 남긴 업적도 대단하고요. 선수들은 긴장할 수 밖에 없고, 감독 자신도 "왜 이게 안 되는 거지? 왜 이해를 못 하는 거야?" 하고 스트레스를 받는 일도 있을 것 같은데요.

그런 일은 거의 없을뿐더러 선수들에게 절대로 명령조의 어투로 지시하는 일이 없도록 원칙을 세우고 있습니다. 예를 들어 제게는 아주 간단한 일이라 해도, 젊은 선수들 앞에서 시범을 보이는 것도 자제하는 편입니다. 일방적인 자세는 어린 선수들을 위축시키고, 그들에게 좌절감이나 열등감만을 느끼게 할 수도 있기 때문입니다. 물론 어떤 하나의 플레이 동작을 보여주거나 할 때는 있죠. 하지만 그것은 어디까지나 선수들을 위한 '참고 동작'일 뿐입니다. 선수들이 스스로 생각해서 플레이 하도록 지도하고 있습니다. 전술 역시 선수 본인이 완전히 이해할 때까지 몇 번이고 함께 이야기를 나누는 것이 원칙입니다.

그런 지도 스타일은 현역 시절의 경험에서 비롯된 것인가요?

어느 정도는 그렇다고 할 수 있겠네요. 국가대표로 많은 국제대회 경험을 쌓았고, 일본이나 미국에서도 프로 선수로 생활하며 느낀 것은 '스스로 생각하는 힘'의 중요성입니다. 감독이나 코치가 시키는 대로만 움직이는 선수는 '축구 로봇'에 지나지 않고, 크게 성공 하기도 힘들 겁니다. 하지만 최정상에 있는 선수는 모두 스스로 생각하고, 스스로 플레이 할 수 있는 기술을 알고 있습니다. 선수의 그런 '생각할 수 있는 능력'을 일깨워 주는 감독의 능력이 얼마나 중요한 지 알게 된 것은 아드보카트 감독이나 베어벡 감독 밑에서 코치 일을 수행하면서였습니다. 두 감독님으로부터 배운 것도 많았고요.

구체적으로는 어떤 것들이었습니까?

커뮤니케이션의 중요성입니다. 아드보카트, 베어벡 두 감독 모두 선수와 코칭스태프 간의 커뮤니케이션은 물론 코칭스태프 사이의 의견 교환도 무척 중요하게 생각하는 지도자였습니다. 두 감독은 매일 같이 미팅을 갖고 선수와 팀의 상태나 분위기를 확인했는가 하면 앞으로 훈련 계획이나 팀의 전술 강화 방향성에 대해서도 무척 자주 의견을 교환했습니다. 그리고 그런 커뮤니케이션 과정을 통해 선수들 개개인에게는 각자의 수준을 끌어 올릴 것을 주문하면서 동시에 팀을 리빌딩해 나갔습니다. 그 접근 방식은 무척이나 신선한 것이었습니다. 지도자로서는 신출내기였던 제 자신에게 큰 공부가 됐죠. 특히 2년 가까이 함께 일했던 베어벡 감독으로부터는 코치로서 많은 것을 배웠습니다. 연습 방법이나 팀 분위기를 만들어 가는 법, 선수들에게 무언가를 효과적으로 설명하는 방법까지도요. 베어벡 감독은 한국 축구에 많은 것을 남겨주었지만 제 자신도 코치로서 많은 것을 배웠습니다. 2007년 아시안컵을 끝으로 베어벡 감독이 한국을 떠나 무척 아쉬웠습니다.

> **" 일본은 언제나 중원이 강하고,
> 안정된 경기 운영을 한다 "**

2007년 아시안컵[2] 3위 결정전에서 일본을 만났습니다. 당시 본 일본 축구의 인상은 어땠나요?

아시안컵뿐만 아니라 전통적으로 일본 축구는 중원이 강합니다. 우선 그 부분을 중점적으로 분석한 뒤에 대책을 세웠습니다. 과거 한국이 대인방어 방식으로 일본 선수들 개개인을 수비하는데 주안점을 뒀다면, 2007년 아시안컵에서는 조금 다른 접근 방식으로 일본의 중원을 무너뜨리기 위한 대책을 세웠습니다.

어떤 방식이었나요?

당시 아시안컵에서 일본이 공간을 효과적으로 사용하며 공격해 들어가는 방식이 무척이나 압도적이었습니다. 대인방어로는 대응하기 힘들다는 것도 분명했고요. 다행이었던 것은 우리는 베어벡 감독의 지휘 하에 대인방어가 아닌 '존 디펜스', 즉 지역방어를 철저히 준비한 상태였습니다. 아시안컵에서도 개인방어가 아닌 지역방어를 사용했고요. 3위 결정전은 한국이 경기 내용에서 조금 밀린 감이 있었습니다. 하지만 퇴장을 당한 선수가 나와 수적으로 밀리는 상황에서도 실점을 허용하지 않은 것만 봐도 일본의 공격을 철저히 막아냈다는 것을 증명한 셈이죠.

당시 일본은 이비차 오심 감독이 이끌고 있었습니다. '공과 선수가 함께 움직이는 축구'로 침투해 들어가는 스타일의 전술을 표방하던 시기였고요.

그 캐치프레이즈도 이미 사전에 들어서 알고 있었습니다. 이후에 올림픽대표팀에서도 같은 방향성을 택해 전술에 적용할 것이라는 이야기도 들은 바가 있고요. 그래서 아시안컵 당시 선수들에게는 더더욱 강조했습니다. "공간으로 침투해 들어가는 일본 선수를 불필요하게 쫓아가지 말라"고요. 그 움직임에 말려들면 곧장 또 다른 공간이 열리게 되기 때문에 그 공간으로 패스가 들어가는 순간 위기 상황이 발생한다는 사실을 강하게 주지시켰습니다. 반드시 자신의 수비지역을 지키고 될 수 있는 한 패

NOTE

2 아시안컵(Asian Cup). 아시아축구연맹(AFC)이 주관하는 국가대항 축구대회. 우승국은 아시아 대표 자격으로 컨페더레이션스컵에 출전한다. 1956년부터 2004년까지 4년 마다 열렸으나 대회가 열릴 때 하계올림픽과 유럽축구선수권대회가 열려 2007년부터는 이를 피해 4년 주기로 개최되고 있다. 한국은 1956년과 1960년 대회 우승을 차지한 뒤 우승과 인연을 맺지 못하고 있다.

스의 진로를 양 사이드로 몰아내도록 좁혀서 볼을 빼앗는 것이 주된 지시사항이었죠. 예상컨대 맨투맨으로 수비했었다면 일본의 움직임과 볼 회전에 농락당하고 말았겠죠.

한국은 골 결정력 부족이 문제로 거론되고 있습니다만, 코치의 입장에서 볼 때 원인은 어디에 있다고 여겨지시나요?

언론은 공격수 개인에게 원인이 있다고 쓰지만 저는 마지막 패스 연결에도 원인이라고 봅니다. 일본의 경우 중원에서부터 들어오는 침투 패스나 사이드에서 들어오는 크로스까지 정확도가 높습니다. 하지만 한국의 최종 패스는 공격수라고 해도 받기 어려운 경우가 많습니다. 간단히 말하면 패스의 질이 좋지 못하다는 거죠. 그런 섬세한 부분들 그러니까 기술적인 능력을 좀 더 높이지 않으면 한국 축구의 미래는 없다고 생각합니다. 올림픽대표팀 선수들에게도 하나, 하나의 플레이를 스스로 생각하고 예상하며 움직이라고 강조합니다. 그런 과정을 반복해야 좋은 플레이를 할 수 있게 됩니다. 동아시안컵에서는 올림픽대표팀의 형들인 국가대표팀 선수들이 좋은 플레이를 보여주었으면 하는 바람입니다.

지금 한국의 어린 선수들이 가진 실력과 가능성에 대해서는 어떻게 보고 계십니까?

기술을 가지고 있고, 전술 이해도가 높은 선수들도 많다고 생각합니다. 단지 경험이 부족합니다. 그런데 바로 그 '경험 부족'이야말로 기복의 격차가 심한 상황을 피할 수 없게 만드는 원인이 됩니다. 힘든 순간을 맞닥뜨렸을 때 자력으로 헤쳐나올 수 없는 경우도 있습니다. 하지만 경험이라는 것은 앞으로 얼마든지 쌓아나갈 수 있는 것이기도 합니다. 그렇게 경험이 축적된 선수들을 성장할 수 있게 해주면 팀은 강해질 것이라 믿고 있습니다.

> **" J리그 시절은 선수로서의
> 전성기였다고 생각한다 "**

홍명보 코치에게 있어 일본에서 보낸 현역 시절은 어떤 의미였습니까?
　일본 시절은 선수로서 최고의 나날이었다고 생각합니다. 물론 언어와 문화가 다르기 때문에 일본 생활에 적응하기까지 고생도 했지만 가시와 레이솔에서는 우승컵을 드는 최고의 순간도 경험할 수 있었습니다. 힘들었던 만큼 그에 못지 않은 기쁨도 누릴 수 있었던 거죠. 그래서 더욱 그 시간들을 잊을 수 없습니다.

아직도 기억에 남아 있는 J리그 당시의 추억이나 경기가 있습니까?
　가시와 레이솔에서 뛰었던 1999년, 주빌로 이와타와의 경기입니다. 당시 주빌로 이와타는 J리그 최강팀이었습니다. 하지만 가시와 레이솔은 주빌로 이와타에 전혀 밀리지 않았어요. 특히 잊지 못하는 순간은 야마자키 나비스코컵 8강전에서 종료 직전에 동점골을 넣었던 일입니다. 절대로 져서는 안 되는 경기였는데 그 당시의 흥분은 아직도 생생하게 기억하고 있을 정도니까요. 마지막으로 가시와 레이솔과 작별할 때 구단이 준비해 주었던 세리머니입니다. 서포터스를 향한 감사와 아쉬움이 교차하던 그 순간은 아직도 제 마음 속에 확실히 새겨져 있습니다. 가시와 레이솔은 제가 그 어떤 팀보다 열정을 바쳤던 팀이고, 지금도 여전히 애착을 갖고 있는 클럽이기도 합니다.

지금도 가시와 레이솔이나 J리그의 경기를 체크하는지?
　최근 몇 년은 국가대표팀 코치로 현장에 가는 일이 많아 바빠졌기 때문에 예전만큼이라고는 할 수 없네요. 하지만 J리그의 결과나 근황 등에 대해서는 인터넷이나 지인 등을 통해서 알고 있습니다.

스승이라고 언급한 적도 있는 니시노 아키라[3] 감독(현 나고야 그램퍼스 감독)은 감바 오사카를 10년 가까이 맡아 상위 클럽으로 탈바꿈 시켜 놓았습니다. 그런 성과 덕분에 최근

몇 년 동안 무척 높은 평가를 받고 있는 감독이기도 합니다.

최근 몇 년 만이 아닙니다. (웃음) 니시노 감독은 제가 뛰었던 가시와 레이솔의 감독을 맡았을 당시에도 유능한 감독이었지 않습니까? 지금의 감바 오사카가 저렇게 강팀이 된 것도 니시노 감독이라면 당연한 결과라고 생각합니다.

J리그 팀들 전반에 대한 인상은 어떻습니까? 지난 시즌(2007년) AFC 챔피언스리그[4] 우승팀이 J리그의 우라와 레즈이기도 했습니다.

우라와 레즈가 AFC 챔피언스리그를 제패한 것만 봐도 알 수 있습니다. J리그는 지속적으로, 차근 차근 발전해 나가고 있다고 생각합니다. 일본에서 선수로 뛰던 시절에도 느낀 부분이지만 일본은 축구 자체를 체계적으로 성장시켜 나가는 체계나 기반이 갖춰져 있는 것 같습니다. 예를 들면 축구를 축구 자체로 즐기는 문화가 전반에 깔려 있습니다. 서포터스는 자신들이 응원하는 클럽이 경기에 패하는 경우에도 팀을 꾸준히 응원할 정도로 축구 그리고 클럽을 향한 애착이 강합니다. 아마도 일본 축구계 전체가 그런 토양과 환경을 만들기 위해 끊임없이 노력해 온 결과이겠죠. 한국은 여전히 성적지상주의 경향이 강하고, 마음으로부터 축구를 즐기려는 문화는 아직은 조성되어 있지 않습니다. K리그 역시 승패에 집착하는 경향이 너무 강한 것이 사실이라 축구도 재미 없어져 버리기 때문에 경기장 스탠드가 텅텅 비어 있는 것을 자주 보게 되죠. 팬이나 서포터스도 클럽에 애착을 갖지 못하고 있는 상황입니다. K리그의 이런 분위기는 하루 빨리 개선되어야 할 필요가 있을 겁니다. 또 일본의 경우 유소년 시스템도 탄탄하죠. 일본 축구는 확실히 최근 10년 비약적으로 성장했습니다만 앞으로 발전 노선에는 크게 변화가 없을 것으로 보이네요. 한국 축구도 일본의 그런 선례를 참고

NOTE

3 니시노 아키라(西野朗). 일본 축구를 대표하는 지도자. 1996년 애틀랜타 올림픽에서 일본이 브라질을 꺾고 조별리그서 2승을 거둘 때 팀을 이끌었다. J리그에서도 뛰어난 결과물을 남겼다. 특히 2002년부터 10년간 지도한 감바 오사카에서는 J리그, 일왕배, 야마자키 나비스코컵, AFC 챔피언스리그 등을 모두 우승했다. 가시와 레이솔(1998~2001) 감독 시절에는 홍명보, 황선홍, 유상철 등 한국 선수로만 외국인 선수를 꾸려 J리그에서 빼어난 성적을 남겼다.

4 AFC 챔피언스리그(AFC Champions League). AFC가 주관하며 각국 프로리그 우승팀 및 상위 순위 팀이 출전하는 아시아 클럽 대항전. 한국 프로팀은 2006년(전북 현대), 2009년(포항 스틸러스), 2010년(성남 일화), 2012년(울산 현대) 정상에 올랐다.

해서 배워야 할 부분은 받아들일 필요가 있다고 생각해요.

구체적으로는 어떤 부분일까요?

리그 전반적인 운영이나 각 클럽들의 운영방식, 유소년 육성 시스템, 지도자 육성 방식 같은 부분입니다. 여러 분야에서 변화가 필요하지만 현장에 있는 코치로서 가장 뼈저리게 느끼는 점은 결과가 나쁜 원인은 따로 있는데 그 부분을 정신력과 체력 부족이라는 분석으로만 메우고 있다는 겁니다. 그런 안이한 대처가 아니라 전술적인 문제, 선수의 배치나 포메이션의 반성, 나아가서는 팀을 만들어 가는 단계에서 어디에 풀어야 할 문제가 있는지 더욱 구체적으로 분석하는 작업들을 병행할 필요가 있다고 생각합니다. 정신력이나 체력만 강조하는 시대에 한국도 이제는 마침표를 찍어야 할 시기가 왔다고 느끼고 있습니다.

오랜 친구이기도 한 황선홍이 부산 아이파크에서 정식으로 감독 생활을 시작했습니다. 친구의 지도자 데뷔입니다.

정말 멋진 일입니다. 2002년에 한일 월드컵을 경험한 멤버 중에서는 첫 K리그 감독이 나왔습니다. 1990년대 중반부터 2000년대까지 활약했던 국가대표 선수 중 하석주 선배나 후배인 최용수가 K리그에서 코치를 맡고 있지만 정식 감독은 황선홍이 처음입니다. 그렇게 보면 황선홍 감독의 부담감도, 책임감도 더 클 지도 모르겠습니다. 그의 성공 여부에 따라서 한국 축구의 미래가 크게 달라질 수 있으니까요. 지금 한국 축구계는 선수들의 세대교체도 진행 중이지만 지도자의 세대교체 역시 진행되어야 할 시점입니다. 세계 축구계를 봐도 위르겐 클린스만이나 프랑크 레이카르트 같이 우리 시대에 현역 시절을 함께 했던 인물들이 점차 지도자로서도 두각을 나타내고 있습니다. 그리고 동시에 그런 30~40대의 젊은 지도자들이 축구계에 변화를 가져오고 있고요. 그런 의미에서는 한국 축구도 더 많은 젊은 지도자들이 일선에서 활약해 나가야 할 시기가 아닌가 생각됩니다.

홍명보

② 한국, 일본 두 나라의 미래를 보면서

일본인 코치 이케다 세이코를 선임한 이유

　2008년 베이징 올림픽 당시 올림픽대표팀 코치를 맡았던 홍명보는 2009년 U-20 대표팀 감독에 취임하면서 본격적으로 지도자 생활을 시작했다. 정식으로 감독 자리에 앉은 뒤 처음으로 출전한 국제대회인 FIFA 이집트 U-20 월드컵에서 어린 대표팀을 대회 8강으로 이끌었다. 그리고 그 성과를 인정 받아 2010년 1월, 런던 올림픽을 목표로 하는 올림픽대표팀 감독에 임명됐다.

　런던을 목표로 하는 길목에서, 홍명보는 올림픽대표팀의 전력 강화를 위해 2010년 광저우 아시안게임에 출전했다. 큰 기대를 받았던 홍명보호는 동메달을 목에 거는데 그쳤지만 언론이나 팬들의 홍명보를 향한 신뢰는 크게 흔들리지 않았다.

　홍명보는 2010년, 당시 한국과 일본의 젊은 선수들을 현장에서 지켜보며 어떤 생각들을 했을까. 이 인터뷰는 2010년 12월, 한국에서 진행됐던 'AFC P(프로페셔널)급 라이선스' 교육에 참가하고 있던 그를 만나 진행된 내용이다.

> **일본 국적은 관계 없었다.
> 노하우와 경험이 절대적으로 필요했다**

현장 경험을 쌓으면서 이렇게 계속 교육도 받고 계시다니 열심이시네요.

미래를 위한 과정이고 투자입니다. 지도자는 항상 그리고 끊임없이 배우지 않으면 안됩니다. 평소에도 해외 리그의 중계를 자주 보거나 자료를 모아서 연구하는 편입니다. 잉글랜드 프리미어리그나 스페인 프리메라리가를 보는 경우가 많네요. 세계 축구의 흐름, 변화의 방향에 대해서는 관심이 많기 때문에 언제나 안테나를 켜 놓고 있습니다.

그런 노력들을 통해 느끼는 바는 무엇인가요?

최근의 축구는 무엇보다 스피드가 눈에 띄게 빨라졌습니다. 포지션 체인지나 로테이션이 더 일상적인 일이 됐고, 동시에 어려워졌습니다. 2010 남아공 월드컵에서 그런 경향은 확연해졌던 것 같습니다. 개인기와 조직력이 조화를 이룬 스페인도 훌륭한 팀이었지만, 네덜란드 역시 조직력이 탄탄하고 절제된 면모를 보이면서도 개개인의 창의력이 발휘된 인상적인 팀이었어요. 다만 리그 중에서 개인적으로 선호라는 곳을 꼽으라면 예전부터 이탈리아 세리에 A를 가장 즐겨보는 편입니다. 철벽 수비 라인에 컴팩트하게 중원을 운영하면서도 상대를 공략하는 축구를 합니다. 개인적으로는 그런 스타일을 좋아합니다.

목표하는 스타일의 축구는 U-20 월드컵을 통해서도 보여진 부분이 있다고 생각됩니다. 하지만 광저우 아시안게임에서는 기대했던 금메달을 목에 걸지 못했는데요.

선수들은 잘 싸워줬다고 생각해요. 결과에 관해서는 전적으로 제 책임입니다. 무엇보다 3위 결정전이었던 이란과의 경기에서 0-2까지 몰렸을 때는 "책임을 지지 않으면 안 되겠다"는 각오를 했습니다. 그런데 선수들은 마지막까지 포기하지 않고 뛰었고, 오로지 승리하기 위해 싸웠습니다. 가치 있는 동메달을 얻게 되었을 뿐만 아니라 동시에 제 스스로 감독으로서 많은 것을 배우게 된 대회였습니다.

어떤 것을 배우셨습니까?

대회 첫 경기였던 북한전을 예를 들어볼게요. 선제골을 빼앗긴 상황에서 상대팀에 퇴장 선수가 나왔을 때 어떻게 대처해야 할 것인지에 대한 것이죠. 반대로 8강 우즈베키스탄전에서는 오히려 우리가 1-0으로 앞서고 있는 상황에서 퇴장 선수가 나오면서 동점이 된 경우도 있었습니다. 4강전 UAE와의 경기에서는 승부차기를 대비한다는 계획에서 골키퍼를 교체한다는 전략이었는데 그 선택이 오히려 선수들의 집중력을 흔들면서 패인이 됐습니다. 사실 경기 중에 감독이 할 수 있는 일은 선수를 교체하거나 벤치에서 지시를 내리는 정도뿐이죠. 하지만 그것이 선수들에게 어떤 영향을 미치는지, 어떤 타이밍에 하는 것이 적절한지 모든 순간, 순간이 감독으로서는 큰 공부가 됐습니다. 경험은 쓰라렸지만 아시안게임을 거치면서 정말로 배운 것이 많았습니다.

언급하신 아시안게임까지 포함하면 수 많은 국제대회를 경험하셨습니다. 아시아를 넘어 국제대회에 참가하게 되면 새삼 느끼는 부분은 무엇입니까?

선수들의 개인기, 팀으로서의 조직력도 물론 중요합니다. 하지만 그 대회에 임하는 동안 체력과 컨디션을 얼마나 완벽하게 갖추고, 어디까지를 최고치의 목표로 정할 것인가의 문제는 그야말로 중요한 부분입니다. 축구 자체가 고도로 빨라지고, 더 격렬해진 최근에는 특히나 이 부분은 간과해서는 안 될 지점입니다.

바로 그런 이유 때문에 이케다 세이고[5] 피지컬 코치를 합류시킨 것으로 알고 있습니다. U-20 월드컵에 이어 아시안게임까지 일본인이 한국 대표팀 벤치에 앉은 것은 획기적인 일인데요. 누구보다 본인이 강력하게 추천한 인물이었다고 들었습니다. 이케다 코치를

NOTE

5 이케다 세이고(池田 誠剛). 일본 출신 피지컬 코치로 한국축구 역사에서 최초로 국가대표팀 코치를 한 일본인. 홍명보 감독의 요청으로 2009년 UAE U-20 월드컵부터 2014년 브라질 월드컵까지 코칭스태프로 활약했다.

데려오기 위해 감독님이 이케다 코치가 일하고 있던 우라와 레즈에 직접 찾아가 양해를 구했다는 것도 사실인지요?

　일본인 코치를 국가대표팀 코치진에 합류시킨다는 것에 의문을 가진 사람들도 있었습니다. 하지만 국적은 관계가 없었어요. 저는 그의 노하우와 경험이 절대적으로 필요하다고 생각했습니다. 이케다 코치와는 J리그 시절부터 안면이 있었습니다. 그가 제의를 흔쾌히 수락해 주었고, 대한축구협회나 우라와 레즈의 협력이 있어 실현될 수 있었던 일이었습니다. 실제로 지난해 U-20 월드컵이나 아시아게임에서 그가 맡은 역할 그리고 효과는 무척 컸습니다.

아시안게임에서는 반드시 금메달을 따야 병역면제 혜택을 받을 수 있기 때문에 선수들의 부담도 엄청났고, 8강 상대인 우즈베키스탄과의 경기를 전후해서는 '눈물의 미팅'이 있었다는 에피소드도 들었습니다. 이때 이케다 코치도 함께 눈물을 흘리며 선수들을 격려했다고 하던데요?

　이케다 코치는 확실히 팀에 녹아 들었고 그렇기 때문에 선수들도 그를 존경했습니다. 그런 관계를 만든 것에는 저 또한 무척 기쁘게 생각하는 부분이고요. 팀을 어떻게 만들어 갈 것인가에 대해 이케다 코치와 정말 많은 이야기를 나누었습니다. 종종 코칭스태프 회의에서 저와 이케다 코치가 일본어로 한참 대화를 나누는 바람에 다른 한국인 코치들이 곤혹스러운 표정을 지어서 모두가 한참 웃은 적도 있습니다. (웃음)

> **" 움직임의 '질'은
> 한국보다 일본이 우위에 있다 "**

이케다 코치도 언급한 적이 있습니다만, 최근 한국의 연령별 대표팀이 보여 주고 있는 성과가 대단합니다. 감독님이 볼 때 한국의 연령별 대표팀 선수들의 능력은 어느 정도입니까?

제가 현역으로 뛰었던 시절과 비교하면 지금의 어린 선수들은 공을 다루는 능력이 뛰어나고 경험치 자체가 더 뛰어납니다. 무엇보다 '목표 의식'이 높아졌습니다. 국가 대표 선수가 되겠다는 목표뿐 아니라 유럽에서 뛰고 싶다는 생각을 명확하게 가지고 있으니까요. 그런 길을 걷기 위해서 어떤 과정을 거쳐야 하는지도 확실히 알고 있다는 인상을 받습니다.

한국에서는 이 세대를 일컬어 'G세대'[6] 라는 표현도 사용한다고 알고 있습니다. 어린 선수들과 세대 차이 같은 것을 느끼는 경우도 있습니까?

과거와 비교하면 지금의 이 선수들이 자기 표현 능력은 높을지도 모르겠네요. 저 같은 경우 훈련 중에 플레이를 멈추게 하고 묻기도 하고, 비디오 미팅 중에 질문을 하기도 하는데 "지금 왜 그 플레이를 선택했나?", "이 상황을 너희들은 어떻게 생각하나?" 하는 질문을 던집니다. 그런데 요즘 젊은 선수들은 태연한 표정으로 "모르겠습니다" 하고 대답하더군요. 처음에는 솔직히 조금 놀랐습니다. 옛날 같으면 감독한테 혼나는 것이 두려워서 잠자코 있거나 그저 아는 척을 했을 겁니다. 하지만 요즘 선수들은 자신의 생각이나 의견을 확실하게 표현합니다. 그런 자유로운 발상과 분위기도 지켜가고 싶습니다.

지금 세대는 힘이나 속도만이 아니라 능숙함과 영리함까지 갖추고 있는 것 같다는 생각이 드는군요.

아마도 선수들을 직접 길러내고 있는 현장의 지도자들이 가져 온 성과가 아닐까 생각합니다. 한국 축구계에도 최근에는 젊은 지도자들이 확연히 늘어났습니다. 중요하게 생각하는 요소들도 옛날 축구를 하던 환경과는 달라졌죠. 저만 해도 단조로운 방식이 아니라 효과적으로 공간을 활용하라고 선수들에게 요구합니다. 훈련 단계에서

NOTE

6 1988년 서울 올림픽을 전후로 태어난 세대를 이르는 말. 글로벌 마인드를 갖추고, 긍정의 힘과 낙천적인 성향, 자신감, 외국어 구사 능력, 컴퓨터 사용 능력 등의 강점을 가지고 있다는 평가를 받고 있다.

부터 빠르고, 정확한 판단을 하도록 연습시키는 거죠. 제가 어렸을 때는 공간활용 같은 부분보다는 체력, 정신력으로 승패에 집중하는 것이 주안점이었습니다. 하지만 그런 방식으로는 더 이상 국제무대에서 이길 수 없다는 것을 한국 축구계 전체가 이해하고 있는 상황입니다.

일본 관계자들 사이에서는 '어린 세대의 대표팀에서 한국과 일본의 수준은 이미 역전됐다'는 목소리도 나오고 있습니다.

확실히 2008년에 열렸던 AFC U-19 챔피언십에서도 한일전 승리는 한국이 가져갔지만 중요한 것은 지금이 아니라 미래입니다. 청소년 연령대의 결과만이 중요한 것이 아니라 그 이후 그들이 어떻게 성장하느냐가 중요합니다. 그 지점에서 한국 축구계는 여전히 큰 과제를 안고 있는 상태입니다. 한국 선수들은 20세 이하 대표팀까지는 뛰어난 성장세를 보이다가도 그 이후부터 정체하는 경향이 있습니다. 특히 20세에서 23세 이르는 시기에 프로 선수가 됐음에도 불구하고 좀처럼 실전 경기에 뛰지 못하면서 기량저하를 반복하다 그대로 재능이 꺾이는 선수가 많습니다. 그런데 일본의 경우 20세를 넘기면서 23세 정도 되는 시기에 선수들이 크게 성장해 가는 인상을 받습니다. J리그 팀들이 상대적으로 숫자도 많고 실전 경기에 꾸준히 나설 수 있는 환경도 잘 갖춰져 있다는 것이 큰 원인이 아닐까 생각됩니다. 축구선수로서 얼마나 크게 성장할 수 있는지는 바로 이 시기에 결정됩니다. 20~23세 시기에 얼마나 많은 경기를 경험하느냐에 따라 기술적으로도, 정신적으로도 자신을 단련하고 성장할 수 있는 기회를 가질 수 있습니다.

한국과 일본의 젊은 선수들, 단도직입적으로 비교해 본다면 어떤 평가를 내리시겠습니까.

일본 선수들은 움직임이 좋습니다. 전체적으로 공간을 활용하는 능력이 높아서 공을 갖고 있지 않은 상황에서도 다음 동작을 연결하는 움직임이 정말 효과적입니다. '질'을 놓고 보자면 일본의 젊은 선수들이 한국보다 우위에 있다고 생각됩니다. 다만 이케다 코치도 이야기 했던 적이 있습니다만, 한국의 젊은 선수들은 팀에 헌신하기 때문에 선수들과 코칭스태프 모두가 일체감을 만들어 나가기 쉽습니다. 선수 개개인의 정신력이 뛰어난 것은 말할 것도 없고요. 이것이 한일 양국 각자가 가지고 있는 강점이라고 생각합니다.

" J리그에 가서 편의점 도시락이나 먹지 말라는 발언의 속내 "

일본 국가대표팀에 대해서는 어떤 인상을 갖고 계십니까?

일본 국가대표팀은 남아공 월드컵을 치르면서 한 단계 성숙했다는 인상을 받았습니다. 그 이전까지는 기술을 가지고 있고, 조직력을 갖춘 상태에서도 마지막 순간에 좀처럼 마무리를 짓지 못한다거나 결정적인 승부처에서 강한 면모를 보이지 못한다는 인상이 있었습니다. 그런데 남아공 월드컵에서는 경기를 치르면 치를수록 자신감과 정신적인 측면에서 강해졌다는 인상을 받았습니다.

새롭게 부임한 알베르토 자케로니[7] 감독이 이끄는 일본 대표팀에 대해서는 어떤 느낌을 받으셨나요.

아직 부임한지 얼마 되지 않은 상황이지만 자케로니 감독이 일본 대표팀에 변화를 가져오고 싶어하는 듯 했고, 선수들 역시 그런 새로운 분위기가 필요하다는 인식을 갖고 있는 것 같더군요. 자케로니 감독을 선임한 것은 일본 대표팀에 긍정적인 효과를 가져오지 않을까 싶습니다. 그런 분위기는 국가대표팀만이 아니라 그 아래 연령별 대표팀에도 연달이 효과를 미칠 수 있고요.

NOTE

7 알베르토 자케로니(Alberto Zaccheroni). 이탈리아 출신 지도자. 이탈리아 명문팀 AC 밀란, 라치오, 인터 밀란, 유벤투스 감독을 역임했으며 2010년 8월부터 일본 국가대표팀 감독을 맡았다. 2011년 아시안컵에서 일본을 우승으로 이끌었다. 2014년 브라질 월드컵을 끝으로 일본 국가대표팀 감독직에서 물러났으며 현재 중국슈퍼리그 베이징 궈안 감독을 맡고 있다.

세키즈카 타카시 감독이 이끌고 있는 일본 올림픽대표팀에 대한 평가를 한다면요?

아시안게임 때도 영상으로 밖에는 경기를 볼 기회가 없었습니다. 일본 올림픽대표팀의 경우 현재 선수 중에 대학생도 많고 기술적인 측면에서 완성도가 낮은 상황이라고 들은 바가 있습니다. 하지만 대회를 치르면서 조직력이 좋아지는 것은 확인할 수 있었습니다. 향후 더 좋은 팀이 될 것이라 생각합니다.

분데스리가에서 활약하고 있는 일본인 선수들, 카가와 신지[8] 등은 올림픽대표팀을 통해 성장한 사례에 해당합니다.

일본은 예전부터 체계적인 선수 육성에 관해서는 정평이 나 있으니까요. 카가와 같은 선수의 등장에 대해서 크게 놀라지는 않았습니다. 다만 개인적인 생각으로는 혼다 케이스케[9]처럼 공격적인 유형의, 개인 돌파가 뛰어나면서도 파괴력을 가진 선수가 등장한 것이 일본 축구계에 더 반가운 일이 아닐까 싶습니다. 중요한 것은 혼다처럼 기회가 있을 때, 되도록이면 어릴 때 해외 리그에서 뛰어 보는 것이 좋습니다. 그런 무대에서 여러 고생을 하고 경험을 쌓으면 대표팀에서 뛸 때도 더 득이 될 겁니다.

한국 선수들의 경우는 어떻게 보십니까. 최근에 유독 어린 나이에 일찍 J리그에 진출하는 선수들이 많아진 경향이 있습니다. 감독님은 이런 상황에 대해 "J리그까지 가서 편의점 도시락이나 먹으면서 연습생이 되는 환경을 택하는 것은 좋지 않다"는 표현을 하셨다고 전해졌는데요.

J리그행을 반대하는 것이 아닙니다. J리그에서도 배울 수 있는 것은 많고 실제로 조영철이나 김보경 같은 경우 지난 1년 사이에 경기를 읽는 눈이 눈에 띄게 좋아졌습니다. 하지만 그것은 두 선수가 각자의 팀에서 꾸준히 실전 경기에 출전할 수 있었기 때

NOTE

8 카가와 신지(香川真司). 일본 출신 공격수. 세레소 오사카 유스팀 출신으로 세레소 오사카에서 프로 데뷔를 한 뒤 2010년 7월 독일 명문 보루시아 도르트문트로 이적했다. 2012년 8월부터 세계 최고의 팀 중 하나인 맨체스터 유나이티드에서 활약했다. 2014년 8월에는 다시 보루시아 도르트문트로 복귀해 활약 중이다.
9 혼다 케이스케(本田圭佑). 일본 출신 미드필더. 어린 시절부터 두각을 나타냈으며 2005년 나고야 그램퍼스에서 프로 데뷔했다. 이어 VVV 펜로, CSKA 모스크바에서 활약한 뒤 2014년 1월부터 AC 밀란에서 에이스의 상징인 10번을 달고 활약 중이다.

문입니다. 즉, 가장 중요한 것은 경기 출전 여부입니다. 프로 경험도 없는 선수가 무조건 J리그에 가면 경기에 출전한다는 보장도 없고, 경기에 출전하지 못하면 심리적으로 위축되는 것은 당연합니다. 그런 상태에서 혼자 외국 생활을 해 나간다는 것은 더욱 어려운 일이 되겠죠. 자기 관리도 어려워 지고, 식생활마저도 소홀히 하게 되는 경우까지 있습니다. 선수로서 가장 성장해야 할 시기를 낭비해 버리는 겁니다. 그런 잘못된 길을 택하지 말라는 경각심을 주기 위해 했던 말이지 J리그에 가는 것을 반대하는 것은 아닙니다. J리그에 가든, 유럽에 가든 선수에게 중요한 것은 경기에 출전하는 것입니다. 해외에 진출했다고 해도 결국 2군이나 벤치 멤버에만 머무른다면 중요한 3년이 흐른 뒤에도 큰 성장은 기대하기 어려울 겁니다.

내년인 2011년에는 런던 올림픽 아시아 지역 예선이 시작됩니다.

우리의 목표는 런던 올림픽에서 좋은 성적을 얻는 것이지만 거기에 가기 위해서는 우선 착실히 계단을 밟아야겠죠. 아시안게임도 그 과정 중의 하나였고, 돈을 주고도 살 수 없는 값진 경험이었습니다. 이런 경험들을 바탕으로 목표했던 이상적인 순간에 도달했으면 합니다.

올림픽 예선에서 일본과 한 조가 된다면?

할 수 있는 것은 따로 없습니다. 그저 착실히 준비해서 열심히 경기에 임하는 수 밖에는요. (웃음) 정해지면 생각해 보겠습니다.

격전 끝에 일본 제압,
런던 올림픽 동메달을 목에 걸다

  홍명보 감독이 이끄는 한국 올림픽대표팀은 2012년 8월 동메달 결정전을 치렀다.
  숙명이었을까? 그 목표를 달성하기 위해 넘어야만 하는 상대는 바로 일본이었다. 홍명보 감독이 정식으로 '감독'이 된 뒤 런던 올림픽까지 오기 전, 즉 이 올림픽대표팀의 전신이 되는 U-20 대표팀을 맡아 2009년 12월에 가장 먼저 경기를 치렀던 상대가 일본 U-20 대표팀이었다. 그리고 런던 올림픽 마지막 상대가 바로 일본 올림픽대표팀이었다. 시작도 끝도 일본이었다. 이 운명의 장난 같은 상황에 홍명보 감독과 한국, 일본 축구의 숙명 같은 인연을 그 누구도 부정할 수 없었다. 그리고 마지막에 웃은 것은 한국이었다.
  J리그에서 뛰고 있는 선수는 물론이고 유럽에서 활약하는 선수, 만 24세 이상 선수 3명을 기용 할 수 있는 와일드카드까지 포함시킨 한국 올림픽대표팀은 상당수가 현역 국가대표급 선수들이었다는 점에서 대회 초반부터 '강팀'이라는 평가가 많았다. 물론 공이 컸던 것은 그런 선수들을 한데 모은 홍명보 감독이었다. 선수들에게 강압적인 요구를 하거나 특정 선수를 편애하는 경우도 없었다. 팀에 헌신하고 모두가 함께 희생하기를 요구한 지도 스타일은 '홍명보 리더십'으로 불리며 호평을 끌어 냈다.
  2002년 한일 월드컵 4강 신화의 주역이자 '영원한 리베로'라 불리며 현역 시절 절대적인 카리스마를 자랑했던 스타. 홍명보 감독이 한국 축구사에서 전인미답의 경지로 여겨지던 올림픽 메달을 가져오자 "거스 히딩크 감독의 그림자를 지운 홍명보 감독이 국내파 감독으로도 세계 무대에서 성공할 수 있다는 사실을 입증했다"는 이야기까지 나왔을 정도다.

물론 선수 시절의 경험도 컸을 것이다. 한국 축구계는 감독과 선수가 단순한 상하관계에 놓이기 쉬운 분위기인 것이 사실이다. 홍명보 감독이 자신보다 나이가 한참 어린 선수들을 자유로운 팀 분위기 속에서 존중해 나간 방식은 J리그에서 선수생활을 했던 당시의 경험이 완전히 무관하지는 않았을 것이다. 홍명보 감독 본인도 이런 이야기를 한 적이 있다.

"저는 일본에서 많은 것을 배웠습니다. 예를 들면 훈련방식이나 클럽이 선수를 관리하는 방법, 미디어와의 관계나 활용법까지. 무엇보다 감독과 구단이 선수들의 가치를 인정하고 선수를 존중하는 환경을 만드는 자세가 큰 참고가 됐습니다. 그런 훌륭한 분위기 속에서 프로 생활을 시작하고, 어린 선수도 위축되지 않고 주전 선수가 되기 위해 최선을 다 해 경쟁하는 모습은 무척이나 인상적이었습니다."

여기서 그치지 않았다. 홍명보 감독은 일본에서 얻은 귀중한 경험치를 적극 활용했을 뿐만 아니라 필요하다고 생각했기 때문에 일본인 지도자를 아예 대표팀 코치진에 합류시키기도 했다. J리그에서 선수로 뛰던 시절, 체력 훈련의 중요성과 체계적인 관리 및 조절의 효과를 체험하고 알고 있었던 홍명보 감독은 일본 출신의 이케다 세이고 코치를 영입했다.

이케다 코치가 대표팀에 합류한 뒤에는 훈련 권한을 일임했는가 하면 기용할 선수에 대한 조언 등에 대해서도 전폭적인 신뢰를 보냈다고 한다. 런던 올림픽은 3일 간격으로 경기를 치르고, 이동거리도 길었던 꽤 혹독한 일정이었지만 한국은 경기 중에도 타박상이나 충돌로 인한 부상자를 거의 내지 않았다. 선수단이 대회 내내 일정하게 컨디션을 유지할 수 있었던 것 자체가 이케다 코치의 능력을 입증한 셈이다. 홍명보 감독도 인정했다.

"이케다 코치와 함께 2009년 이후 해 온 작업들은 대한축구협회의 자산이 될 것입니다. 이번에 만들어진 훈련 매뉴얼은 앞으로 연령별 청소년 대표팀에 중요한 참고자료로 사용될 것이라 확신합니다. 대한축구협회 역시 지금까지 이케다 코치가 해온 훈련방식 등을 백서로 남겨 놓고 있습니다. 장차 한국 축구의 미래를 위해 중요한 지침서가 되지 않을까 싶습니다."

컨디션 러닝법에 관한 지금까지의 일본의 노하우가 한국 축구에 그대로 전해져 한국 대표팀을 강하게 만든 것이다. 나아가서는 앞으로의 한국 축구 발전에도 기여할 것이다. 그렇게 생각하면 이케다 코치가 남긴 업적은 더 크다고 할 수 있다. 이밖에도 이케다 코치는 국가대표팀 코칭스태프로 활약하는 동안 홍명보 감독과 함께 종종 일본을 방문해 J리그에서 활약하는 선수들을 체크하고 선수 차출문제에 대해 일본 클럽들과 논의하는 역할에도 적극 나섰다. 런던 올림픽 직전에는 박주영이나 구자철 같은 시즌이 끝난 유럽파 선수들이 미리 반포레 고후에서 함께 훈련할 수 있도록 중간 역할을 하기도 했다.

이 밖에도 런던 올림픽에 출전했던 홍명보호에는 모두 5명의 J리그 선수가 포함됐었는데 이 선수들 역시 J리그 팀들에 협조를 구하면서 조기 차출이 가능했다. 런던 올림픽의 큰 성공 뒤에는 J리그의 간접적인 협력도 있었던 셈이다. 홍명보 감독 역시 "J리그에서 아주 많은 협조를 얻은 것은 사실"이라고 했다.

하지만 짓궂은 운명은 한국을 바로 그 일본과 동메달 결정전에서 만나게 했다. 홍명보 감독은 "만약 동메달 결정전의 상대가 일본이 아니었다면 그 경기는 더 어려웠을지도 모릅니다"라고 했다. 이 말은 그가 일본 올림픽대표팀을 평가절하 하고 있었기 때문에 한 것이 아니었다고 생각한다. 단지 그 경기가 '메달=병역면제'라는 중대한 사안이 걸려 있는 동시에 반드시 이겨야만 하는 한일전이 됐기 때문에 선수들의 동기는 더욱 타오를 수 밖에 없었던 것이다.

지휘관도 그렇게 믿었고, 선수들도 그랬다. 기성용은 이런 말을 했다. "동메달 결정전의 상대가 일본으로 결정됐다는 이야기를 들었을 때는 '대박'이었습니다. 이 경기에서 지면 모든 것을 잃고, 이기면 모든 것을 얻게 된다고. 지면 역적, 이기면 영웅이 될 수 있다고 생각했습니다. 반드시 승리하자고 생각했습니다."

기성용의 전언에 의하면 한국 대표팀은 3위 결정전이 있기 전날, 일본전을 준비하는 미팅 자리에서 일본과 멕시코의 경기를 비디오로 봤다고 한다. 그 경기 중 두 팀 선수 간에 심하게 몸싸움이 벌어진 대목에서 홍명보 감독은 직접 비디오를 멈추고 선수들에게 이렇게 말했다고. "내일 경기 중에 이런 상황과 맞닥뜨리게 되면 상대를 박살내라."

결코 거친 플레이를 부추겼던 것이 아니다. 홍명보 감독은 언제나 "라이벌이지만 일본을 존경합니다"라고 누구보다 강하게 말해왔다. 그랬던 그가 그토록 격렬한 어조의 지시를 내린 것은 한일전이 결국에는 치열한 정신력 싸움이 될 것이라는 사실을 누구보다 잘 알고 있었기 때문이다. 감독 역시 같은 말을 전했다. "기성용이 이야기 한 부분은 사실입니다. 저는 일본전에서 이기려면 어떻게 해야 하는지를 설명한 것뿐입니다. 일본은 정말로 축구를 잘 하지만, 한국은 정말로 강한 팀입니다. 바로 그 사실이 한일전의 승패를 갈랐다고 할 수 있습니다."

일본은 뛰어나다. 하지만 한국은 강하다. 공교롭게도 숙명의 한일전을 앞두고 있던 차범근 전 국가대표팀 감독도 비슷한 말을 한 적이 있다. "비유하자면 일본의 축구는 실크, 한국은 담요 같습니다."

중원을 활용하지 않은 채 시종일관 격렬한 축구로 대응해 오는 한국 축구의 스타일과 경기운영 방식에는 일본에서도 여러 가지 의견이 있었다. 그렇다면 일본 축구의 장점과 노하우까지 도입한 뒤에도 끝까지 한국 축구 특유의 색을 잃지 않고 국제무대에서 확실한 결과를 낸 홍명보 감독의 '마지막 주문'은 많은 것을 시사하고 있지 않을까.

돌이켜 보건대 '홍명보의 아이들'은 한국과 일본 축구의 좋은 점, 강점을 모두 흡수한 팀이 아니었을까. 그리고 그것은 한국과 일본 축구 모두를 꿰뚫고 있는 홍명보 감독이기에 만들어 낼 수 있었던 것일지도.

그래서 더더욱 관심을 가질 수 밖에 없는 것은 향후 홍명보 감독의 거취다. 런던 올림픽으로부터 1년 뒤. 홍명보 감독은 마침내 한국 국가대표팀 감독 자리에까지 올랐다. 1년 가량 남았던 준비기간을 거쳐 브라질 월드컵 본선무대에 도전했다. 그러나 기대를 모았던 본선에서 홍명보 감독이 이끄는 국가대표팀은 단 1승도 거두지 못한 채 조별리그에서 탈락했다.

이후 대한축구협회는 "월드컵을 준비할 수 있는 시간이 1년 밖에 되지 않았다. 계약 기간을 감안해 홍명보 감독을 신임하기로 결정했다. 2015년 초 아시안컵에서 명예회복을 기대한다"며 지지의사를 밝혔지만 여론은 이를 허락하지 않았다.

홍명보 감독은 결국 사임하는 길을 택했고, 자유인의 시간을 보냈다. 그리고 지난

2015년 12월 그는 중국 항저우 뤼청 지휘봉을 잡으며 다시 그라운드에 섰다. 한국과 일본 축구의 장점과 강점을 융합할 수 있는 노하우를 쥐고 있고, 세계 무대에서의 성공 경험까지 쌓은 홍명보 감독. 그가 중국에서 다시 한 번 성공의 이야기를 써내려 갈지 기대된다.

홍명보 is		
	생년월일	1969년 2월 12일
	학력	광장초-광희중-동북고-고려대
	선수경력	포항 스틸러스(1992~1997)-벨마레 히라츠카 (1997~1998)-가시와 레이솔(1999~2001) -포항 스틸러스(2002)-LA 갤럭시(2003~2004)
	지도자경력	국가대표팀 코치(2005~2007) -올림픽대표팀 코치(2006~2008) -U-20대표팀 감독(2009)-올림픽대표팀 감독 (2009~2012)-국가대표팀 감독(2013~2014) -항저우 뤼청 감독(2016~현재)
	대표경력	A매치 136경기 10득점 월드컵(1990, 1994, 1998, 2002), 컨페더레이션스컵 (2002), 아시안컵(1996, 2000), 아시안게임(1990, 1994), 북중미 골드컵(2000), 하계유니버시아드(1991)
	우승경력	K리그(1992), FA컵(1996), K리그컵(1993), AFC 챔피언스리그(1997), J리그컵(1999), 아시안게임 동메달(1990, 2010), 하계유니버시아드 금메달(1991), 올림픽 동메달(2012)
	수상경력	K리그 MVP(1992), K리그 베스트11(1992, 1994, 1995, 1996, 2002), 월드컵 브론즈볼(2002), 체육훈장 맹호장(2002)

고정운

한국과 일본은 경쟁 관계가 아닌 함께 할 파트너

K리그에서 J리그로 이적한
한국 선수 1호

한국인 J리거의 계보를 이야기 할 때 고정운은 절대 빼놓을 수 없는 존재다.

한국인 최초의 J리거는 노정윤이지만, 그는 K리그를 거치지 않고 대학을 졸업한 후에 곧바로 J리그에 왔다. K리그 무대에서 활약하고 당시 한국 국가대표팀에서도 주전급이었던 선수가 일본팀으로 이적한 것은, 1997년 세레소 오사카 유니폼을 입은 고정운이 처음이었다. K리그 신인상에 MVP까지 수상한 톱 클래스의 선수가 J리그로 이적한 것은 일본뿐만 아니라 한국에서도 큰 화제가 됐다. 고정운의 이적을 시작으로 홍명보, 황선홍, 하석주, 유상철 같은 선수들의 J리그행 러시가 이어졌다고 볼 수 있다.

고정운은 1998년 여름까지 약 1년 반 동안 세레소 오사카에서 활약한 뒤 K리그로 돌아가 2001년 포항 스틸러스에서 현역 생활을 마감했다. 이후 전남 드래곤즈, FC서울 등의 프로팀 및 고등학교 축구부를 지도하다 현재는 호원대학교 스포츠학부 교수 겸 축구해설위원으로 활동하고 있다.

고정운과 만나 이러 저러 이야기를 들었던 것은 2008년 2월 날씨가 추웠던 어느 날의 서울이었다.

> **" 프로인데도 자기 관리 하지 않는
> 일본 선수 보고 놀랐다! "**

J리그로 이적하게 된 경위를 듣고 싶습니다.

　1994년 미국 월드컵이 끝나고 제 나이가 20대 중반이었습니다. 한 번은 독일 바이엘 레버쿠젠에서 제의가 있었습니다. 저는 K리그 일화[10] 소속이었는데, 당시 조건이 맞지 않아 협상이 이뤄지지는 않았죠. 그러던 중 1996년에 시즌이 끝나고 세레소 오사카에서 이적 제의를 받았어요. 이미 나이도 서른이 넘었던 때였고, 해외 진출을 하기에는 그것이 마지막 기회나 다름 없었습니다. 선수로서 경험도 충분한 상황이었고, 일본에서 새로운 도전을 해 보자는 생각을 강하게 하게 됐습니다. 이제는 과거의 일이 됐지만 돌이켜 보면 20대였을 때 더 큰 무대에 도전해 볼 필요가 있었던 것 같습니다.

J리그에 대한 인식을 갖게 된 것은 언제부터인가요?

　1993년에 J리그가 개막하면서 한국에서도 관심이 커지고 있었습니다. 언론이 보도하고, 경기 하이라이트가 방송되기도 했으니까요. 그렇게 J리그를 접하면서 개인적으로는 꽤 좋은 인상을 받았습니다. 일본은 프로를 위한 환경이 제대로 마련되어 있다는 생각이 들었고, 단기간에 리그를 정착시키기 위해서 마케팅 등의 측면에서 많은 공부를 한 것 같았어요. 그런 노력들로 인해서 지금에 이르는 J리그의 발전이 있었다고 생각합니다.

당시 한국에서는 고정운의 J리그행을 반대하는 목소리도 많았다고 들었습니다.

　네. 그랬습니다. 그때만해도 한국과 일본은 엄청난 라이벌 관계였기 때문에 축구팬

NOTE

10　현재 K리그 성남FC의 전신. 1989년 통일그룹의 주도로 창단했으며 서울, 천안을 거쳐 2000년부터 성남시를 연고로 삼았다. 총 7번 K리그 우승을 차지했으며, 고정운은 1993, 1994, 1995년 일화의 K리그 3연패의 주역으로 활약했다.

들은 물론 대한축구협회, 언론 모두 반대하는 분위기였습니다. 왜 한국의 스타 선수가 유럽도 아니고 일본 J리그로 가느냐고요. 제가 20대였으면 다른 리그로 갔을지 모르겠습니다. 하지만 서른 살이 넘은 선수를 받아 줄 유럽팀이 있을 리 없었습니다. 제가 1989년에 K리그 신인상을 수상했고, 1994년에는 MVP를 수상했습니다. 한국 무대에서는 모든 것을 이뤘다고 생각했기 때문에 새로운 환경에서 또 다른 도전을 하고 싶다고 생각했어요. 물론 프로선수로서요.

사실 고정운 이전에 노정윤이 먼저 J리그에서 활약하고 있었죠. 하지만 주목도에는 차이가 있었습니다. 그야말로 K리그의 대형 스타가 일본에 오는 것이었으니까요. 본인 역시 부담감이 컸었나요?

솔직히 주변에서 반대가 엄청 났기 때문에 정말 고생을 많이 했습니다. 처음에는 이적할 팀도 세레소 오사카가 아닌 벨마레 히라카츠라는 보도가 나와서 이런, 저런 억측이 많았습니다. 무엇보다 한국에서는 "어째서 J리그에 가느냐"는 질문을 가장 많이 받았죠. 저한테는 J리그에 가는 이상 어떻게든 결과를 보여주지 않으면 안 된다는 책임감이 있었습니다. 물론 잘 할 수 있을 것이란 자신감도 있었고요.

반드시 성공할 것이란 자신이 있었습니까?

물론 있었습니다. 실패할 이유도 없었거니와 그 당시만 해도 일본 축구는 아직 한국 축구보다 한 단계 아래라는 생각을 갖고 있었으니까요.

실제 J리그를 경험한 뒤 놀란 점, 느낀 것이 있다면요?

프로 선수인데도 식습관이나 컨디션 관리 등이 너무 허술해서 깜짝 놀랐던 기억이 납니다. 그리고 경기에 이기든, 지든 아무런 감정의 변화가 없는 것에 더 놀랐고요. 그건 정말 잊혀지지가 않아요. 저는 경기에 져서 너무 억울한데 다른 선수들은 채 1분도 되지 않아서 마치 아이처럼 태연하게 잊어버리는 것 같았어요. "아, 일본 선수들은 승패에 연연해 하지 않는구나…" 그렇게 생각했습니다. 물론 지금은 많이 달라졌겠지만요.

성적을 중요시하는 한국인 선수 입장에서 문화충격을 받은 느낌이었나요?

네. 그 당시 J리그에는 합숙 문화도 없었어요. 선수들은 기숙사가 아니라 각자 개인 생활을 했는데 그 문화에도 크게 놀랐습니다. 연습이 끝나면 파친코[11]에 가거나 새벽 4시가 돼서야 자러 가는 선수도 있고. 샌들을 신고 모자를 눌러 쓴 채로 아침밥도 안 먹고 훈련에 오는 선수도 있었다니까요. 프로인데도 자기 관리가 전혀 안 되는 모습에 정말 충격을 받았습니다.

일본 생활을 하며 배운 것은 없나요?

솔직히 선수들에게서 배운 것은 없었습니다. 단지 구단의 프런트 운영이나 체계가 탄탄하다는 생각은 들었습니다. 언론이나 인터뷰 대응까지 철저하게 관리하고 있더군요. 한국에서는 구단을 통하지 않고 기자가 선수의 핸드폰으로 직접 연락하는 일도 많았거든요. 당시 한국 기자들은 감독보다 선수들 전화번호를 많이 알고 있었을 겁니다. 그만큼 선수와 언론 간의 관계가 가까웠고, 프라이버시도 없었고요. 그런데 일본에 와 보니 그런 부분에 확실히 체계가 잡혀 있었습니다. 인터뷰 스케줄은 홍보팀에서 관리하는 것이 기본이었고요. 선수에게 기자가 직접 전화해서 이야기를 듣는다든지 하는 것은 상상도 할 수 없는 분위기더라고요. 인터뷰 약속이 잡힌 날 훈련장에 가면 적어도 30분 전에는 구단 홍보팀 직원과 기자가 먼저 와서 기다리고 있고, 정해진 시간 이외에 취재가 길어진다거나 하는 일도 없었고요. 그것이 선수에 대한 기본적인 예의라고 배웠습니다. 구단 운영이나 선수 관리 같은 체계적인 측면에서는 정말 일본에서 많은 것을 배웠네요. 그 당시만 해도 K리그는 그런 운영이 제대로 이뤄지지 않아서 많이 부러워했던 기억이 납니다.

NOTE

11 파친코(パチンコ). 구슬을 이용한 일본의 도박 게임.

❝ K리그와 J리그가 위축된 원인, 투자에 있다 ❞

지금도 J리그는 보는 편인가요?

봅니다. 가장 관심을 갖고 있는 팀은 우라와 레즈에요. 우라와 레즈는 팀의 파워도 대단하지만 열광적인 서포터들이 정말 훌륭한 것 같아요. 그래서인지 우라와 레즈의 경기는 TV로 보고 있으면 J리그가 아니라 마치 유럽 빅클럽의 경기를 보고 있는 듯한 착각에 빠질 정도니까요.

TV로 J리그 중계를 볼 때 어떤 점이 느껴지나요?

차근차근 발전하고 있다는 인상을 받습니다. 다만 리그 전반적으로 화려했던 인상은 출범 당시가 조금 더 강하지 않았나 싶은 생각은 드네요. 당시에는 각 팀마다 유명한 외국인 선수들이 있어서 분위기가 정말 뜨거웠거든요.

확실히 그랬었죠.

J리그도 그렇지만 K리그 또한 리그 분위기가 침체되고 팀이 약화된 원인 중의 하나는 투자에 있다고 생각합니다. 단적인 예로 우라와 레즈는 관객이 많이 오는 팀이고, 동시에 좋은 선수를 데려 오기 위해 투자도 그만큼 합니다. 반면에 다수의 클럽들은 늘 재정을 고려해 위축된 운영을 하는 편이죠. 구단의 목표가 우승이 아니라 '부리그에 잔류만 하면 된다'는 경영 마인드라면 크게 상관 없을 겁니다. 하지만 우승을 원하는 팀이라면 투자는 필수입니다. 좋은 선수를 데려와야 하죠. 선수를 육성하는 것도 필요하지만 그것만으로는 승리를 보장할 수 없습니다. 투자를 통해 끊임 없이 좋은 선수를 영입하려는 전략을 세우지 않으면 안 됩니다.

세레소 오사카에서 활약할 당시 사이가 좋았던 선수는 누가 있었나요?

모리시마 히로아키와 요네쿠라 마코토 선수였습니다. 두 선수는 종종 저에게 찾아

와서 이것저것 묻곤 했어요. 모리시마와 요네쿠라의 훌륭한 점은 자신들이 배워야 할 점이 조금이라도 있다고 생각되면 몇 번이고 찾아와서 조언을 구하곤 했다는 점이었습니다. 그런 그들의 자세에 저 역시 무척 호감을 가질 수 밖에 없었고요. 주변의 선수들이 보고 배울만한 자세였습니다.

지금까지도 연락을 주고 받는 세레소 오사카 구단 관계자들이 있습니까?

요네쿠라 선수가 가끔 한국에 오곤 합니다. 그럴 때는 연락을 주고 받아서 꼭 만나는 편이고요. J리그 의장을 맡았던 오니타케 겐지 씨도 최근에 한 번 만난 적이 있습니다. 오랜만이었어요. 오니타케 씨는 제가 세레소 오사카에서 뛰던 당시 구단 회장을 맡고 계셨던 분이어서 여러 가지로 신세를 많이 졌습니다.

세레소 오사카 팬들에 대해서는 어떤 기억을 갖고 있나요?

경기에 이기면 엄청난 수의 팬들이 스타디움을 채우곤 했습니다. 압도적이었어요. 하지만 성적이 좋지 않으면 반대였죠. 홈구장인 나가이 육상경기장은 무척 규모가 큰 스타디움이었어요. 그래서 팬들이 경기장을 찾지 않을 때면 그라운드가 정말 텅 빈 느낌이 들었습니다. 오사카는 한신 타이거즈[12]의 연고지이기도 해서 야구의 인기가 무척 강하다고 들었습니다. 하지만 늘 열렬히 응원해 주었던 서포터들의 열정은 아직도 기억에 남아있습니다.

그 밖에 세레소 오사카 시절 선수들과의 기억 중 잊을 수 없는 추억이 있나요?

한국 음식점에 정말 자주 갔었던 일입니다. (웃음) 특히 갈비집에 많이 갔어요.

그럴 때는 늘 본인이 사는 편이었나요?

NOTE

12 한신 타이거즈(阪神タイガース). 일본프로야구(NPB) 센트럴리그 소속 프로야구팀. 도쿄 연고의 요미우리 자이언츠와 더불어 일본 내에서 가장 많은 인기를 얻고 있는 프로야구팀이다. 홈구장인 한신 고시엔 야구장은 오사카와 고베 사이의 니시노미야에 있지만, 일반적으로 오사카 연고로 여긴다.

그랬습니다. 일본은 더치 페이 문화가 있다고 들었지만 제가 가장 연장자였고 또 제일 고액선수였으니까요. (웃음)

오사카에서의 생활은 어땠습니까?
　너무 즐거운 기억이었습니다. 재일교포가 많이 살고 계신데다 오사카 지역 사람들의 분위기가 어딘가 한국인과 많이 닮아있다는 인상을 받아서 친근감이 들었거든요. 저도 그랬지만 가족들도 금방 익숙해져서 편하게 지냈습니다. 특히 오사카는 맛있는 음식이 많기로도 유명하잖아요. 좋은 곳이었습니다.

어떤 음식이 가장 마음에 드셨나요? 역시 오코노미야키?
　오코노미야키나 타코야키도 좋았지만 정말 전부 입맛에 맞았어요. 저는 낫토도 몸에 좋은 음식이라고 들어서 매일 먹곤 했네요. 오사카 사람들은 낫토는 그렇게 많이 먹지 않는다고 하던데 제 입맛에는 잘 맞더라고요. 한국에 와서도 초밥집에 가면 낫토 초밥은 꼭 주문합니다. 이제는 제 아내도 일본을 무척 좋아하게 돼서 연중 한, 두 번은 꼭 가고 있는 것 같네요.

일본 생활 중 가장 그리운 것이 있다면요?
　역시 음식이죠. 초밥은 정말 좋아합니다. 난바[13]에도 자주 가곤 했었어요. 오사카는 음식이 가장 맛있는 도시가 아닌가 싶습니다.

NOTE

13 난바(難波). 오사카의 중심 지역으로 오사카 남쪽의 교통 거점이자 음식점 및 쇼핑시설이 즐비하다.

〝 내 방식만 선수에게 강요하면 마찰이 생긴다 〞

선수 시절과 지도자, 어느 쪽이 어렵습니까?

당연히 지도자입니다. 선수 시절에는 체력 관리나 경기력 등등 모든 것을 제 자신만 생각하면 충분했으니까요. 지도자는 선수 전체의 상태를 제대로 파악해야 하고, 팀으로서 무언가를 만들어 결과를 끌어내야 하니까요. 그것도 각자 서로 다른 개성을 가진 사람들을 하나로 만드는 일이니 지도자 쪽이 훨씬 어려울 수 밖에 없습니다. 단지 그런 과정을 통해서 선수 그리고 팀이 한 단계 성장한 모습과 마주할 수 있다는 것이 바로 지도자 일의 진정한 기쁨이라고도 생각합니다. 그것은 현역 시절에는 느껴볼 수 없었던 축구의 새로운 매력이기도 하고요.

코치를 시작하고 난 뒤 현역 시절과 달라진 점이 있습니까?

현역 시절에는 지도자를 한다는 것이 무척 편한 일이라는 생각을 막연히 했었습니다. 그런데 막상 지도자가 되니 정말 힘든 일입니다. 365일 축구 생각만 해야 하고 일단 40명 정도 되는 선수 개개인을 일일이 파악해 두어야만 합니다. 선수 시절에는 혼자만 잘 하면 되지만 지도자가 되면 선수들 연습 메뉴부터 전술까지 생각할 것이 배로 많아지니까요.

그렇다면 지도자 일을 하며 즐거운 부분은요?

역시 승부의 세계에 있다는 점일까요? 이기면 짜릿한 기분이 들고, 지면 분하다는 생각이 듭니다. 일례로 교체로 넣은 선수가 골을 넣는 장면이 나와도 무척 기쁘죠. 운동을 하는 선수라면 미래에 언젠가는 대표팀 감독이나 프로 팀 감독이 되고 싶다는 생각을 하는 경우가 많을 겁니다. 저 역시 프로 선수일 때는 대표 선수가 꿈이었고, 코치 일을 시작한 지금은 프로팀 감독 그리고 대표팀 감독이 꿈이기도 하니까요. 그래서 지금은 코치부터 시작해서 하나, 하나 배워가고 모든 것을 이해해 가려고 노력 중입니다.

지도자 일이 어렵다거나 벽에 부딪히는 경우도 있습니까?

제가 현역 시절에 했던 것들을 지금의 선수들이 할 수 없다고 느꼈을 때입니다. 선수들을 어떻게 이해하게 하고 원하는 방향으로 제대로 이끌 수 있을지 그것을 고민하는 것이 가장 어렵고 큰 숙제입니다.

어린 선수이기 때문에 가르친다는 것이 더욱 어려운가요?

그렇기도 합니다. 제 생각에는 이러한 방향이 맞다고 느껴도 선수들은 "왜 그렇게 해야 하는가"하고 의문을 가질 수 있는 거죠. 간단히 말하면 바로 그런 부분을 어떻게 하면 잘 이해할 수 있느냐가 지도자의 관건인 것 같습니다. 선수들에게는 그들 나름대로의 문화도 있고, 생각도 제대로 가지고 있는 경우가 많습니다. 지도 초창기에는 선수들이 그저 어리다고 느꼈는데 조금씩 그렇지만은 않다는 것을 깨닫게 됐습니다. 무조건 제 생각만 강요할 것이 아니라 그들 자신도 확고한 생각을 가지고 있다는 것을 저 역시 받아들이는 거죠. 그 문화를 제대로 이해하고 받아들일 때 좋은 지도자가 될 수 있다는 생각이 들었습니다. 흔히 스타 선수는 지도자로서는 성공하지 못한다는 이야기들을 하는데 자신의 생각이나 경험만 가지고 선수들을 밀어붙이면 마찰은 반드시 일어날 수 밖에 없습니다. 아무리 어린 선수라도 확실한 자기 생각을 가지고 축구를 하고 있습니다. 세대는 다르지만 차이를 인정하고, 이해하려고 노력한 다음 이번에는 반대로 선수들에게 내 생각과 축구를 전달해야 합니다. 그 노력이 무척 중요합니다.

어떤 지도자가 되고 싶으십니까?

어느 한쪽으로 치우치지 않고 넓은 시야를 가진 지도자가 되고 싶습니다.

국내외 감독 중 특별히 롤모델로 삼고 있는 인물이 있습니까?

이상향이나 목표로 설정해 둔 감독은 특별히 없는 것 같네요. 조금은 시선이 다른 걸지도 모르겠습니다. 다만 차범근 감독님께는 무척 많은 영향을 받았던 것이 사실입니다.

잉글랜드와 브라질로 코치 연수를 가기도 했었죠. 어떤 점을 느꼈나요?

전술적인 부분에서 인식의 변화가 있었던 것이 가장 신선했습니다. 처음에는 주로 잉글랜드만 다녔었는데 브라질에 가 보고 나니 남미 쪽의 전술과 분위기는 또 다르더라고요. 잉글랜드는 당시 어느 팀의 전술도 비슷해서 4-4-2 포메이션를 사용하는 팀이 많았습니다. 대부분의 팀이 포백 수비를 했고, 한 팀만 봐도 전술 경향을 대체로 알 수 있는 분위기였습니다. 그런데 브라질은 완전히 달랐어요. 3-5-2 포메이션을 쓰는 팀도 있고, 포백을 쓰는 팀도 있고, 브라질식 스리백을 쓰는 팀도 있더라고요. 그런 의미에서 브라질 연수는 정말 큰 도움이 되었습니다. 상대에 따라서 어떻게 전술을 변화시켜야 할 지 큰 공부가 됐거든요. 프리미어리그는 대부분의 팀들이 비슷한 전술을 써서 한 달 정도면 대체로 파악이 가능한 분위기였으니까요.

지도자로서는 브라질 축구에 가장 많은 영향을 받았다는 의미인가요?
브라질에 가장 많은 관심을 갖고 있습니다. 브라질에 있을 당시 상파울루의 코린치안스에서 3개월 간 연수를 했었는데 연습 방식부터 정말 많은 도움을 받았습니다. 실제로 팀 운영에 적용할 수 있는 경험을 많이 했어요. 그런 부분들에서 크게 매력을 느꼈던 것 같습니다.

J리그 팀을 배워보고 싶다는 생각은 없었나요?
일본은 가까운 편이니까요. 20일 정도 기간을 잡고 한 번 둘러보고 싶은 생각은 있습니다. 실제로 한 클럽 안에 들어가서 보게 된다면 배울 수 있는 것은 정말로 많으니까요.

J리그 팀 감독이나 코치를 맡을 생각도 있나요?
그런 생각도 확실히 가지고 있습니다.

하지만 K리그가 먼저겠지요?
그렇습니다. 일본에서 지도자를 하게 되면 우선 일본에 대해서도, 그리고 그 팀에 대해서도 충분히 알아야 하겠지만 언어 장벽도 존재하니까요. 하지만 저를 필요로 하는 곳이 있다면 도전할 가치는 있다고 생각합니다. 선수를 지도하는 일은 어디서나 마찬가지이니까요.

한일 양국 축구가 향후 어떠한 일들을 해 나아가야 한다고 생각하십니까?

한국과 일본은 함께 앞을 향해 가는 파트너입니다. 한국 축구가 발전하고, 일본 축구가 발전하기 위해서는 서로가 경쟁하고 또 공존해야만 합니다. 서로를 격려하는 파트너로서 성장해 간다면 그것이 한국과 일본 축구의 발전에도 연결될 것이라 생각합니다. 마치 전쟁을 하듯이 경기에 나서기 보다는 늘 가까운 곳에 존재하는 친구처럼 서로를 인식하는 것이 중요하다고 생각합니다. 축구에서는 페어플레이를 하고, 서로의 존재를 인정하지 않으면 안 됩니다. 한국과 일본의 사이에는 과거의 가슴 아픈 역사 때문에 서로를 적대시 하는 감정이 있었던 것도 사실입니다. 하지만 지금의 젊은 선수들은 그런 과거의 일들을 크게 의식하지 않습니다. 이런 부분들을 포함해서 향후에는 한국이나 일본 모두 서로의 장점을 받아들이는 태도를 견지할 때 K리그도, J리그도 한 단계 더 발전해 가지 않을까 생각합니다.

고정운 is

생년월일	1966년 6월 27일
학력	중앙초-해성중-이리고-건국대
선수경력	일화(1989~1996)-세레소 오사카(1997~1998) -포항 스틸러스(1998~2001)
지도자경력	선문대 감독(2003)-전남 드래곤즈 코치(2004) -FC서울 코치(2005~2006)-성남 일화 코치(2008) -풍생고 감독(2010~2011)
대표경력	A매치 77경기 10득점 월드컵(1994), 아시안컵(1996), 아시안게임(1990, 1994)
우승경력	K리그(1993, 1994, 1995), K리그컵(1992), AFC 챔피언스리그(1996), 아시안 슈퍼컵(1996), 아프로-아시안 클럽 챔피언십(1996), 아시안게임 동메달(1990)
수상경력	K리그 MVP(1994), K리그 신인상(1989), K리그 베스트11(1991, 1994,1995, 1999), K리그 도움상(1994)

'명장의 길'에 들어 선 1999년 J리그 득점왕

　황선홍은 한국 선수로는 최초로 J리그 득점왕에 오른 공격수였다. 세레소 오사카 소속이던 1999년 25경기에 출전, 24골을 기록해 한국 선수 최초 J리그 득점왕이라는 타이틀을 얻었다. 2002년 한일 월드컵에서 한국 국가대표팀이 4강에 오르는데 결정적 역할을 했으며, 2003년 2월 현역 선수생활을 마감했다.

　은퇴 이후에는 지도자의 길로 들어섰는데 전남 드래곤즈에서 코치를 시작했고, 2008년 부산 아이파크에서 감독으로 데뷔했다. 그리고 2011년 친정팀이기도 한 포항 스틸러스로 자리를 옮긴 황선홍은 2012년 FA컵 우승, 2013년에는 K리그 클래식과 FA컵 우승을 동시에 달성해 '2관왕' 감독이 되었다.

　2016년 여름에는 FC서울 지휘봉을 잡으며 새로운 도전을 시작했다.

　그야말로 '명장의 길'에서 승승장구 하고 있는 황선홍. 바로 그 황선홍이 말하는 '일본 축구'란 어떠한 것일까. 인터뷰는 2008년 4월과 2009년 7월 두 차례 진행한 것을 정리했다.

〝 J리그 득점왕이라는 타이틀은 최고의 선물이었다 〞

황선홍 감독에게 있어 현역 시절 J리그 경험은 어떤 기억으로 남아 있습니까?

제가 J리그에 진출했을 때는 1998년 프랑스 월드컵을 마치고 이미 나이도 서른 살을 넘겼던 시점이었습니다. 당시 계속되는 부상 때문에 주변 환경이나 분위기를 바꿀 계기가 필요하다고 생각했고, 그래서 J리그행을 결심하게 됐습니다. 돌이켜 보면 일본에서 뛰던 시기는 축구를 마음으로부터 즐길 수 있었던 때였던 것 같습니다.

일본으로 이적하기 전과 실제로 경험하고 난 뒤 J리그의 인상은 달라졌나요?

K리그에서 본격적인 프로 생활을 시작하기 전인 1992년에 짧게 나마 바이엘 레버쿠젠에서 뛰었던 경험이 있었습니다. 해외 생활 자체가 낯설다는 이유도 있었지만 당시 독일에서 무척 고생을 했던 기억이 많이 남아있습니다. 일본에 가기 전에는 막연히 해외 생활 자체가 가지고 있는 고독함이라든지 여러 가지 고생스러운 일들이 기다리고 있을 것이라 생각했던 것도 사실입니다. 그런데 막상 실제로 부딪혀 보니 달랐습니다. 일본은 리그 전반적인 시스템이나 경기장과 연습장의 그라운드 상태는 물론이고 클럽의 시설들, 선수 관리 같은 것들에 이르기까지 많은 것들이 무척 체계적으로 운영되고 있었습니다. 축구만 집중할 수 있는 최상의 환경이었습니다. 다만 한 가지, 소속팀 동료들과 소통을 해야만 하는 부분에 있어서는 시간이 걸렸다는 점을 인정할 수 밖에 없습니다. 저도 마찬가지였지만, 일본 선수들은 실력을 보여주면 외국인 선수들에게 금방 마음을 연다는 인상을 받았습니다. 저 같은 경우 그렇게 되기까지 조금은 시간이 걸렸던 것 같아요. 실제로 J리그 득점왕을 차지했던 것도 일본으로 이적한 후 2년 차 되던 해였으니까요.

당시 세레소 오사카는 어떤 팀으로 기억에 남아있습니까?

제가 갔을 때의 세레소 오사카는 강팀이 아니었습니다. 중하위권 팀이었고 제가 가기 전에는 성적도 안 좋았습니다. 제가 입단한 뒤에도 강팀들과의 경기에서는 대량 실점하며 패했습니다. 하지만 점차 나아졌고, 1999년에 제가 J리그 득점왕에 오를 때는 전후기 통합 5위라는 구단 최고의 성적도 거둘 만큼 성장했습니다. 연고지인 오사카는 교포들께서도 많이 거주하셨고, 도쿄보다 정이 많은 도시라 운동하는데 좋았습니다. 기후도 좋았고요.

당시는 J리그가 K리그보다 수준이 낮다는 인식이 강했던 때라 안 좋은 시선도 받았을 것 같습니다.

부담이 됐습니다. 그만큼 사명감이 있어야 한다고 생각했습니다. 제가 가기 전 홍명보, 노정윤이 진출했었는데 그 둘도 책임감이 많았습니다. 반드시 성공해야 한국 축구의 높은 위상을 알릴 수 있었기 때문입니다.

1999년에 J리그에서 차지한 득점왕 타이틀은 본인의 선수 경력에서도 첫 득점왕 기록이었지요. 가장 잊혀지지 않는 골을 꼽아 주시겠습니까?

모든 골이, 아주 귀한 골이었습니다. 그래도 그 중에서 한 가지 장면을 꼽는다면 1999년 8월에 치렀던 주빌로 이와타와의 경기입니다. 선제골 그리고 연장전에 결승골을 넣어 우리 팀이 승리했던 경기입니다. 그 경기에서 흐름을 탄 것이 그 해에 제가 득점왕을 차지했던 결정적 계기가 됐던 것 같습니다.

당시 시즌 개막 전부터 득점왕을 목표로 하고 있었습니까?

공격수라는 숙명을 가지고 있는 이상 득점왕 타이틀은 항상 의식하고 있었던 것이 사실일 겁니다. 그것은 K리그에서도 마찬가지였습니다. J리그로 이적한 첫 해에는 시즌 중반에 세레소 오사카에 합류한 것도 있어서 6골 밖에는 넣지 못했습니다. 하지만 풀 시즌을 뛴 1999년에는 개막 전부터 제 안에서는 '20골 이상'이라는 목표를 세워 놓고 있었습니다. 그 목표를 9월 산프레체 히로시마를 상대로 치른 경기에서 달성했습니다. 당시 7경기를 남겨 두고 있었고, 득점왕 경쟁을 벌이는 2위 선수와는 3골 차 이상 벌어져 있었습니다. '타이틀도 받을 수 있겠구나'라는 확신을 내심 가질 수 있었죠.

J리그 득점왕이라는 타이틀이 어떤 의미와 가치가 있었던 건가요?

제 자신에게 큰 자존심을 갖게 해 준 타이틀이었습니다. 그 이전에도, 그 이후에도 해외 리그에서 뛰는 한국인 선수가 득점왕을 차지한 경우는 없었습니다. 이제와 생각해 보면 제가 2002년 한일 월드컵에 출전할 수 있었던 것도 바로 J리그 득점왕이라는 타이틀의 영향이 아니었을까 싶습니다. 사실 1999년에 J리그 득점왕에 오르기 전까지만 해도 제 자신이 2002년까지 선수 생활을 하는 것은 어려울 거라는 생각을 갖고 있었습니다. 그런데 득점왕을 한 뒤 컨디션과 체력관리를 제대로 한다면 2002년까지도 활약할 수 있겠다는 자신감이 싹트기 시작했습니다. J리그 득점왕이라는 타이틀은 황선홍이라는 선수에게 자신감과 새로운 활력을 불어 넣어 준 최고의 선물이 된 셈입니다.

세레소 오사카에서 노정윤과 함께 뛰며 많은 골을 합작했던 것으로 기억합니다.

노정윤은 상대를 한 명 제친 뒤 공을 자유롭게 전방에 연결하는 상황을 만들 줄 아는 선수였습니다. 그리고 제가 제일 자신 있게 하는 플레이가 수비를 떨어뜨리고 움직이는 것이고요. 게다가 대인방어보다 지역방어를 썼기에 패스가 잘 오면 골을 많이 넣을 수 있었습니다.

1999년의 활약으로 J리그 올스타전에 동군 올스타로 선발됐고 후반 9분에 선제골도 넣었습니다. 이 골은 역대 J리그 올스타전에서 한국 선수가 기록한 유일한 골이기도 합니다. 본인 외에도 노정윤, 홍명보, 윤정환, 최용수, 박지성 등이 J리그 올스타전에 뛰었습니다. 그러나 본인 외에는 큰 활약을 하지 않았던 것 같습니다.

공격수였고 골을 넣었기 때문인 것 같습니다. 당시 올스타전에서는 세레소 오사카 동료였던 모리시마 히로아키가 3-2 결승골을 넣어 MVP가 됐었습니다. MVP를 놓친

NOTE

14 드라간 스토이코비치(Dragan Stojković). 세르비아 출신의 축구스타. 월드컵, 올림픽 등 다양한 국제대회에 출전했고 1994년부터 2001년까지 J리그 나고야 그램퍼스에서 선수 생활을 했다. 은퇴 후에는 2008년부터 5년간 나고야 그램퍼스 감독을 맡았고 현재는 중국슈퍼리그 광저우 R&F를 이끌고 있다.

건 아쉬웠지만, 인상에 남는 경기였습니다. 드라간 스토이코비치[14]가 동군 미드필더였는데 제가 움직이면 발 앞에 패스가 왔습니다. 99%는 됐던 것 같네요. 신나게 뛰었던 기억이 납니다. 또 서군 올스타에 홍명보가 있었는데 서로 다른 팀에서 만나니 감정이 묘했습니다. 그 외에도 J리그에서는 재미있는 일이 많았습니다. 시즌 종료 후에는 일본 선수와 외국인 선수들 간의 올스타전도 있었는데 (초청 선수였던) 로베르토 바조[15]와 투톱도 서봤습니다. 이 모든 것이 지금은 즐거운 추억이 됐습니다.

세레소 오사카에서 뛸 때 팀 동료였던 니시자와 아키노리가 황선홍 감독 덕분에 골 넣는 법을 배웠다는 말도 했습니다.

제가 세레소 오사카에 있을 때 니시자와는 어린 선수였고, 대표팀에도 갓 들어갔을 때였습니다. 어린 선수는 감독, 코치보다 같이 뛰는 선배나 주위 동료에게 배우는 것이 더 큽니다. 그래서 제가 조금이나마 그 선수가 발전하는데 도움이 된 것 같습니다.

2000년부터는 가시와 레이솔로 팀을 옮기셨는데요, 일본 시절 잊을 수 없는 경기가 있다면?

바로 가시와 레이솔로 이적한 뒤에 맞붙게 된 세레소 오사카와의 경기입니다. 세레소 오사카는 클럽 직원들부터 시작해 팀 동료들, 서포터들까지 모든 사람들이 저를 열렬히 믿고 응원해 준 소중한 팀이었습니다. 그런데 바로 그런 사람들과 '적'으로 만나야 한다는 심정이 정말 복잡했습니다. 그런 마음으로 뛰었던 경기여서 그런지 여전히 잊지 못하는 기억으로 남아 있습니다. 그리고 2000년 말미인 11월에 치렀던 가시마 앤틀러스전입니다. 그 경기가 열렸던 장소는 일본 축구의 성지로 여겨지던 도쿄 국립경기장이었습니다. 무려 5만 명의 관중이 들어찼고 경기에서 이기면 우리 팀의 후반기 우승이 결정되는 경기였습니다. 그런데 가시마 앤틀러스를 상대로 0-0 무

NOTE

15 로베르토 바조(Roberto Baggio). 이탈리아 최고의 축구스타로 1990년대 가장 뛰어난 공격수로 이름을 날렸다. 말총머리 헤어로 유명했다.

승부를 거두는데 그치고 말았죠. 너무나 중요한 경기에서 골을 넣지 못했다는 책임감 때문에, 공격수인 저에게는 여전히 아쉬움으로 남아 있는 잊을 수 없는 경기입니다.

세레소 오사카와 가시와 레이솔 시절을 비교한다면 어떤 차이가 있었습니까?
세레소 오사카는 우승권 팀이 아니었고 중상위권만 유지해도 좋은 팀이었습니다. 반면 가시와 레이솔은 한국인 정서가 약간 있었습니다. 니시노 아키라 감독님이 지휘봉을 잡고 있었는데 정신력을 강조하셨습니다. 우승을 목표로 하던 팀이었기에 심리적인 압박을 많이 받았죠. 성적이 안 나오면 먼저 감독을 문책하고 그 다음은 외국인 선수였습니다. 다른 팀과 달리 가시와의 외국인 선수는 저와 홍명보, 유상철로 구성돼 부담이 컸습니다. 그래도 우리 셋이 있을 때는 후기리그 2위까지 올라갔었죠.

J리그에서 뛸 때 상대하기 힘든 선수가 있었습니까?
세레소 오사카에 있을 때 요코하마 F.마리노스, 가시마 앤틀러스, 주빌로 이와타 등 이런 팀들의 중앙 수비수는 거의 일본 국가대표 출신이었습니다. 이하라 마사미가 있었고 아키타 유타카, 오무라 노리오 등 쉽지 않은 선수들이었습니다. 그 선수들도 저를 상대할 땐 한일전 생각이 나서 더 열을 냈을 겁니다. (웃음) 세레소 오사카가 약체여서 톱 클래스 팀과의 경기는 쉽지 않았습니다. 그리고 미우라 카즈요시와 함께 뛰어보고 싶은 생각도 들었습니다. 미우라는 정말 실력이 뛰어나고 팬들이 좋아할 선수입니다. 미우라가 골 넣고 추는 춤을 상대 팀으로 볼 때 참 약이 올랐습니다. 스토이코비치도 정말 같이 뛰고 싶었던 선수였고요. 지금은 저와 스토이코비치 모두 지도자를 걷고 있습니다. 노정윤과 함께 그 선수가 같이 뛰었으면 신나는 경기를 할 것만 같았습니다.

황선홍 감독은 한일전에서도 강한 면모를 보여왔습니다. A매치 데뷔전과 데뷔골 모두 한일전이었습니다. 1994년 히로시마 아시안게임, 1998년 평가전 등 주요 한일전에서도 항상 골을 넣었습니다.
그렇게 말하니 일본에 유독 강한 느낌이 있는 것 같습니다. (웃음) 그러나 특별한 것은 없습니다. 대표팀 경기는 정신적으로 무장돼서 나갔습니다. 이기려는 의지가 다른 경기에 비해 높은 상태에서 임했습니다. 그것이 좋은 결과로 이어진 것이라 봅니다. 그런 것이 이루어지니 일본에 대한 자신감이 내재되어 있던 것이 아닐까 합니다. 경기 전부터 일본을 상대할 때는 '좀 더 잘해야겠다. 이기겠다'는 생각을 많이 했습니다.

일본을 떠난 뒤에도 J리그를 보시는지 궁금합니다. 지금의 J리그에 어떤 생각을 갖고 계시나요?

J리그 관련 하이라이트 프로그램이나 AFC 챔피언스리그에 출전하는 J리그 팀들의 경기를 보고 느껴지는 것은 'J리그에 판도 변화가 일어나고 있지 않나'하는 점 입니다. 제가 활약하던 당시에만 해도 J리그 최고의 클럽은 가시마 앤틀러스나 주빌로 이와타였죠. 하지만 최근 몇 년 사이 우라와 레즈가 그 자리를 차지했습니다. 일본 국가대표 선수를 상당수 배출한 팀이기도 하지만 클럽의 인기 자체가 엄청나다고 들었습니다. 2007년 4월에는 우라와 레즈를 직접 방문해서 엄청난 수의 팬을 확보하고 있는 이유, 클럽 경영의 전반에 관해 이야기를 들을 수 있는 기회가 있었어요. 그때 우라와 레즈는 단지 '강한 팀'을 목표로 하는 것이 아니라 팬들과의 '소통'을 중요시 하고 있다는 인상을 받았습니다. 현재의 우라와 레즈를 보면 J리그라는 프레임을 넘어서 아시아 클럽 축구를 대표하는 이미지를 가진 팀이 된 것 같다는 생각도 하게 됩니다.

선수들을 지도하고, 클럽팀을 이끌어 가는데 있어서 현역시절 J리그에서의 경험이 활용되기도 하나요?

J리그 시절 많은 영향을 받았고, 그 당시의 기억과 경험을 지금도 현장에서 활용해 가고 있는 것은 분명합니다. 클럽과의 관계, 코치진들과의 관계는 물론이고 코칭스태프와 선수가 서로를 존중하는 문화나 체력관리와 데이터를 체계적으로 관리하는 부분, 체력 훈련 등에 관련된 부분 중에는 한국에서 선수로 뛰던 시절에는 알지 못했던 것들도 있으니까요. J리그의 팀 운영방식을 제 스스로 직접 체험한 것은 지도자가 된 뒤에도 곳곳에서 힘을 발휘하고 있다고 할 수 있습니다.

최근 한일 양국의 클럽 축구 경기에 대한 관심도 뜨겁습니다.

이 모습이 맞습니다. 한일 대표팀 경기보다 한일 클럽 경기에 더 관심을 갖고 라이벌을 형성하면서 발전하게 됩니다. 양국의 축구 색깔은 분명히 다릅니다. 한국이 조직적이고 터프하면서 공간을 많이 이용하는 축구라면, 일본은 브라질 축구의 영향으로 기술적이고 미드필드를 상당히 중요시합니다. 짜임새 있는 축구를 펼치죠. 서로 다른 스타일로 경기하면 잣대가 나옵니다. 어떤 것이 현대 축구에 맞고 효과적인지 알 수 있습니다. 그리고 서로 공유하고 배우면서 익혀야 합니다.

많은 한국 선수들이 K리그 대신 J리그로 진출합니다. 이 모습에 대한 생각은 어떻습니까?

일본도 외국입니다. 청소년이든 올림픽이든 대표팀 출신이라면 일본에 가서도 자부심을 갖고 훈련, 생활 등 타의 모범이 되어야 합니다. 편하고 돈을 많이 준다는 생각은 위험합니다. 노정윤이 한국 선수로 처음 J리그에 갔을 때 강한 책임감으로 성실히 뛰었기에 우리가 덕을 볼 수 있었습니다. 그리고 후배들은 우리의 덕을 보게 됩니다. 그런 이미지가 계속 이어져야 합니다. 지금도 일본에 가서 실패하고 오는 선수들이 많습니다. K리그에서 먼저 검증 받고 정당한 대우를 받아 J리그에 가는 것이 낫죠. 요즘은 (2부리그인) J2리그로 가는 선수들도 많은데 J리그에서 실패하고 돌아오는 선수도 그만큼 많습니다. 이왕 간다면 성공하지 못할 경우 돌아오지 않는다는 마음가짐을 가져야 할 것입니다.

'지도자 황선홍'의 축구 철학 그리고 일본의 축구팬들에게 전하고픈 메시지가 있다면 부탁 드립니다.

저는 무엇보다 합리적인 지도자가 되고 싶습니다. 나아가서는 선수들이 스스로 생각하고, 직접 알아서 움직이는 그런 팀을 만들고 싶습니다. 그것이 지도자로서 저의 이상이고, 그런 팀을 만들기 위해 노력하고 있습니다. 그리고 AFC 챔피언스리그 무대에서 일본의 축구팬들과 다시 만났으면 좋겠네요. 아시아라는 무대에서 만납시다. 이번에는 선수가 아닌 '감독 황선홍'이 일본 팀과 대결하는 날이 오는 순간을 즐겁게 기다려 주십시오.

세레소 오사카나 가시와 레이솔에서 감독 제의가 온다면 어떨 것 같습니까?
   물론 생각은 있습니다. 나중에 나이가 든 뒤 제의가 오면 감독을 한 번 해보는 것을 고려해도 좋을 것 같습니다.

황선홍 is		
	생년월일	1968년 7월 14일
	학력	숭곡초-용문중-용문고-건국대
	선수경력	포바이엘 레버쿠젠 아마추어(1991)-부퍼탈 SV(1992) -포항 스틸러스(1993~1998) -세레소 오사카(1998~1999)-수원 삼성(2000) -가시와 레이솔(2000~2002) -전남 드래곤즈(2002)
	지도자경력	전남 드래곤즈 코치(2003~2006) -부산 아이파크 감독(2008~2010) -포항 스틸러스 감독(2011~2015) -FC서울 감독(2016~현재)
	대표경력	A매치 103경기 50득점 월드컵(1990, 1994, 1998, 2002), 컨페더레이션스컵(2001), 아시안컵(1988, 1996), 올림픽(1996), 아시안게임(1990, 1994), 북중미 골드컵(2000), 동아시안컵(2003)
	우승경력	K리그 클래식(2013), FA컵(1996, 2012, 2013), K리그컵(1993), AFC 챔피언스리그(1997, 1998), 아시안게임 동메달(1990)
	수상경력	K리그 감독상(2013), FA컵 감독상(2012, 2013), K리그 베스트11(1995), J리그 득점상(1999), 컨페더레이션스컵 브론즈슈(2001), 체육훈장 맹호장(2002), 아시안게임 득점상(1994), FA컵 최우수코치상(2006)

유상철

① 한국은 있지만, 일본은 없는 것

젊었을 때 일본전을
피하고 싶었던 순간도 있었다

　일본 국가대표팀의 실력과 진화. 이 주제를 다루는데 있어 유상철만한 적임자는 없을 지도 모르겠다. 월드컵에 두 대회 연속 출전해 연속골도 기록했다. A매치는 110경기가 넘게 출전했으며 한국 국가대표팀 주장도 맡았던 선수다. 처음 한일전에 모습을 드러낸 것은 1994년 10월 히로시마 아시안게임. 유상철은 그 이후 수 많은 한일전에 출전해 왔다. 무려 14경기나 된다. 역대 명승부로 꼽히는 1997년 프랑스 월드컵 최종예선 한일전을 뛰었고, 2003년 한일전을 포함해 당시 연중 세 차례나 열렸던 한일전을 모두 출전했다. 2004년 7월 아테네 올림픽에는 와일드 카드로 합류, 당시 일본 올림픽대표팀과의 경기에도 출전했다. 유상철은 2000년대에 전후에 걸쳐 일본 국가대표팀의 실력과 변화를 직접 보고 몸으로 느낀 선수다.
　그런 유상철에게 가장 강한 인상을 남긴 경기는 언제였을까. 그는 주저 없이 히로시마 아시안게임에서 열렸던 한일전을 꼽았다. "그 경기는 제가 A매치에서 처음으로 골을 넣은 경기이기도 했지만, 무엇보다 국가대표로서 처음 뛰는 한일전이었습니다. 경기 시작 전부터 엄청나게 긴장했던 것을 아직도 생생히 기억하고 있어요. 선배들의 눈빛부터 달랐으니까요. 독기가 들어있었다고 할까요? 어딘가 강한 살기를 띠고 있는 것처럼 느껴졌습니다. 경기 전에 상대에 맞춰 전략을 짠다든지, 대책을 세우는 분위기도 특별히 없었습니다. 그저 '무슨 일이 있어도 이겨야 한다'는 말 한 마디가 전부였으니까요. 그 한 마디면 충분했습니다."
　'일본에 절대로 질 수 없다.' 이 대목에서 다시 한국이 일본에 대해 강하게 갖고 있는 '라이벌 감정'에 관해 자세하게 쓸 필요는 없으리라 생각한다. 그리고 이 전통적인 감정을 유소년 시절부터 습득하고 있는 한국의 축구선수들은 일본전에 나설 때면 '이겨야만 한다'는 강한 의식이 몸과 마음으로부터 발산된다. 그것은 경기를 지켜 보는 팬들도 마찬가지다. '일본을 무너뜨리는 한국'을 기대하는 팬들의 가슴은 한일전을 응원하는 순간이면 뜨거운 열정으로 가득 차기 마련이었다.

문제는 그만큼 부담도 크다는 점이다. 한국은 일반적으로 평소 축구에 그리 큰 관심을 갖지 않는 사람들까지도 한일전을 앞두면 '승패'에 집중한다. 언론도 대중의 그런 심리에 편승하고, 여론을 부추기라도 하는 듯 자극적인 타이틀을 앞다투어 내놓는 분위기. 패배만은 용서할 수 없다는 그 분위기는 선수들을 경직시킬 수 밖에 없다. 유상철의 고백이다.

"한일전을 앞두면 솔직히 정신적으로 부담이 컸던 것이 사실입니다. 그만큼 부담이 되는 경기는 아마 없지 않을까요? 비교할 수 없는 독특한 긴장감이겠죠. 그런데다 한일 대표팀 간의 실력차도 점점 좁혀져 온 것이 사실입니다. '반드시 승리해야 한다'는 숙명을 안고 있는 한국 선수들 입장에서 일본전은 결코 마음 편하게 임할 수 있는 경기가 아닙니다."

실제 그런 분위기였다. 일본전을 앞두고 있는 한국 대표팀을 취재하다 보면 선수들이 보기 드물게 말수가 적었고, 팀 전체적으로 팽팽한 긴장감이 무섭게 감돌고 있었다. 그런 순간과 몇 번이나 마주한 적이 있다. 일부 선수 중에서는 너무 심한 정신적 중압감에 시달리다 식욕까지 잃는 경우가 있었다. 유상철은 "젊은 시절에는 할 수만 있다면 일본전을 피하고 싶었던 때도 있었습니다"고 회상하며 쓴 웃음을 지어 보이기도 했다. 하지만 그랬던 일본전도 어느 샌가 달라져 있었다. 유상철에게 일본전은 어느 순간 평정심을 되찾게 해주는 경기가 됐다.

"물론 여전히 일본전은 중요한 경기이고, 맞붙게 되면 결코 쉽지 않은 상대인 것만은 분명합니다. 하지만 언젠가부터 선수시절 초창기에 느꼈던 엄청난 부담이나, 불안 같은 것은 더 이상 느끼지 않게 된 것 같습니다. 지나치게 긴장하거나 필요 이상으로 신경을 쓰는 일도 더 이상 없네요. 이제는 반대로 어느 정도 편안한 마음을 갖고 경기에 임하는 편입니다. 자연스런 상태에서 뛸 수 있는 경기가 된 거죠."

이러한 변화는 아마도 유상철이 J리그에서 활약한 부분도 크게 영향을 미쳤을 것이다. 그가 일본 무대로 옮긴 것은 1999년이었다. 처음 약 2년 간 요코하마 F.마리노스에서 활약했던 유상철은 이후 가시와 레이솔로 팀을 옮겨 1년 반을 더 뛰었다. 2002년 한일 월드컵 이후에는 유럽 진출을 목표로 J리그를 떠났지만 계획이 불발되면서 K리그로 복귀했다. 그리고 2003년 다시 요코하마 F.마리노스로 돌아왔다. 일본에서 활약한 기간만 합치면 5년 가까이 된다. 그렇게 반복적으로 계속된 일상이 오히려 강박관념에 가까웠던 일본에 대한 인식을 바꿔놓았다.

"생각해 보세요. 한일전이라는 특수한 공간에서 만났던 상대 선수들이 언제부턴가 제게는 리그에서 매일 살을 부딪치고, 함께 뛰는 선수들이 된 겁니다. 어떤 때는 제가 수비해야 할 선수가 팀 동료이기도 했고요. 상대의 버릇부터 특징을 몸으로 기억하고 있었다는 게 맞을 겁니다. 집에서 생활하는 중에도, 예를 들어 TV만 틀어도 일본 대표팀에 관한 소식을 바로 바로 접할 수 있는 환경에 있었으니까요. 간단히 말하면 일본 대표팀 자체에 상당한 면역체계와 지식이 쌓여 있었던 셈입니다. 팬들이나 언론에서는 제가 일본전에 특히 강하다는 평가가 있는 것도 같지만 만약 거기에 특별히 이유가 있다면 그것은 아마도 그만큼 일본을 잘 알고 있었던 게 아닐까 생각합니다. 상대를 알고 싸우는 것과, 상대를 모르고 싸우는 것은 심리적으로 엄청나게 다릅니다."

닮은 듯 다른 한국과 일본의 축구 환경

그렇다면 유상철에게 일본 대표팀은 어떻게 비춰졌을까? 그는 신중히 단어를 고르면서 이야기를 시작했다.

"우선 한 마디로 표현하자면 '쉽게 이길 수 없는 상대'라는 말이 가장 적합하지 않을까 싶습니다. 한국과 일본은 히루시마 아시아게임에서도, 프랑스 월드컵 최종예선에서도 만났습니다. 그 당시 일본은 이하라 마사미, 미우라 카즈요시, 마에조노 마사키요, 나카타 히데토시, 오카노 마사유키 같은 선수들이 있었죠. 막강한 멤버였습니다. 그런데 '일본 대표팀이 달라졌다, 강해졌다'고 확연히 느끼게 된 것은 필립 트루시에[16] 감독이 오고 나서였어요. 트루시에 감독 부임 전후로 일본 대표팀은 180도로 달라졌다는 인상을 받았습니다."

일본 자국 내에서는 평가가 엇갈렸던 트루시에. 하지만 유상철은 트루시에가 일본 대표팀의 수준을 한 단계 올려 놓았다는 인상을 받았다.

"솔직히 트루시에 감독이 오기 전의 일본 대표팀은 미우라나 나카타 같은 특정한 선수에 의존하는 팀이라는 인상이 강했습니다. 그런데 트루시에가 부임한 후에는 개인이 아니라 조직이 탄탄한 팀이 되어 갔어요. 특히 '플랫 스리(Flat 3)'라 불렸던 수비 라인은 그야말로 일사불란하게 움직였죠. 그 외에는 표현할 길이 없을 정도로 탄탄한 조직력을 선보였다고 생각해요."

그러나 유상철은 트루시에가 이끌던 일본 대표팀이 이후 부임한 지쿠 감독의 일본 대표팀보다 월등히 강했다고 생각하지는 않았다. 오히려 지쿠가 부임한 이후 전개한 축구 철학에 대해서는 강하게 공감하는 모습을 보이기도 했다.

"축구에 있어서 자유와 자율성이라는 부분은 무척 중요하다는 생각을 갖고 있습니다. 바로 그 지점이 아시아와 유럽의 차이라는 생각이 들기도 하고요. 일례로 한국, 일본은 대체로 유럽 선수들과 비슷한 나이에 축구를 시작합니다. 그리고 일정한 시기까지는 비슷하게 성장한다고 생각해요. 말하자면 한국, 일본 할 것 없이 아시아 선수라고 해도 청소년 세대에서는 세계 무대에서도 경쟁할 수 있는 수준이라는 거죠. 하지만 국가대표팀 수준에 오면 상황이 달라집니다. 확연히 실력 차가 나죠. 왜 아시아는 유럽에 뒤질 수 밖에 없을까. 물론 여러 가지 이유가 있을 수 있겠지만 저는 그 중 하나가 바로 창조성이라고 생각합니다. 그것이 유럽과 아시아 축구의 결정적 차이를 가르는 거라고 봐요. 상대의 허점을 찌르는 번뜩이는 패스, 상황을 역전시키는 재치 넘치는 드리블 같은 것이요. 그런 창조적인 플레이는 정해진 전술이나 규칙만 반복 하는 환경에서는 쉽게 나오기 힘듭니다. 지쿠 감독이 자율성이라는 자신의 축구철학을 강조한 것은 아마도 그 부분을 알고 있기 때문이 아닐까 생각했습니다."

NOTE

16 필립 트루시에(Philippe Troussier). 프랑스 출신 지도자. 주로 아프리카 지역에서 지도자 생활을 했고 1998년 7월부터 일본 국가대표팀, 올림픽대표팀, U-20 대표팀 감독 겸직했다. 일본의 U-20 월드컵 준우승(2000년), 시드니 올림픽 8강(2000년), 아시안컵 우승(2000년), 컨페더레이션스컵 준우승(2001년), 한일 월드컵 16강(20002년) 등의 성적을 냈다.

유상철은 이러한 변화와 자율성을 한국 선수에게 요구해도 쉽게 끌어내기는 힘들 것이란 말도 덧붙였다.

"어느 날 갑자기 한국 선수들에게 '이제부터 자유롭게 경기하라'고 이야기 하면 당황하는 표정이 역력할 겁니다. 어쩌면 굉장한 혼란에 빠질 수도 있습니다. 한국 축구는 '자유로움'과는 거리가 먼 측면이 있으니까요."

어떤 의미가 담겨 있는 말일까. 유상철은 지금도 개선의 여지가 남아 있는 한국의 유소년 축구 환경을 염려 하고 있었다. 한국 선수들은 어렸을 때부터 소수 정예, 그것도 스파르타식 훈련을 받으며 성장한다는 것이 그의 생각이다. 상하관계를 중시하는 사회 분위기 영향도 커서 감독의 권력은 절대적이다. 게다가 목표로 하는 것은 '승리'와 '성적' 위주의 결과다.

최근 들어서는 이러한 경향도 달라지고 있는 추세지만 '4강제도'는 지금도 통용되는 분위기다. 4강제도는 유청소년 선수가 각종 대회에서 4위 안에 드는 성적을 내지 못하면 축구부가 있는 상급 학교로 스카우트 되기 어려운, 한국만의 독특한 선수 선발 관례다. 한국에서 축구부가 존재하는 학교는 그 수가 결코 많지 않다. 초등학교 280곳, 중학교 174곳, 고교는 115곳, 대학은 63개 학교만이 축구부를 운영하고 있다. [17]근래 들어 유소년 팀을 속속 창단해 나가고 있지만 그 수도 결코 많다고 보기는 힘들다. 상황이 이렇다 보니 이미 아주 어린 나이 대부터 가혹한 생존 경쟁 상황에 노출될 수 밖에 없고, 선수나 지도자들 역시 4강에 들기 위한 성적과 승리를 최우선 할 수 밖에 없는 측면이 존재한다. 결과적으로 축구의 기술적인 측면이나 창조력을 키울 여유는 없는 반면 감독의 지시에 일방적으로 따르게 되는 '로봇축구'에 길들여 지게 되고 마는 것이다.

유상철도 이렇게 말한다. "창의력 같은 부분만 생각해 본다면 한국과 비교할 때 일본이 키울 수 있는 환경은 조금 더 낫지 않을까 싶습니다. 유럽 축구 정도는 아니더들

NOTE

17 2004년 현황이며 2016년 4월 현재 초등학교 및 12세 이하 클럽 598개, 중학교 및 15세 이하 클럽 253개, 고등학교 및 18세 이하 클럽 172개, 대학교 80개 팀이 대한축구협회에 등록되어 있다.

도 일본은 한국보다는 축구 자체를 즐기는 분위기가 조성되어 있다는 인상을 받았고, 바로 그런 자유로운 분위기가 선수들의 창의력을 끌어내는데도 도움을 주는 것 같습니다. 가시와 레이솔에서도, 요코하마 F.마리노스에서도 특히 유소년 선수들이 상당한 수준의 기술력을 가지고 있는 것을 볼 때마다 그런 생각을 하게 됐습니다."

한국도 일본은 결코 찾을 수 없는 장점이 있다는 점을 부정하기 힘들다. 한일 월드컵에서 보여줬던 불굴의 정신력과 투지다. 어쩌면 그것은 어린 시절부터 이뤄진 철저한 스파르타식 교육과 승리지상주의에 의해 만들어진 산물일 수도 있다. 하지만 한일전이면 반드시 부각되는 그 장점은, 그것만큼은 일본이 결코 앞설 수 없는 부분이라는 생각이 들곤 하는 것은 사실이다.

그런데 유상철은 조금 생각이 달랐다. 유상철은 일본이 한국보다 정신력에 있어 결코 약하다고만은 생각하지 않는다고. "분명히 저 역시 일본 선수의 정신력 자체에 대해 의구심을 갖고 있었던 것은 사실입니다. J리그에서는 경기에 졌는데도 선수들끼리 웃고 떠들며 이야기를 나눈다든지, 아무렇지 않게 핸드폰으로 통화를 하는 모습을 어렵지 않게 봤으니까요. 어떤 때는 경기를 하기도 전에 상대 이름값에 주눅이 들어서 승부를 포기해 버리는 듯한 경우도 본 적이 있습니다. '이 선수들은 패배가 분하지 않은 건가'라고 생각했을 정도니까요. 단지 그때와 지금을 비교하면 다르다고 생각합니다. 현재의 일본 대표팀은 그 당시보다 정신적으로도 강해졌고, 훨씬 의욕에 차 있다는 인상을 갖고 있습니다. 최근의 A매치 성적이나 한일전의 결과 그 자체가 좋은 지표가 될 것 입니다. 이제는 무조건 한국이 승리한다고 장담할 수 없으니까요. 정신적인 측면을 포함해서 이제 한국 대표팀이나 일본 대표팀에 그렇게 큰 차이는 없다고 보고 있습니다. 더 몇 년 전이었다면 모를까 이제 그 차이는 거의 없어지고 있다고 봐요."

확실히 일리가 있는 의견일 지 모르겠다. 정신적인 측면이 그렇다면 이제는 반대로 표면적인 부분만 놓고 봐도 일본과 한국은 그렇게 큰 차이가 느껴지지 않는 분위기다. 한 가지 예로 대표팀 운영을 놓고 봐도 그런 면면은 전해져 온다.

과거에 한국 대표팀은 전용 훈련장이 존재하지 않았고, 대표팀 코칭스태프 역시 감독과 코치 정도가 전부였다. 하지만 한일 월드컵을 계기로 그 환경은 크게 달라졌다. 파주에는 6면의 천연잔디 구장과 최첨단 숙박시설을 갖춘 대표팀 전용 트레이닝 센터가 세워졌다. 지원스태프 역시 장비담당은 물론이고 팀 닥터, 비디오 분석가, 언론 담당관 등이 대표팀 일정에 항시 대동한다. 한국 대표팀은 1998년 프랑스 월드컵 전후까지 선수들 개개인에게 격의 없이 접근하거나 전화 취재, 기자들이 마음대로 숙소에 드나드는 환경이었다. 그러나 지금은 그런 분위기 역시 일체 사라졌다. 대표팀에 소집된 선수들이 오직 훈련과 경기에만 집중할 수 있는 여건을 조성한 것이다.

해외 원정경기에 나설 때는 장거리 이동이면 선수들을 괴롭히곤 했던 비행기의 일반석도 비지니스 클래스로 조정됐고, 2003년부터는 K리그 각 팀들이 오랫동안 반대해 왔던 긴급 소집이나 장기 합숙도 완전히 사라지게 됐다. 그전까지만 해도 한 달 가까이 선수들을 미리 소집해 전력강화 훈련을 진행하는 등의 경우가 있었지만 지금은 FIFA 규정대로 선수들을 소집한다. 대표팀 운영의 전반적인 시스템은 일본 대표팀과 비교해도 크게 합리적인 방향으로 변화하고 있다는 것이 분명한 흐름이다.

> ## 나라를 위해 싸우는 한국 선수,
> ## 자신을 위해 싸우는 일본 선수

여전히 한국과 일본 대표팀에는 차이점이 존재한다. 한 가지가 연령에 의해 정해지는 상하관계. 유상철은 이렇게 말한다.

"일본은 한국처럼 확실한 의미의 선후배 관계는 없을 거라는 생각을 한 적이 있습니다. 단지 오해하지 말아주셨으면 하는 부분은 한국의 선후배 관계라는 것도 결코 단순한 의미의 상명하달식 관계를 말하는 것은 아닙니다. 과거에는 후배가 선배에게 자신의 의견을 강하게 어필한다든지 하는 부분이 어려웠습니다. 하지만 최근에는 젊은 선수들도 당당히 자기 주장을 전달하고, 선배들 역시 그 목소리에 귀를 기울입니다. 서로 의견을 교환하고, 팀을 더 좋은 방향으로 끌고 가겠다는 마음이 같기 때문입니다. 필요한 경우 선수들끼리만 모여서 미팅을 하기도 합니다. 그렇게 서로 커뮤니케이션을 반복하는 과정을 통해 팀의 결속력은 더 탄탄해지고요. 물론 중요한 경기를 앞두고 있을 때에는 경험 있는 선배 선수가 선수들의 의욕을 자극하기도 합니다. 베테랑의 말 한 마디가 갖는 무게감은 남다르니까요. 하지만 또 그런 목소리 역시 팀을 강하게 만드는 일부인 거죠. 상하관계에 비교적 엄격하지 않고, 서로가 대체로 대등한 관계가 주를 이루는 일본인이라면 조금은 이해하기 힘들지도 모른다는 생각은 드네요. 하지만 이것이 한국의 방식이기도 합니다."

그런 의미에서는 감독과 선수의 관계 역시 독특하다고 할 수 있다. 유상철의 말처럼 일면 상하 복종관계가 되기 쉬운 것도 사실이다. 하지만 대표팀급에서는 그 관계도 달라진다.

"아마추어 선수 시절에는 상하복종 관계 같은 것이 아주 존재하지 않는다고 부정하기는 힘들 겁니다. 하지만 대표팀에서는 있을 수 없는 일이죠. 말하자면 모두가 프로이기 때문입니다. 상사와 부하직원도 아니고 그렇다고 해서 군대식의 상하관계는 더더욱 있을 수 없습니다. 굳이 예를 들자면 스승과 제자 같은 느낌일까요? 외국인 감독이 대표팀을 맡았을 경우에는 더욱 '쿨'한 관계가 됩니다. 물론 한국인 감독이라고 해도 크게 다르지는 않습니다. 한국인 감독의 경우 서로가 서로를 너무나 잘 알고 있기 때문에 일종의 선입견이랄까, 고정관념이 문제가 되거나 반대로 너무 조심하는 경우는 있을 수 있다고 봅니다. 외국인 감독이 대표팀을 맡았을 때는 서로 존중하는 좀 더 어른스러운 분위기가 가능했었네요. 바로 거스 히딩크 감독 때가 그랬습니다."

그런 히딩크 감독이 2002년 월드컵 대회 기간 중 이런 말을 한 적이 있다고 한다. "한국 선수들은 힘든 상황일수록 더 강한 정신력을 발휘한다." 이것은 바로 한국 대표팀 특유의 투지, 불굴의 정신력을 가리키는 말이다. 도대체 이 힘의 원동력은 어디에 있는가. 유상철의 말에서 그 힌트를 찾을 수 있다.

"어느 나라 선수든 국가대표로 뛴다는 것은 특별한 일이라고 생각합니다. 하지만 한국은 특히 국가대표팀에 대한 주목도나 평가가 남다릅니다. 극단적인 예로 아무리 프로에서 엄청난 활약을 한 선수라고 해도 대표팀에서 활약하지 않으면 그리 높은 평가를 받지 못합니다. 국가대표팀에서 활약을 보여줬을 때 비로소 선수로서의 인지도도 올라 가고 높은 평가를 받게 되죠. 선수들 역시 나라를 대표해서 뛴다는 사실에 강한 동기부여를 느끼고 합니다. 한국에서 국가대표가 된다는 것은 곧 나라가 나를 부르다는 의미로 생각되니까요."

'나라가 부른다.' 일본식으로 표현한다면 어떤 의미일까. '나라가 나를 원하고 있다(國が俺を呼んでいる)'와 비슷한 느낌일까? 확실히 이 말에는 어딘가 독특한 무게감이 있다.

"말하자면 국가대표가 되었을 때에는 결코 경솔한 마음으로 그라운드에 설 수 없다는 그런 의식입니다. 나라가 불러 국가 대표로 플레이 하는 이상 강한 책임감을 갖고 그라운드에 서야 하는 거죠. 승패에 관계 없이 90분 동안 전력을 다 하는 것이 의무입니다. 솔직히 말씀 드리면 오랜 기간 국가대표로 뛰면서 그런 인식을 갖고 있지 않은 선수들도 여럿 보아왔습니다. 국가대표팀에서의 플레이에 기복이 심한 선수일수록 그런 경향이 더욱 강합니다. '어차피 나는 교체선수니까' 하는 생각을 갖고 있는 경우도 많고 '분명히 경기에는 뛰지 못할 텐데..'하는 자포자기의 심정을 갖고 있는 거죠. 그런 생각을 가지고 있으니 대표팀에서 붙박이 역할을 하지 못하는 것 일수도 있지만, 이왕에 대표가 되었다면 경기에 출전하지 못한다 하더라도 최선을 다 해야만 한다고 생각해요. 비록 벤치에 앉아 있는다 하더라고 모든 노력을 다하는 자세를 보이는 것이 옳다고 생각하고 있습니다. 저는 태극마크를 단 유니폼을 입고 나서는 순간만큼은 그 어떤 자리에서라도 사력을 다 해야 합니다. 그것은 의무가 아니라 사명 같은 것이니까요."

한국 대표팀도 한일 월드컵 이후에는 슬럼프에 빠지는 모습을 보이기도 했다. 포르투갈 출신의 움베르투 쿠엘류 감독이 지휘봉을 잡았지만 2006년 독일 월드컵 예선 상대였던 FIFA 랭킹 140위권의 약체 몰디브와 무승부를 기록하는 등 부진한 모습을 보여 중도 교체됐다. 이후 자리를 넘겨 받은 네덜란드 출신 조 본프레레 감독 역시 기대를 모았던 아시안컵 대회서 8강에 그쳤고, 독일 월드컵 2차예선 레바논 원정 경기에서는 다시 무승부에 그치는 결과를 안았다. 팬들과 언론의 기대 속에 부담감은 커지는 반면 좋지 않은 분위기가 이어지고 있는 것. 상황은 이러한데, 유상철이 전하는 전망은 비관적이지만은 않다.

"축구팬들이나 언론에서 늘 초조해 하는 것은 잘 알고 있습니다. 하지만 저는 대표팀의 최근 몇 년 간 경기력이 내용적인 측면에서 그렇게 나빠지고 있다고 생각하지 않습니다. 축구라는 종목은 언제나 강팀이 이기는 그런 종목은 아니지요. 내로라 하는 레알 마드리드도 하위팀을 만나 고전하는 경우가 있지 않습니까? 그렇게 생각하면 레바논전 무승부라는 결과가 충격적인 것이긴 했지만 여전히 한국은 조 1위를 지켰어요. 그렇기 때문에 비관할 상황만은 아니라는 겁니다. 오히려 저는 이런 결과 자체보다 솔직히 더 궁금한 부분은 따로 있습니다. 바로 선수들의 마음가짐. 한일 월드컵 이후 대표팀은 어딘지 모르게 들뜬 분위기입니다. 팀 내에서 개인주의적인 성향이 크게 확산되고 있고, 국가대표로서의 사명감이나 책임감 같은 것은 조금씩 줄어들고 있는 듯한 인상을 받습니다. 개인적으로 그런 선수들에게 하고 싶은 말은 대표팀이라는 공간을 자신의 집이나 가족처럼 생각했으면 하는 바람입니다. 예를 들어 집이 경제적으로 어려운 상황에서, 돈이 없으면 가족이 혼란에 빠질수도 있는데 '나는 나 자신만 괜찮다면 상관없다'는 태도를 취할 수 있는 사람은 얼마 없을 겁니다. 오히려 자신을 희생하는 한이 있더라도 집과 가족을 지키기 위해 고군분투 하지 않을까요? 개인적인 이익이나 자신의 욕구는 조금 뒤로 하더라고 대표팀에 들어 오면 그런 필사적인 자세가 필요하다고 생각합니다. 최우선에 놓아야 할 것은 가족이나 집, 그러니까 팀이 되어야 하지 않을까요. 어쩌면 이런 생각들을 전달하고 지켜가는 것이 저의 역할인 것도 같다는 생각이 드네요."

국가대표팀을 향한 이런 열정은 '애국심'이라는 말로 쉽게 표현될 지도 모르겠다. 하지만 유상철은 A매치를 100경기 이상 치른 베테랑이다. 그의 말에는 남다른 무게가, 설득력이 있다. 그리고 어쩌면 그런 신념을 가진 리더가 존재한다는 사실이 일본 대표팀에는 없지만, 한국 대표팀에는 있는 강점일지도 모르겠단 생각이 들었다. 눈부시게 빛나는 유상철의 뒷모습을 보며 문득 그렇게 생각했다.

유상철

② 사투를 벌였기에 공유할 수 있는 것

한일 양국에서 사랑 받았던 열정의 멀티 플레이어

유상철이 한일전에서만 자신의 이름을 알린 것이 아니다. 일본 축구팬들에게도 강렬한 인상을 남겼는데, 약 6시즌에 걸친 J리그 시절의 활약 덕분이다. 유상철은 요코하마 F.마리노스(1999~2000년, 2003~2004년), 가시와 레이솔(2001~2002년)에서 활약하며 한국인 J리거로 이름을 떨쳤다.

무릎 부상으로 인해 2006년 3월 현역 생활을 마감했지만 그 이후에도 꾸준히 한일 양국 축구계에서 자신의 '브랜드 파워'를 자랑했다.

오랜만에 만난 유상철과 인터뷰를 진행한 것은 2009년 여름. 서울 시내의 한 카페에서 그의 근황과 일본 시절의 추억 그리고 한일 축구의 미래에 관해 이야기를 나눴다.

" 집 근처 메밀국수 가게도 그립네요 "

현역 은퇴 이후 벌써 3년이나 지났네요. 최근에는 어떻게 지내고 계신가요?

　은퇴 초에는 축구해설위원을 했습니다. 2006년 독일 월드컵, 2008년 베이징 올림픽 때 해설위원으로 참여했죠. 그런데 축구를 말로 전하고 설명한다는 것이 그리 쉬운 일은 아니더군요. 특히 독일 월드컵은 첫 해설이었기 때문에 더욱 긴장했습니다. 중계석에서 경기를 본다는 것 자체가 스트레스로 다가 올 때도 있었을 정도였으니까요. (웃음) 역시 축구는 '보는 것' 혹은 '하는 것'이지 말하기 위한 것은 아니라는 것을 새삼 실감했습니다. 재작년 정도부터는 축구교실을 운영하기 시작했어요.

유상철 축구교실입니까?

　네. 주로 6세부터 13세까지의 아이들을 대상으로 축구를 가르치고 있습니다. 제가 직접 현장에 나가서 아이들을 가르쳤는데요. 어떻게 된 일인지 제가 현장에 가는 횟수가 늘어나면 늘어날수록 학부모 분들의 항의도 많아지는 상황이 됐어요. "그 아이는 직접 지도를 받았는데 우리 아이는 받지 못했다"는 것이 주된 불만사항입니다. (웃음) 제 입장에서는 공평하게 지도하고 있는데 아무래도 받아 들이는 쪽은 다를 수도 있는 것 같아요. 그러고 보니 누군가를 가르친다는 것도 쉬운 일은 아니더군요. (웃음)

은퇴 이후에도 지속적으로 일본을 방문하고 계시죠?

　그렇습니다. 2006년 10월에는 요코하마 F.마리노스에서 제 은퇴 경기를 열어 주었습니다. 2008년 11월에는 가시와 레이솔과 요코하마 F.마리노스를 방문할 기회가 있었고요. 친정팀이라고도 할 수 있는 J리그 팀들에서 유소년 시스템도 잘 운영하고 있기 때문에 정보나 노하우를 배우고 공유하고 싶었습니다. 그런데 관계자분들께서 너무나 반갑게 맞아 주시고 잘 대해 주셔서 무척 감사했습니다. 지금은 한국으로 돌아왔지만 J리그 시절에 알게 된 지인들이나 친구들과는 여전히 종종 연락을 주고 받는 편입니다. 무엇보다 요코하마 F.마리노스 시절에 J리그 우승을 함께 이뤄낸 멤버들이 가장 그립네요. 그 중에서는 오쿠 다이스케 선수와 가장 종종 연락을 주고 받는 편이네요.

가시와 레이솔 시절보다는 요코하마 F.마리노스에서의 추억이 훨씬 많은 듯 하네요.

물론 가시와 레이솔에서도 많은 추억이 있었습니다. 그런데 요코하마 F.마리노스에서는 4년 넘는 시간을 보냈었거든요. 더욱이 제 아내가 요코하마의 거리를 무척 좋아했습니다. 일본 내에서도 요코하마에서 살기 원하는 사람들이 많다고 알고 있어요. 도시가 세련되면서도 늘 바다가 가까이 있다는 것이 가장 큰 매력이라고 생각하지만 제 개인적으로도 많은 추억을 가지고 있는 장소입니다.

예를 들면 어떤 추억들인가요?

축구도 물론이지만 음식도 기억에 남아 있네요. 일본에 있던 시절에는 불고기를 특히 많이 먹었던 것 같은데 미나토미라이[18]에 위치한 음식점 중에 정말 맛있는 곳이 있었어요. 미나토미라이에는 마늘 요리를 메인으로 정말 다양하고 맛있는 메뉴가 많았던 레스토랑도 있었는데 단골이었습니다. 돈카츠나 초밥 전문점 같은 곳도 맛있는 곳이 정말 많았고요. 이야기를 하다 보니 일본에서 살던 집 근처에 있던 메밀국수 가게까지도 그리운 생각이 드네요. 큰 바구니에 메밀 국수가 후지산을 연상케 할 만큼 많은 양이 담겨 나오곤 했던 집이었어요. 또 먹고 싶네요. (웃음)

NOTE

18 미나토미라이21(横浜みなとみらい21). 요코하마시 나카구와 니시구에 걸쳐있는 해변 지역. 다양한 건축물이 있는 관광지로 유명하다.

> ## "J리그는 플레이에 집중할
> 환경이 갖춰 있었다"

축구에 관한 이야기로 돌아가 볼까요. J리그에서 총 6시즌을 보내셨죠?

요코하마 F.마리노스에서도, 가시와 레이솔에서도 정말로 알찬 시즌을 보냈다고 생각합니다. J리그는 정말 축구를 할 수 있는 환경이 잘 갖추어져 있어서 선수로서도 플레이에만 집중할 수 있었던 시절이었습니다. 제일 처음 요코하마 F.마리노스에서는 J리그 우승도 2번이나 경험할 수 있었죠. 축구선수로서 정말 '꽉 찬' 시기를 보내지 않았나 생각합니다.

J리그 시절 많은 감독 밑에서 뛰어 본 경험을 가지고 계시기도 합니다. 가장 인상적인 감독은 누구였습니까?

오스발도 아르딜레스[19] 감독입니다. 제 자신의 플레이 스타일이나 취향에 맞는 포지션을 맡겨 준 감독입니다. 그 이전에 요코하마 F.마리노스 감독이었던 스페인 출신의 안토니오 데 라 크루스 감독은 약간 딱딱한 이미지도 있었고, 저와 잘 맞지 않는다는 느낌이 있었습니다. 물론 당시 저 또한 일본 무대를 경험하는 것이 처음이었고, J리그 스타일에 적응하는 데에도 시간이 필요했었습니다. 그런데 그런 불안감을 떨쳐주고, 제 플레이 스타일의 장점을 찾게 해 준 것이 바로 아르딜레스 감독이었어요. 덕분에 자신감을 찾게 됐고, J리그에서도 해낼 수 있겠다는 확신을 갖게 됐으니까요.

가시와 레이솔 시절은 어땠습니까? 홍명보, 황선홍에 유상철까지 한국 국가대표 트리오가 모여 있던 팀이라 일본은 물론 한국까지 엄청난 주목을 받았었는데요.

NOTE

19 오스발도 아르딜레스(Osvaldo César Ardiles). 아르헨티나 출신 지도자. 토트넘, 파리 생제르맹 등에서 선수 생활을 했고 아르헨티나 국가대표로 1978년 아르헨티나 월드컵 우승도 경험했다. 2000~2001년 요코하마 F.마리노스를 이끌었고 그 외에도 시미즈 에스펄스, 도쿄 베르디, 마치다 젤비아 등 J리그 팀을 지도했다.

선배님들께서 계셨던 것은 분명히 든든한 부분이었지만 '외국인 선수'라는 의미로 범위를 좁힌다면 그만큼 압박감이 컸다고 할 수 있습니다. 아무래도 외국인 선수인 이상 결과라는 형태로 무언가를 남기지 않으면 안 되고, 반대로 그런 결과가 나오지 않았을 경우 가장 먼저 책임 선상에 오르는 것도 외국인 선수니까요. 가시와 레이솔에서 한국인 선수가 3명이나 팀에 있었지만 이렇다 할 결과를 내지 못했습니다. 그 부분에 대해서는 저나 선배님들 모두 책임을 통감하기도 했고요. 다만 당시 가시와 레이솔에서 저희 3명이 모두 함께 뛴 경기는 실제로 2, 3경기 뿐이었습니다. 부상 등 여러 가지 상황으로 인해서 함께 경기에 나서지 못하는 경우가 더 많았어요. 하지만 그럼에도 불구하고 결과를 내 놓지 못했기 때문에 변명의 여지는 없습니다. 어찌됐든 주변 선수들과의 커뮤니케이션이라든지 공조체제에도 문제점은 있었다고 생각해요. 한 번 패색이 짙어진 경기에서 반대로 역전승을 거둔다거나 하는 일이 거의 없었으니까요. 반대로 요코하마 F.마리노스에서 뛰던 시절에는 지고 있던 경기라도 역전승으로 흐름을 바꿀 수 있는 '힘' 같은 것이 팀에 존재했습니다. 그 원동력은 뭐니뭐니해도 팀원 전체가 갖고 있던 강한 조직력에 있었다고 생각합니다.

요코하마 F.마리노스 시절 가장 기억에 크게 남아 있는 경기는?

많은 경기가 기억에 남지만 여전히 강하게 인상이 남아 있는 경기는 2003년에 치렀던 교토 상가전 입니다. 처음에 저는 오른쪽 측면 수비수로 뛰었는데 0-1로 팀이 지고 있는 상황이어서 막판에는 거의 공격에 주력했습니다. 그런데 결국 제가 결승골을 넣어 2-1 역전승을 거두게 됐죠. 여전히 잊을 수 없는 경기 중 하나입니다. 도쿄 국립 경기장에서 치렀던 감바 오사카와의 경기도 인상적이었습니다. 역시 측면 수비수로 출전했던 경기였는데 크로스에 이어 골을 결정지었던 활약이 있었기 때문에 강한 기억으로 남아있네요.

2003년에 두 번째로 요코하마 F.마리노스에 입단했을 때 맡았던 포지션은 무척 놀랐습니다. 물론 '멀티 플레이어'라는 인상이 강하긴 했지만 1년 전 한일 월드컵에서 미드필더로 맹활약 했던 선수가 오른쪽 풀백으로 변신할 줄이야… (웃음)

저도 놀랐습니다. 그 이전까지만 해도 주로 중앙이나 하프라인 부근에서 뛰는 역할이 많았는데 오른쪽 측면 수비수 포지션을 맡은 것은 1994년 K리그에서 프로 선수로 데뷔한 이래 처음이었습니다. 그때는 완전히 오카다 다케시[20] 감독에게 '속았다'는 기분이었죠. (웃음) 요코하마 F.마리노스가 저와 다시 계약을 했다는 것은 미드필더로 기용하겠다는 의미인 줄 알았으니까요. 그런데 일본에 도착한 이후 어느 시점엔가 오카다 감독이 은연 중에 측면 수비수로 뛸 수 있냐는 질문을 해 왔어요. 제가 문제 없다고 하자 그 날로 즉시 포지션이 바뀌었죠. 물론 저는 포지션 자체에 크게 연연하지 않는 편이고, 측면 수비수도 예전부터 좋아했던 포지션이었습니다. 하지만 주로 맡았던 포지션은 아니었기 때문에 당황스러운 기분이었던 것은 부정할 수 없었죠. 뭐 결론적으로 오카다 감독에게 '당했다'는 생각뿐이었습니다. (웃음)

오카다 감독은 어떤 감독이었습니까?

저는 오카다 감독을 좋아합니다. 무척 좋은 지도자라고 생각해요. 솔직히 말하면 처음 만났을 때는 스파르타식으로 팀을 운영하는 좀 어려운 타입의 감독이라는 인상도 있었습니다. 그런데 직접 겪어 보고 나니 친절한 면도 있고, 유머감각도 있는 분이더군요. 선수 개개인의 스타일을 최대한 존중하는 편이고요. 필요한 경우에는 선수와 직접 1대1로 대화를 해서 풀었습니다. 제게는 팀 내 약속이라든지 규칙 같은 것에도 세심하게 설명하고, 꼼꼼히 전달하고자 노력하셨습니다. 선수들을 확실히 자신의 지휘 하에 붙잡아 두는 힘이나, 카리스마 같은 것도 가지고 있는 감독이었습니다.

이후 오카다 감독은 일본 국가대표팀도 맡게 됐죠. 역시 잘 알고 계시죠?

그럼요. 갑작스럽게 팀을 맡게 된 상황일지라도 제대로 결과를 내는 스타일은 '역시'라는 생각이 들었습니다. 오카다 감독은 전술적인 측면이나 선수들을 지도하는 스

NOTE

20 오카다 다케시(岡田武史). 일본을 대표하는 축구 지도자. 1998년 프랑스 월드컵, 2010년 남아프리카공화국 월드컵에서 일본 대표팀을 이끌었다. J리그에서는 콘사도레 삿포로(1999~2001년), 요코하마 F.마리노스(2003~2006년)를 지휘했다. 2003, 2004년에는 요코하마 F.마리노스의 J리그 우승을 이끌었다.

타일도 탄탄하게 확립되어 있지만 그보다 더 뛰어난 것이 팀 전체를 하나로 만들고 이끌어 가는 힘이라고 생각합니다. 그리고 운도 강한 편인 것 같아요. 제가 요코하마 F.마리노스 시절에 2번이나 J리그 우승을 경험할 수 있었던 것은 그런 오카다 감독의 운과 강한 지도력 덕분이었다고 생각합니다. 운도 하나의 실력이니까요.

> **" 팀을 위해 자신을 희생하겠다는
> 각오가 부족합니다 "**

지금까지 누구보다 많은 한일전을 뛰었는데요. 가장 기억에 남아 있는 경기가 있다면요?

역시 1994년 히로시마 아시안게임이라고 해야겠네요. 개인적으로는 첫 번째 한일전이기도 했고, 제가 대표팀에서 첫 골을 넣은 경기이기도 하니까요. 그리고 1997년 도쿄 국립경기장에서 열렸던 프랑스 월드컵 최종예선 경기 역시 잊을 수 없습니다. 그 경기에서 저는 일본의 오무라 노리오 선수와 몸싸움을 벌였죠. 오무라 선수가 한국 대표팀 동료 누군가에게 심한 태클을 했습니다. 그것에 화가 나서 제가 직접 오무라 선수를 밀쳐버렸죠. 그 순간 즉시 그라운드는 일촉즉발의 상황이 됐습니다. 곧장 싸움이 벌어질 것만 같은 분위기였죠. 그런데 막상 경기가 끝난 뒤에는 제가 했던 행동이 한국 축구팬들에게 큰 지지를 받았어요. 그래서 좀 복잡한 심경에 휩싸이기도 했습니다.

그러고 보니 2003년 4월 서울에서 열린 한일전에서도 그런 장면이 나왔었죠. 그 경기에서는 아키타 유타카 선수와 충돌이 있었죠?

2003년 4월 16일 서울에서 치른 친선전입니다. 아키타 선수가 제 유니폼을 잡아 당기면서 위협해 왔죠. 그때는 정말로 화가 났습니다. (웃음) 유니폼이 찢어질 정도였으니까요. 최악의 경기였고 0-1로 패했습니다. 5월에 일본에서 재시합이 예정되어 있었기 때문에 '일본에서 반드시 빚을 갚겠다'고 다짐하고 있었습니다. 결국 한 달 뒤인 5월 31일 도쿄 국립경기장에서 리턴 매치가 열렸을 때 안정환의 결승골로 1-0 승리를 챙겼습니다. 그때는 정말 기분이 짜릿하더군요. '아키타, 맛 좀 봐라'하는 기분이었을까요. (웃음)

두 경기 이외에도 그런 장면은 몇 번 더 있었죠?

  1998년 3월에 열린 다이너스티컵 대회에서 조 쇼지 선수와 충돌 직전까지 간 적도 있었습니다. 가시와 레이솔에서 뛸 때에는 당시 FC 도쿄와의 경기 중에 사토 유키히코라는 선수와 박치기, 주먹다툼까지 간 장면이 있었어요. 상대 선수는 치아가 부러지는 부상까지 당했을 정도니까요. 지금 돌이켜 생각해 보면 그 선수들에게는 정말로 미안하다는 생각뿐입니다.

그런데 오무라, 조 쇼지, 사토까지 모두 같은 팀에서 만나 동료가 됐었죠?

  네. 이상하게도 그라운드 위에서 저와 엮이고 나면 나중에 모두 팀 동료가 되더라고요. (웃음) 한 팀이 되고 난 후에도 얼굴을 마주하게 되면 막상 처음에는 어딘지 모르게 서로 어색한 분위기가 흐르기도 했습니다. 하지만 모두 옛날 일이라는 생각 덕분인지 조금 시간이 지난 뒤에는 오히려 부담 없이 친해져서 농담을 나눌 정도가 됐습니다. 한국에는 상대적으로 꽤 엄격한 상하관계, 선후배 관계가 존재하기 때문에 경기에서 한 번 충돌하게 되면 그 감정이 꽤 오래 가는 경우도 있습니다만 일본에서는 그런 일도 거의 없었던 것 같습니다. 오히려 일본 선수들은 말보다 몸으로 나서서 일일이 싸우는 제 모습을 보고 모든 것을 이해해 주었다는 느낌이었습니다. '정말로 팀을 위해서 모든 것을 걸고 싸우고 있구나'하는 생각이요. 저는 제 자신을 위해 경기에 뛰는 것이 아니라 팀에 소속된 한 명의 선수일 뿐이라는 생각을 갖고 있습니다. 팀이 승리할 때 비로소 저 자신도 이기는 것이라고 생각하니까요. 때로는 그런 생각이 지나치게 강해지는 바람에 몸싸움까지 일으킬 때도 있었던 거죠. 하지만 일본에서도 선수들은 그런 제 마음을 이해해 주었다고 생각합니다. (웃음)

다르게 해석하면 어떤 의미에서 팀을 위한 헌신이라고 할 수도 있겠네요. 그렇다면 그런 관점에서 일본 선수들을 보며 느꼈던 감정은 어떤 것이었나요?

선수 개개인이 의식의 차이는 있을 수 있습니다. 하지만 언제든지 전투 태세를 갖추고 앞장서서 싸우고 나보다 팀을 위해 궂은 역할도 마다하지 않겠다는 각오 같은 면에서는 일본 선수들이 다소 약하다는 인상이 있었습니다. 개인주의가 강하다고 할까요? 그런데 최근에는 한국 선수들도 이런 개인주의 경향이 강해지고 있다는 생각을 하게 됩니다.

> ❝ *각자 대표팀에 대한*
> *책임감과 사명감을 가져야 합니다* ❞

앞서 말씀하신 것은 최근의 한국 선수들에 대한 평가인가요?

그렇습니다. 젊고 재능 많은 선수들은 점점 더 많이 나오고 있지만 그 중의 일부 선수들은 대표팀, 대표선수라는 사명감이나 책임감 같은 것들이 조금 부족한 것이 아닌가 하는 생각을 할 때도 있습니다. 저희 세대만 해도 국가대표가 된다는 것은 엄청난 영광이었습니다. 그런데 최근에는 대표팀에 발탁돼도 그리 특별한 의미나 느낌을 받지 않는 것 같다는 인상을 받았습니다.

시대의 흐름인 걸까요? 어떤 식의 분위기 전환이 필요하다고 보고 있습니까?

가장 중요한 것은 스스로 의식을 바꾸지 않으면 안 된다는 점입니다. 앞서 말했듯이 선수 한 사람, 한 사람이 대표팀에 대한 책임감 그리고 사명감을 갖지 않으면 안 됩니다. 그리고 팀을 위해서가 아니라 나라를 위해 싸우고 있다는 확고한 의식을 가져야 할 필요도 있습니다. 아무리 세대가 바뀌고, 젊은 선수들의 감각이 달라진다고 해도 국가대표라는 존재의 무게는 변하지 않는다고 생각합니다. 그런 소중한 정신을 한국의 젊은 선수들도 후배들에게 제대로 물려주었으면 하는 바람입니다. 그러한 사명감이 없었다면 한국이 매번 그렇게 월드컵 예선을 통과할 수는 없었을 겁니다.

이제는 그만큼 아시아 국가 간의 격차가 줄어들고 있기도 하네요.

아시아에서 현저한 전력 차이는 이제 더 이상 없다고 봐도 좋을 듯 합니다. 그 동안 동남아시아 팀은 동아시아 팀을 상대로 좀처럼 승리하지 못했죠. 하지만 언제까지고 방심해서는 안 됩니다. 질 수도 있는 시대가 왔으니까요. 한국은 물론이고 일본도 방심할 수 있는 상황은 아니라고 생각합니다.

한국은 2002년 한일 월드컵까지만 해도 대표팀이 장기 합숙을 감행했죠. 하지만 이제는 그런 일도 불가능해졌습니다.

한국에서 대회를 개최했기에 결과를 남기기 위해 필요했던 것입니다. 그것은 일본도 비슷했다고 생각합니다. K리그 팀들도 대표팀에 협력을 아끼지 않았습니다. 하지만 지금은 대표팀에만 주력하는 것은 현실적으로 어렵습니다. 그런 가운데 어떻게 훈련을 하고 기량을 발전해 나갈 지가 과제가 됐습니다.

한국 대표팀 선수들 개개인만 놓고 본다면 기량이 떨어졌다고 생각하십니까?

예전과 비교할 때 선수 개인능력이나 기술 등이 떨어진다고 생각하지 않습니다. 하지만 경험 부족으로 인한 경기 운영 능력에서는 차이가 나는 부분이 있다는 생각은 갖고 있습니다. 결국은 대표팀에서 가장 중요한 역할을 하는 선수 중 하나가 경험이 많은 선수고, 그런 선수는 반드시 필요하거든요. 물론 저도 대표팀에 점점 더 강한 개성을 가진 선수들이 많아졌으면 좋겠다는 생각을 가지고 있습니다. 과거에도 한국 대표팀에는 개성이 뚜렷한 선수들이 많았습니다. 그런데 지금은 그런 특징은 좀처럼 찾아보기 힘든 것 같습니다. 개개인 자체의 기량은 오히려 뛰어나지만 반대로 그라운드에서 그것을 표현하고, 표출하는 능력은 조금 부족해진 것이 아닌가 싶습니다.

어떻게 표현해야 하는지 모르고 있는 것은 아닐까요?

팀 전술이 우선이면 자신의 개성이나 스스로 가진 기량은 발휘할 수 없는 경우도 많습니다. 하지만 축구라는 스포츠는 어느 순간 자신의 능력으로 상황을 풀어나가는 판단력도 반드시 필요합니다. 그런 상황을 선수 개개인이 그라운드 위에서 확실히 풀어나가지 않으면 안 됩니다. 요즘에는 대표팀 선수들의 면면이 늘 바뀌곤 하는 것이 일반적이죠. 개인적으로는 국가대표팀도 장기적인 안목 하에 조직을 갖춰나갔으면 하는 바람이 있지만 거기에도 복잡한 사정이 있기 때문에 획일화 할 수는 없겠죠. 하지만 고정적으로 어떤 등번호를 떠올리면 연상되는 선수가 없는 상황을 보면서 대표팀에 대한 책임감이나 사명감 같은 것들이 조금씩 줄어드는 것이 아닌가 하는 생각이 들 때도 있습니다. 개인적으로 저는 국가대표팀에 처음 뽑혔을 때 꼭 등번호 6번을 받고 싶었습니다. 대학 시절부터 좋아했던 번호였거든요. 그런데 제가 대표팀에 발탁됐을 때 6번은 신홍기 선배가 달고 있었습니다. 그래서 15번을 달았습니다. 1+5는 6이 되니까요. 같은 의미에서 24번을 달았던 적도 있고요. 그러다 1998년 프랑스 월드컵을 앞두고 차범근 감독님으로부터 "대표팀에서 몇 번을 달고 싶으냐"는 질문을 받았어요. 그 자리에서 즉시 "6번입니다"라고 답했고 이후 대표팀에서는 제가 6번이 된 거죠. 저는 젊은 선수들에게 이런 작은 부분까지 집착하는 자세로 대표팀에 달려들었으면 좋겠다고 강조하고 싶네요.

한국의 어린 선수들이 J리그에 많이 진출하고 있습니다. 어린 나이에 일본 무대에 도전하는 것에 대해서는 어떤 생각을 가지고 계신지 궁금합니다.

반대하는 입장은 아닙니다. 젊은 시기에 여러 가지 일들을 경험해 보는 것은 좋은 일이라고 생각합니다. 해외 리그에 나가보면 한국에서는 경험하지 못했던 일들을 알게 되고 그런 과정을 통해 성장도 할 수 있습니다. 하지만 한 가지 충고하고 싶은 것은 J리그도 결코 쉬운 곳이 아니라는 점입니다. 일부 젊은 선수들은 과거에 일본에서 뛴 선배들이 대부분 성공적인 결과를 남기고 있기 때문에 본인들도 같은 길을 걸을 수 있지 않을까 하고, 어딘가 마음 한 켠에서 쉽게 생각하는 경향도 있는 것 같습니다. 일본에 가면 축구선수로서 성공할 수 있다는 막연한 꿈을 품고 있는 겁니다. 더욱이 거리상으로도 가깝고 문화도 비슷한 면도 많고 하기 때문에 생활하는데 있어서도 상대적으로 쉽다고 볼 수 있죠. 하지만 착각은 금물입니다. 일본에서 노력했기 때문에 성공한 것이지 어디에도 쉽게 얻어지는 성공은 없습니다. 제가 J리그에서 뛸 당시만 해도 일본에는 홍명보 선배나 황선홍 선배 같이 한국 선수들이 많았습니다. 그때는 한국인 선수의 이미지가 가장 좋았던 때가 아닌가 싶습니다. 그렇다면 왜 그때 유독 이미지가 좋았을까요? 선수들 모두가 노력하고, 몸을 던지며 치열하게 싸웠기 때문이라고 생각합니다.

한국 선수가 일본 축구계에서 성공하는 비결이 있을까요?

실력으로 인정받는 겁니다. 그리고 팀이 나를 필요로 할 수 있을 정도로 노력하는 겁니다. 감독이 무엇을 원하는지 파악하고 그에 상응하는 실력을 갖춰서 무엇보다 경기에 출전해야 합니다. 경기를 뛰지 못하면 자신의 실력을 보여줄 수 있는 방법은 없으니까요.

마지막으로 일본의 축구팬들에게 전하고픈 메시지가 있다면 부탁 드립니다.

제가 J리그에서 뛰던 시절 언제나 뜨겁게 성원을 보내 주시고 따뜻하게 격려해 주신 마음을 지금도 잊지 않고 있습니다. 항상 감사합니다. 한일전이 되면 적으로서 마주할 수 밖에 없는 것이 현실이지만 J리그에서 활약하며 동료로도 뛸 수 있었던 사실을 저는 자랑스럽게 생각하고 있습니다. 아니, 사실 이제는 적이 되어 싸워왔던 한일전 역시 대체하기 힘든 훌륭한 기억으로 남아 있습니다. 2008년 9월 한국에서 한일 레전드 매치가 열린 적이 있었습니다. 그때 느끼는 것이 많았습니다. 현역에서 은퇴한 이후 다시는 입을 일이 없다고 생각했던 국가대표팀 유니폼을 입어 너무 기분이 좋았습니다. 더군다나 그 상대가 한창 싸웠던 일본 국가대표 선수들이라 생각하니 정말 감동적이었습니다. 일본전은 항상 스트레스와 압박감에 시달렸는데 레전드 매치는 완전히 다른 느낌으로, 즐겁게 축구를 할 수 있었습니다. 그 감정은 다른 대상이 아닌, 함께 사투를 벌이고 또 동료가 되기도 했었던 일본이었기 때문에 공유할 수 있는 것이기도 했습니다. 저는 이런 관계를 한국과 일본의 선수들 그리고 서포터들이 앞으로도 끊임 없이 느끼고 공유해 갔으면 좋겠다고 생각합니다.

유상철 is

생년월일	1971년 10월 18일
학력	응암초-경신중-경신고-건국대
선수경력	울산 현대(1994~1998)-요코하마 F.마리노스 (1999~2000)-가시와 레이솔(2001~2002)-울산 현대 (2002~2003)-요코하마 F.마리노스(2003~2004) -울산 현대(2005~2006)
지도자경력	춘천기계공고 감독(2009~2011) -대전 시티즌 감독(2011~2012) -울산대 감독(2014~현재)
대표경력	A매치 124경기 18득점 월드컵(1998, 2002), 컨페더레이션스컵(2001), 아시안컵(1996, 2000), 올림픽(2004), 아시안게임(1994, 1998), 북중미 골드컵(2000, 2002), 동아시안컵(2003)
우승경력	K리그(1996, 2005), K리그컵(1995, 1998), K리그 슈퍼컵(2006), A3 챔피언스컵(2006), J리그(2003, 2004), J리그 슈퍼컵(2004)
수상경력	K리그 베스트11(1994, 1998, 2002), K리그 득점상(1998), 체육훈장 맹호장(2002)

일본인은 '차갑고 냉정하다'는 이미지가 있었다

한국 축구팬들에게 빗셀 고베는 굉장히 친숙한 팀이다. 국가대표팀 주장을 맡았던 김남일이 빗셀 고베에서 뛴 적이 있다. 현재는 국가대표팀 골키퍼 김승규의 소속팀이고, 지난해까지 정우영(현 충칭 리판)이 주장 완장을 차고 뛰었다. 그런가 하면 한국의 현역 국가대표 선수 3명이 동시에 빗셀 고베에서 활약했던 시기도 있다. 그런 이유에서인지 한국 사람들도 고베에 친근감을 갖고 있는 듯한 인상을 받는다. 2008년 6월에는 대전 시티즌과 빗셀 고베의 친선경기가 열리기도 했다.

한국과 빗셀 고베 사이에 가장 처음 인연의 끈을 놓았던 선수는 김도훈이다. 뛰어난 체격 조건과 이를 바탕으로 한 득점력 덕분에 'K리그의 폭격기'라는 별명으로 불렸던 공격수다.

김도훈은 1998년부터 2년 동안 빗셀 고베의 주전 공격수로 활약했다. 그를 만난 것은 2008년 6월이었다. 김도훈은 당시 이런 이야기를 했었다.

"한국과 빗셀 고베의 관계가 꾸준히 지속되고 있어 기쁩니다. 물론 빗셀 고베는 제가 뛰던 시절과 비교하면 많이 달라진 부분도 있고, 변화도 있었겠지요. 그런데 팀을 찾지 못하고 있던 후배 김남일을 빗셀 고베가 영입했다는 소식을 듣고 '역시 고베 사람들은 지금도 마음이 따뜻하구나'라는 생각이 들었습니다. 제가 그 팀에서 활약했던 선수 중 한 명이라고 생각하니 여전히 자랑스러운 기분이 들기도 하고요."

시간이 지났어도 빗셀 고베에 대한 애착은 여전하다는 김도훈. 무엇보다 도시 자체에 대한 애정이 남달랐다. 항구 도시 특유의 개방적인 분위기와 이국적인 정서가 그대로 베어 있는 고베의 거리를 잊지 못한다고. 많은 시간이 흘렀지만 무엇보다 가슴 깊이 남아 있는 것은, 고베에서 느꼈던 사람들의 깊은 정이었다.

"사실 일본인에 대해서 '차갑다, 매정하다'는 이미지를 가지고 있었습니다. 그런데 고베에서 만난 사람들 모두 친절한 분들뿐이었습니다. 한국과 일본의 역사적인 관계도 있고, 막상 일본 이적이 결정되고 한 후에는 '내가 이 나라에 잘 적응할 수 있을까. 받아 들여질 수 있을까'하는 걱정이 있었던 것도 사실이었어요. 그런데 경기장 스탠드에 걸린 태극기를 보게 됐습니다. 그 순간 저도 모르게 자연스레 '열심히 하지 않으면 안 되겠구나' 하는 마음이 들었죠. 더군다나 그때 고베가 처했던 어려운 상황을 생각하면 더 힘을 내야겠다는 생각 이 외엔 없었던 것 같습니다."

1995년 1월, 일본에서 한신·아와지 대지진[21]이 발생했다. 당시 지진이 강타한 고베는 가장 큰 피해 지역 중 한 곳이었다. 김도훈이 일본으로 이적한 1998년은 물론, 1999년까지도 고베는 복구 작업이 한창이었다. 여전히 가까이 남아 있는 대지진의 잔해와 피해상을 볼 때, 그리고 자신이 직접 지진의 충격을 느낄 때마다 김도훈은 새삼 선수로서의 책임감 같은 것을 느끼곤 했다.

"일본에서 뛸 때 '힘내라 고베'라는 캐치프레이즈는 우리 팀 선수들에게는 일종의 암호 같은 것이었습니다. 축구라는 스포츠를 통해 조금이라도 고베분들에게 힘이 되고 싶었으니까요. 매 경기 그런 마음을 갖고 그라운드에 나섰던 기억이 나네요."

김도훈의 기억에 가장 강하게 남아 있는 경기는 1998년 시즌 말미 치른 경기였다. 빗셀 고베는 콘사도레 삿포로와 J1리그 잔류를 놓고 마지막 2연전을 치렀다. 그 경기에서 느꼈던 짜릿한 긴장감 그리고 승리를 통해 얻은 감격은 10년 가까운 세월이 흘렀지만 여전히 또렷하게 남아 있다.

"나가시마와 타와다가 넣었던 결승골이 마치 제가 넣은 득점인 것처럼 기뻤습니다. 콘사도레 삿포로에 승리해서 빗셀 고베의 J1리그 잔류가 확정됐을 때 말로 표현할 수

NOTE

21 한신·아와지 대지진(阪神·淡路大震災). 고베 대지진으로도 불린다. 고베, 오사카, 교토 등지에서 일어난 대지진. 진도 7.2의 지진으로 사망자 6,300여명과 피해액 1,400억 달러의 피해가 발생했다.

없는 안도감이 느껴졌고요. 사실 그 2연전은 그때 빗셀 고베에서 뛰고 있던 한국인 선수 3명을 시험하는 무대라고도 생각했거든요."

당시 빗셀 고베에는 김도훈 외에도 하석주, 최성용이 함께 뛰고 있었다. 현역 국가대표이기도 했던 이들은 팀 성적에 엄청난 책임감을 느끼지 않을 수 없었다고 한다.

"승리를 위해 영입하는 것이 외국인 선수입니다. 더군다나 한국인 선수가 동시에 3명이나 한 팀에서 뛰고 있었어요. 만에 하나라도 빗셀 고베가 잔류에 실패하면 그것은 우리들의 책임일 뿐만 아니라 한국 축구 전체의 수준을 부정하는 계기가 될 수 있다는 생각도 들었습니다. 그런 책임감 때문에서라도 마지막 2연전은 절대 져서는 안 되는 경기였죠."

한국인 선수 3인방이 팀에 남겨 놓은 유산은 사실 승리라는 업적만은 아니다. 일본 문화에서는 좀처럼 찾아보기 힘들었던 '인연의 소중함'을 일깨운 한국인 선수들의 행동 방식은 자연스레 빗셀 고베에 스며들었다.

"석주 형이 맏형이었고, 제가 중간 그리고 성용이가 막내였어요. 선후배 간에 상하관계가 한국만큼 엄격하지 않은 일본 선수들 입장에서 보면 우리 3명의 관계는 많이 이상했을 거예요. 훈련이 끝난 뒤 석주 형의 훈련복은 저희 동생들이 직접 챙겼고 성용이는 주스 심부름을 하는 때도 많았죠. (웃음) 하지만 중요한 건 그런 서로 간의 관계가 그저 선배가 후배를 억압하는 일방적인 행동이 아니었다는 점이에요. 선배를 잘 모시기도 하지만 그만큼 후배를 챙기는 것이 한국식 선후배 문화라고 생각해요. 평소 개인주의 성향이 강했던 일본 선수들에게는 아마도 신선하게 보였던 것 같습니다. 한편으로는 좋은 영향을 준 것도 같고요. 나중에는 일본 선수들까지도 하석주 선배를 '오야붕[22]'이라 부르며 따랐습니다. 선배는 후배들의 표본이 되고, 후배들은 그런 선배의 모습을 보며 선수로서도 성장합니다. 아마도 그런 관계가 사람 사이의 인연이라는 것, 그런 것들에 대해 더 소중함을 알게 해 준 것 같기도 하네요."

NOTE

22 오야붕(親分). 일본어로 부모의 역할을 한다는 의미로 일반적으로 야쿠자 등 폭력 조직의 두목을 의미한다.

물론 김도훈은 J리그나 일본 선수들로부터 배운 것도 적지 않았다고. "예를 들어 미디어의 취재에 대응하는 것은 선수가 아니라 구단이라는 점 그리고 선수의 몸 상태를 의학적이고 체계적인 관리 하에 두는 것도 훨씬 좋은 환경이라는 생각이 들었습니다. J리그는 선수들이 축구에 온전히 집중할 수 있는 여건을 갖추고 있었다고 할까요? 그렇게 제대로 갖추어진 환경에서 선수 개개인이 자신의 기량을 기르기 위한 노력을 게을리 하지 않는 분위기에 저도 많은 자극을 받았습니다. 자기 관리의 중요성과 구체적인 방법까지 J리그에서는 많은 것들을 보고, 배울 수 있었으니까요. 그리고 이런 경험은 이후의 선수 생활에도 많은 도움이 되었고요."

김도훈은 일본 생활을 마무리 하고 한국 무대에 복귀한 뒤 수 많은 골들을 양산했다. 2000년 K리그 득점왕에 올랐고, 2003년에는 대기록에 도달했다. 그는 2003년 8월 기준으로 당시 K리그 통산 113골을 넣으면서 한국 프로축구 역대 최다골 기록에 자신의 이름을 올렸다. 그 해 무려 28골을 넣은 김도훈은 한 시즌 역대 최다골 득점왕에도 이름을 올리면서 시즌 말미 MVP까지 차지했다. 2005년 현역 생활을 마무리 한 뒤 코치 생활을 거쳐 2016년 현재는 인천 유나이티드 감독을 맡고 있다.

"J리그를 거치면서 개인적으로는 선수로서도 크게 성장했다고 생각합니다. 지도자가 된 지금도 J리그에서 보냈던 2년의 시간과 경험들이 얼마나 소중했던 것인지 돌아보게 되고요. 한국과는 또 다른 축구문화를 경험할 수 있었다는 것은 큰 재산이 됐습니다. 앞으로 감독 생활에도 분명히 큰 도움이 될 것 같아요. 그런 의미에서 빗셀 고베에 다시 한 번 감사하게 됩니다. 언젠가 가능하다면 감독으로서도 J리그 무대에 도전해 보고 싶네요. 가고 싶은 팀이요? 당연히 빗셀 고베죠. 빗셀 고베에는 따뜻한 정이 있으니까요."

과거 'K리그 폭격기'로 불렸던 공격수의 얼굴에 의미심장한 미소가 번졌다. '김도훈은 여전히 고베를 사랑하고 있구나' 하는 마음이 보고 있는 사람에게도 전해져 올 수 밖에 없는 그런 미소였다.

김도훈 is

생년월일	1970년 7월 21일
학력	유영초-통영중-학성고-연세대
선수경력	전북 현대(1995~1997)-빗셀 고베(1998~1999) -전북 현대(2000~2002)-성남 일화(2003~2005)
지도자경력	성남 일화 코치(2006~2012)-강원FC 코치(2013) -U-20 대표팀 수석코치(2014) -인천 유나이티드 감독(2015~현재)
대표경력	A매치 72경기 30득점 월드컵(1998), 컨페더레이션스컵(2001), 아시안컵(1996), 올림픽(2000), 아시안게임(1994), 북중미 골드컵(2002), 동아시안컵(2003)
우승경력	K리그(2003), FA컵(2000), K리그컵(2004), A3 챔피언스컵(2004)
수상경력	K리그 MVP(2003), K리그 베스트11(2000, 2003), K리그 득점상(2000, 2003), K리그공로상(2005), AFC 챔피언스리그 득점상(2004)

하석주

한국과 일본에 필요한 것은 긴장과 교류

하석주,
고베의 두목으로 불리다

    1990년대 한국 축구를 대표하는 선수 중 한 명이었던 하석주의 별명은 바로 '왼발의 달인'이다. 1994년 미국 월드컵과 1998년 프랑스 월드컵에 출전했고, 1998년부터 2000년까지는 J리그 빗셀 고베에서도 활약했다.

    하석주가 빗셀 고베에서 뛸 당시 그의 별명은 '오야붕'이었다. 그는 선수들에게 사랑 받았고, 신뢰를 얻었다. 2001년 다시 K리그 무대로 이적한 하석주는 포항 스틸러스에서 2003년까지 활약한 뒤 현역 선수 생활을 마감했다. 이후 지도자 인생을 시작한 하석주는 2012년에 전남 드래곤즈 감독으로 정식 데뷔했다.

    현역 한창기 J리그에서 보냈던 나날들, 일본 국가대표팀과 혈투를 벌였던 기억들. 하석주와 함께 그런 추억들을 돌아봤던 것은 2008년 9월이다. 하석주가 경남FC 코치를 맡고 있던 시기다.

> **두목이라 불릴 만큼
> 믿고 의지할 존재가 됐다**

현역에서 은퇴한 지 벌써 5년이라는 시간이 흘렀네요. 일본을 떠난 것은 8년 전입니다.
　세월이 정말 빨리 흐르는군요. 더욱이 고베는 현역에서 은퇴한 이후 한 번도 가보질 못했네요. 그래서인지 더 반갑습니다. 고베에는 맛있는 음식점도 많이 알고 있고, 지인들도 많아서 꼭 한 번 가고 싶은데 좀처럼 기회가 생기질 않네요.

고베라는 단어를 듣고 연상되는 것은 어떤 이미지인가요?
　산과 바다가 있고, 거리의 분위기도 무척 활기 넘쳤어요. 부산과 비슷하다는 인상을 받았습니다. 아름다운 곳이에요. 제가 좋아하는 사우나도 많았고, 가까운 거리에 여러 온천들도 있었고요. 회도 정말 좋아해서 자주 먹었죠.

일본에서 뛰던 시절에 대해 자세히 듣고 싶습니다. J리그에서 뛸 때 첫 인상은 어땠나요?
　처음에는 윤정환과 함께 세레소 오사카에서 뛰었습니다. 초기에는 전술적인 면에서 적응하기가 무척 힘들었습니다. 당시 한국은 주로 3-5-2 포메이션을 사용했기 때문에 그 시스템에 익숙했는데 일본에 와 보니 4-4-2 포메이션이 대세더군요. 스리백의 측면 수비수는 강한 오버래핑이 중요했기 때문에, 저도 적극적으로 공격에 가담하는 편이었습니다. 그런데 포백 시스템에서는 완전히 역할이 달라졌죠. 측면에서의 수비수 움직임이 주된 역할이었으니까요. 더군다나 공격적인 플레이가 아니라 적극적인 수비 가담을 원했기 때문에 그 변화에 적응하느라 꽤 애를 먹었죠. 당장 감독이 원하는 스타일도 달랐으니까요. 한국 지도자들은 스피드가 뛰어나고, 힘 있는 움직임을 하는 선수들을 선호하는 편입니다. 반면 일본에 오니 감독이 브라질 선수들 같은 움직임을 원하더라고요. 개인기가 뛰어나고 섬세하게 플레이 하는 선수들이 좋은 평가를 받는 것 같았어요. 그렇게 선수 개개인의 기량에 대한 요구도 차이가 있었기 때문에 고생이 더 했죠. 다행히 빗셀 고베로 이적했을 때는 J리그 스타일에 익숙해졌고, 당시 감독도 수비보다는 상대적으로 공격적인 스타일을 원하는 편이어서 무리 없이 적응할 수 있었던 것 같습니다. 저도 의욕적으로 공격에 가담하는 것을 좋아했으니까요.

빗셀 고베 시절 '오야붕'이라는 별명을 갖고 있었죠. 선수단에 녹아 들기 위해 어떤 일들을 했습니까?

빗셀 고베에는 이미 김도훈이 뛰고 있었죠. 저는 먼저 세레소 오사카에서 뛰다 이적한 경우였습니다. 그 덕분에 이미 J리그나 일본 선수들의 특성에 대해서는 어느 정도 파악이 된 상태여서 적응하는데 큰 문제는 없었던 것 같아요. 일례로 일본은 한국과 달리 팀 내 상하관계가 없었죠. 그래서 저도 애초부터 크게 연장자라는 의식을 갖지 않고 선수들을 대했어요. 물론 일본 선수들도 크게 다르지 않게 저를 맞이했고요. 그런데 빗셀 고베에 최성용까지 온 뒤에 분위기가 조금씩 달라졌습니다. 한국인 선수가 3명이나 되고 나서는 오히려 분위기가 반대가 되어가더군요. (웃음)

어떻게 달라졌나요?

당시 빗셀 고베에 있던 한국인 선수 3명 중 제가 제일 연장자였어요. 그 다음이 김도훈, 가장 막내가 최성용이었죠. 3명이 함께 모여있게 되니 자연스레 이 두 후배가 저에게 선배 대접을 해주기 시작한 겁니다. (웃음) 제가 유니폼을 벗어 놓으면 가지런히 챙기거나 연습이 끝난 후에 도시락이나 음료수를 직접 갖다 주기도 했고요. 마사지실에서 본인들이 마사지를 받다가도 제가 오면 먼저 받을 수 있도록 자리를 비워 주는 일도 종종 있었죠. 일본 선수들에게는 우리의 그런 관계가 신기하게 보였는지 점차 저를 오야붕이라고 부르게 됐습니다. 그런데 "하석주는 한국에서도 엄한 선배였다"는 소문도 퍼졌습니다. 제일 곤란했던 것은 빗셀 고베의 어린 일본 선수들까지도 저를 약간 무서워하기 시작했다는 점이었어요. 저로서는 J리그에 적응하기 위해서라도, 팀 동료로서 그들과 빨리 친해지지 않으면 안 되었는데 말이죠.

당시 오야붕이 어떤 의미를 갖는 단어인지 알고 있었나요?

물론 의미야 알고 있었습니다. 일본에서 특히 무서운 조직의 리더를 부를 때 오야붕이라는 표현을 사용한다는 것도 들어서 알고 있었고요. (웃음) 처음에는 익숙해지기 힘든 부분이 있었지만 점점 시간이 지나면서 '별명으로 부를 수 있게 된 건 어쩌면 많이 친해졌다는 증거일 수도 있구나'하는 생각을 갖게 됐어요. 솔직히 선수들한테는 저를 오야붕이라고 부를 정도로 믿고, 의지할 수 있다는 이미지가 있었다는 의미도 되니까요.

> **승리가 고베 대지진 피해의 가장 큰 위로라 생각했다**

빗셀 고베 시절 가장 친했던 선수는 누구였나요?

그때 빗셀 고베는 하세베 시게토시 선수가 주장을 맡고 있었는데, 사는 곳이 근처여서 무척 가까웠던 기억이 납니다. 서로 집을 오가는 일도 종종 있었고, 골프를 같이 친 적도 있어요. 그런 시간을 통해 더 친해지게 됐고요. 나이는 저보다 어렸지만 마치 친구처럼 친해졌던 관계였습니다.

J리그 시절 가장 잊을 수 없는 경기를 꼽으라면?

제가 뛰던 시절 빗셀 고베는 강등 위기에 놓였던 팀이었습니다. 1998년 시즌에는 막판에 J1리그 잔류를 놓고 중대한 경기들을 치렀어요. 그러던 중 콘사도레 삿포로와의 두 차례 경기에서 승리해야 잔류하는 상황이 됐죠. 처음 빗셀 고베 홈에서 치른 1차전에서는 2-1 승리를 거뒀고 원정으로 치른 두 번째 경기에서는 콘사도레 삿포로에 무승부를 거뒀습니다. 최종적으로 빗셀 고베가 J1리그에 남게 됐고요. 그 두 경기일까요? 그 해 시즌 막판은 정말 잊을 수 없는 시간이 됐습니다.

그 시즌 빗셀 고베는 정말 한 순간도 방심할 수 없는 어려운 시기를 보냈던 걸로 기억합니다.

그렇습니다. 그 당시 빗셀 고베는 매주 강등권에서 벗어나기 위한 사투를 벌이는 팀이었어요. 한 번은 홈에서 벨마레 히라츠카와 경기를 치르는데 막판에 제가 상대팀 선수와 부딪치면서 광대뼈가 골절되는 큰 부상을 당한 적이 있습니다. 제가 부상을 당하기 전까지만 해도 빗셀 고베가 1-0으로 이기고 있었거든요. 하지만 제가 들것에 실려서 그라운드 밖으로 옮겨져 있는 그 사이에 실점을 해서 1-1 무승부가 돼버리고 말았습니다. 팀 전체적으로는 정말 통한의 순간이었어요. 뼈 아팠죠. 경기를 마치고서야 병원에 갔는데 의사 선생님께서는 수술이 필요하다고 하시더군요. 일주일은 입원이 필요하다고 했습니다. 그때는 정말로 눈 앞에 깜깜했어요.

그때 수술을 받지 않았죠?

그럼요. 의사 선생님한테는 '그럴 정신은 없다!'고 달려 들었어요. 그때는 팀이 정말 중요한 시기에 있었고, 하다 못해 당장 나흘 뒤에 중요한 경기를 치러야 했어요. 그래서 슬그머니 "시즌이 끝나고 수술을 하면 안 되겠냐"는 말을 꺼냈더니 골절 상태가 복잡해서 당장 수술하지 않으면 나중에 아예 입을 열고, 다물지 못 하게 될 수도 있다는 대답이 돌아오더라고요. 그래서 그럼 하루라도 빨리 운동장으로 돌아갈 수 있는 방법이 없겠냐고 물었더니 "마취를 하지 않고 수술하면 바로 다음날이라도 퇴원을 할 수 있다"고 이야기 하는 겁니다. 하지만 마취를 하지 않고 수술한 사람은 이전까지 없었다고도 하더라고요. 저는 그 자리에서 "마취를 하지 않고 수술하면 혹시 죽을 수도 있는 거 아닙니까?"라고 물었죠. 그러자 "죽지는 않습니다. 다만 엄청난 고통이 있습니다"라는 말을 들었고요. (웃음) 본인의 의지 여하에 달렸지만 나흘 뒤에 있을 경기에도 페이스 가드 같은 보호장비를 착용하면 출전할 수 있을 거라는 설명도 해 주더군요. 저는 "알겠습니다. 그럼 마취 없이 수술합시다"고 결단을 내렸습니다. 그런데 사실 그 수술이 제 인생에 있어 처음으로 받아 보는 수술이었습니다. 이제는 말할 수 있지만 그렇게 말해 놓고도 사실 엄청 두려웠던 것이 사실입니다. (웃음)

오야붕도 떨릴 때가 있군요.

실제 수술은 정말로 무서웠습니다. 수술대에 오르니 의사와 간호사들이 양 손발을 묶고, 얼굴에는 헝겊 같은 것을 씌웠습니다. 당연히 마취를 하지 않은 상태이니 의사, 간호사분들이 나누는 대화도 또렷이 들렸죠. 불행 중 다행이라고 할까요, 당연히 그 분들은 일본어로 대화를 했기 때문에 어림짐작으로 이해해야 했지만 수술을 위해 칼이나 가위 같은 것은 움직이는 날카로운 소리는 생생히 귀에 들어왔습니다. 문자 그대로 등골이 오싹했습니다. 게다가 정말로 믿을 수 없을 정도로 고통스럽더군요. 수술은 대략 40분 정도 걸렸는데 저에게는 그 40분이 정말 길게 느껴졌습니다. 뭐랄까, 생지옥을 견뎌내는 40분 같았어요.

이야기를 듣는 것만으로도 고통이 느껴집니다. 왜 그렇게 하신 겁니까?

저는 팀에서 오야붕이었으니까요. 강한 의지를 보이고 싶었고, 무엇보다 팀이 J1리그에 남느냐, 강등 되느냐 하는 중차대한 시기에 저만 병원에서 쉬고 있을 수는 없었습니다. 강등권에서 벗어나지 못하고 팀이 자칫 패하기라도 하면 그것은 저 혼자만의 문제가 아니라고 생각했습니다. '김도훈이나 최성용, 함께 뛰고 있는 한국 후배들은 물론이고 빗셀 고베에서 뛰던 어린 일본 선수들까지도 다음 시즌을 J2리그에서 보내야만 한다.' 그런 생각이 들자 선배로서의 책임감 그리고 외국인 선수로 이 팀에 보탬이 되기 위해 왔다는, 일종의 용병으로서의 사명감이 저를 수술대 위에 올려 놓았던 것 같습니다. "죽지는 않는다고 했으니까, 해 보자"고 마음 먹었던 겁니다.

구세주 역할을 해야 하는 외국인 선수로서의 자존심 그리고 오야붕이라는 책임감이 있었기에 가능했던 일이군요.

그런데 그 수술이 정말 아팠습니다. 미간 주름 위로 철사 같은 것을 박아 부러진 뼈를 서로 잡아당기는 식으로 고정을 했는데, 마치 뇌 안에 있는 모든 것들이 밖으로 터져나올 것처럼 고통스러웠어요. (절규) 아무리 이를 악물고 참으려고 해도 멈추지 않는 신음소리까지 숨길 수는 없었습니다. 온몸이 땀 범벅이 된 건 물론이고 사실 수술이 끝난 뒤에도 수술대에서 2~3시간은 일어나질 못했으니까요. 그래도 하루 정도가 지난 뒤에는 팀 훈련에 합류했고 가벼운 러닝도 했습니다. 동료들과 감독님은 너무 놀라서

눈이 튀어나올 뻔 했어요. 그 당시 빗셀 고베를 맡고 있던 분은 카와카츠 료이치 감독이었는데, 카리스마가 엄청난 지도자로 유명했습니다. 팀에 돌아갔을 때, 감독이 건넨 한 마디를 지금도 기억합니다. 단순히 기뻤어요. "하 상(さん)[23]의 마음가짐이 어떤 것인지 잘 알았습니다. 이제부터는 하 상이 뛸 수 있다고 하면 경기에 쓰겠습니다. 단지 몸 관리만은 스스로 철저히 해 주십시오." 그 말에 큰 기대, 신뢰감 같은 것을 느낄 수 있었으니까요.

하석주다운 무용담이네요.

하지만 그 때 그 수술의 대가도 무척 컸습니다. 지금도 후유증이 남아 있으니까요. 뇌 안의 깊은 쪽까지 메스를 넣게 되면 이후에도 머리에 악영향을 남길 수 있다고 하더라고요. 건망증이 심해지거나, 무의식 중에 무언가 물건을 착각해서 잘못 짚거나 하는 일들이요. 방문에 열쇠를 꽂아둔 채로 외출을 하는 일도 있고, 어떤 때에는 리모컨이 아니라 휴대전화를 손에 쥐고 TV 채널을 돌리려고 하기도 해요. (웃음)

혹시 그런 후유증이 남게 돼 버린 것에 후회는 없습니까?

없습니다. 바꿔 말하면 그만큼 빗셀 고베라는 팀에 애정을 갖고 있었다는 뜻이겠죠. 그 정도로 빗셀 고베에서 보낸 시간들은 최고였습니다. 코칭스태프는 물론이고 팀 동료나 구단 프런트, 관계자분들 모두가 정말 잘 대해주셨고, 고베에 살고 계신 재일교포의 친절도 잊을 수가 없습니다. 당연히 그때 받았던 서포터들의 뜨거운 성원 역시 지금도 가슴에 남아 있습니다. 제가 뛰던 시절 빗셀 고베는 J리그에서도 하위권을 맴도는 팀이었지만 서포터스는 정말 열정적으로 저희를 응원해주었습니다. 그런 성원을 받게 되면 선수들은 팀을 위해 무언가를 해고야 말겠다는 뜨거운 마음을 갖기 마련입니다. 특히 우리 한국인 선수들은 어려운 상황에 있는 팀에 힘을 보태기 위해 온 외국인 선수이기도 했잖아요. 그 중에서도 저는 제일 연장자, 최고참이었고요. 빗셀 고베를 떠나면

NOTE

23 일본어 상(さん)은 상대방을 부를 때 붙이는 존칭어.

서 앞으로도 이 팀에서 뛰는 한국이 선수가 나왔으면 좋겠다고 생각했었는데, 이후에 김남일이 빗셀 고베로 이적하게 됐다는 소식을 듣고 정말 기뻤습니다.

당시 빗셀 고베를 응원하는 구호 중의 하나가 '힘을 내자, 고베!'이기도 했습니다.
  고베 대지진에 관한 이야기는 저도 많이 들어서 잘 알고 있었고, 빗셀 고베로 이적한 뒤에 눈으로 직접 보게 된 부분도 있었습니다. 빗셀 고베에서 뛰면서 아직 남아 있는 대지진의 상처들을 볼 때 '힘을 내자, 고베!'라는 그 구호가 정말 가슴에 사뭇 치도록 와 닿았거든요. 지진으로 인해 이전까지 살던 터전을 모두 잃고 가건물 같은 임시주택에서 살고 계신 분들의 이야기, 고베에 살고 계신 재일교포의 이야기도 많이 듣게 됐고요. 그런 이야기를 들을 때면 비록 나라는 다르지만 우리가 조금이라도 고베라는 지역의 사람들을 다독거리고, 희망을 줄 수 있었으면 좋겠다는 생각을 자주 하게 됐습니다. 빗셀 고베의 승리가 가장 큰 위로가 될 거라는 생각도 했고요. 단지 빗셀 고베는 전력상 우승 보다는 하위권에 가까운 팀이었기 때문에 우승 같은 것은 쉽지 않은 상황이었죠. 그래서 어떻게든 팀의 J1리그 잔류는 가능하게 하고 싶었고, 마취 없이도 수술대에 오르는 광기까지 택했던 것 같습니다. (웃음) 아무튼 고베에서는 너무 많은 추억을 만들었습니다. 여전히 생각나는 것 중 하나가 매년 연말연시에 열리는 빛 축제입니다. 그 다음은 초밥이 그립네요. 저는 회를 더 좋아하는 편이기는 했는데, 고베 시내에 있는 초밥집은 정말 솜씨가 좋았어요. 그 다음 그리운 것은 온천. 고베는 일본에서도 최대 규모인 아리마 온천과 거리가 가까웠어요. 한국에서 가족이나 친지들이 일본을 방문하면 늘 온천을 찾아 휴식을 취하곤 했습니다. 평소에는 개인적으로 시내 사우나에 자주 갔고요. 사우나를 정말 좋아하거든요.

❝ 무엇과도 바꿀 수 없는 한일전 골 ❞

고베에서 생활하며 그리웠던 것이 있다면 어떤 것일까요?

  고베에만 한정된 이야기는 아니라고 생각됩니다만, 일본은 사생활을 철저히 지켜주는 문화가 있다는 인상을 받았습니다. 기자는 물론이고 코칭스태프도 선수의 사생활에 대해서는 일절 관여하지 않더군요. 그런 부분은 한국에서 나고 자란 저에게 신선하고, 자유롭게 느껴졌습니다. 황선홍 감독이 부산 아이파크의 지휘봉을 잡으면서 감독 데뷔를 했는데 일본 시절의 경험을 팀에 녹이겠다는 이야기를 들은 적이 있습니다. 기존에 한국 팀들이 하던 방식으로 선수를 타이트 하게 관리하기 보다는 일정한 정도 자유를 주고, 분위기를 편하게 만들며 팀을 운영하겠다고요. 저도 동감하는 부분입니다. 아마도 그런 발상은 일본 리그를 경험한 영향이 클 것 같아요.

선수 하석주는 현역 시절 국가대표로 수많은 한일전에도 나섰죠. 한일전에 대해서는 어떤 추억을 갖고 있습니까?

  그 당시 국가대표 선수들은 저를 포함해서 상당수가 월드컵보다 한일전에 더 큰 긴장과 압박감을 느꼈을 지도 모르겠다는 생각을 한 적이 있습니다. 월드컵 같은 무대는 팬들도 그렇고 미디어에서도 한국이 도전한다는 전제를 갖고 지켜보지만 한일전이 되면 '무조건 이겨야 한다', '지면 용서할 수 없다'는 생각을 갖고 보는 분위기였으니까요. 거기에는 역사적인 부분에서 기인하는 감정도 있었을 거고, 과거의 상대전적 같은 것도 영향이 있었을 겁니다. 사실 1990년대 이전까지만 하더라도 한국은 축구에 있어서 일본과 비교하면 압도적으로 강했어요. 그런데 미우라 카즈요시나 브라질 출신 귀화 선수인 라모스 루이 등이 두각을 나타내면서 일본의 전력도 상당히 강화됐죠. 결국 1990년대 들어서는 한일전이 열리면 한국이 압도적인 경향은 사라지고 때로는 패할 때도 있었습니다. 현장에 있는 우리 선수들은 일본 축구의 꾸준한 성장을 몸으로 느끼고 있었습니다. 그런데 팬들이나 미디어는 여전히 일본전 승리는 당연하다는 분위기였으니 선수는 물론이고 감독도 한일전에는 엄청난 부담을 느낄 수 밖에 없었죠. 아마 지금 현역인 국가대표 선수들도 한일전은 부담이 큰 경기일 거에요. 일본 선수들은 조금 다를 수 있지만요.

일본을 상대로 뛰었던 경기 중 잊지 못하는 경기가 있다면요.

여러 경기가 기억에 남지만 아무래도 제가 직접 골을 넣었던 두 경기가 가장 뚜렷하게 남아 있네요. 1991년에 나가사키에서 치러진 한일전은 당시만 해도 아직 J리그가 출범하기 전이어서 확실히 한국 쪽에 승산이 있었어요. 그런데 2000년대가 되자 한일전은 말 그대로 용호쌍박의 분위기여서 양국의 긴장감이 엄청났죠. 특히 2000년에 열렸던 한일전을 앞두고는 한국의 분위기가 좋지 않았죠. 당시 대표팀을 이끌었던 허정무 감독님은 이전에 치러졌던 올림픽대표팀의 한일전에서 두 번이나 연달아 패해 경질 위기까지 몰렸었습니다. 물론 일본을 맡고 있던 필립 트루시에 감독도 상황이 좋지 않았던 걸로 기억합니다. 그래서인지 그 해 한일전에는 양국이 해외리그에서 뛰던 선수는 물론이고 최정예 멤버를 총출동 시켰어요. 일본은 단순한 평가전인데도 이탈리아에서 활약하고 있던 나카타 히데토시까지 불러들였죠. 그런 엄청나게 부담스러운 분위기였지만 사실 저는 홀로 다짐하고 있는 부분이 있었습니다.

무슨 특별한 일이 있었던 겁니까?

하석주라는 선수는 그때까지도 1998년 프랑스 월드컵에서 백태클 한 뒤, 곧바로 퇴장 당해버린 그 충격과 오명에서 벗어나지 못한 채였죠. 그런데 2000년에 열렸던 한일전을 앞두고 아버지께서 돌아가시는 일이 있었습니다. 저는 경기 전 하늘에 계신 아버지에게 부탁했어요. "1998년 월드컵에서는 국민들을 실망시켜 버리고 말았지만 오늘은 희망을 주고 싶습니다. 저에게 힘을 주세요, 꼭 골을 넣을 수 있도록 도와주세요"라고요. 마음 속으로 그렇게 무언가를 간절히 바란 것은 난생 처음이었어요. 그런데 경기에서 정말로 골을 넣었고, 저는 하늘에 계신 아버님께서 저를 도와주신 것이라 생각했죠. 골 장면을 보면 제 앞에는 수비수가 있었기 때문에 아웃사이드로 슈팅을 때릴 수 밖에 없었습니다. 공은 골대를 맞고 아슬아슬하게 골문 안으로 빨려 들어갔습니다. 슈팅을 한 저조차도 믿을 수 없을 만큼 엄청난 골이었어요. 그리고 그 골이 저에게 의미하는 더 컸죠. 그 한 방으로 월드컵 이후 도저히 떨쳐낼 수 없었던 어떤 마음의 짐이 한꺼번에 날아가는 느낌이었습니다. 팬들이나 언론도 다시 저에게 믿음을 주기 시작했고요. 일본 팬들에게는 미안한 말이 될 지도 모르겠지만 저에게는 정말 무엇과도 바꿀 수 없는 귀중한 골이었습니다.

> **도대체 누가 골잡이의 사명을
> 이어가고 있는지 모르겠다**

2004년부터 지도자로 나서셨죠. 코치를 처음 시작하셨을 때, 선수 시절과는 어떻게 달랐는지 궁금합니다.

사실 선수 시절이 즐거웠고, 선수 시절이 가장 행복하기는 했습니다. 이것은 선수 출신의 지도자들에게는 상당히 비슷한 상황이라고 생각되는데요, 저는 지금도 벤치에서 경기를 보다 직접 뛰쳐나가고 싶다는 생각을 할 때가 있습니다. (웃음) 한국에서 코치라는 위치는 세세하게 신경을 써야 하는 일이 많고 스트레스도 적지 않죠. 선수 시절 J리그를 경험하기도 했고, 국가대표 선수로 뛰면서도 화려한 무대를 많이 봐 왔기 때문에 코치라는 위치에서 '안쪽' 일을 하다 보면 쓸쓸한 기분이 들어 힘들 때도 있고요. 하지만 그런 부분은 감수해야 할 일이라고 생각합니다. 감독이라는 직업을 목표로 하고 있는 사람이라면 누구나 한 번씩은 거쳐야 하는 길이라고 생각해요. 지도자라는 일은 정말 힘든 일입니다. 선수 시절에는 자기자신만 관리하는 것으로도 충분했지만 코치를 시작으로 지도자가 되면 수십 명 선수들의 몸 상태나 심리적인 부분까지도 파악해 두어야 하니까요. 크게 보면 경기에서 계속 패하기만 할 때도 엄청난 스트레스를 받지만 정작 그것을 풀 수 있는 방법은 많지 않죠. 그야말로 '인내'가 필요한 직업입니다.

그렇게 어려운 길을 걷기 시작한 만큼 남다른 목표와 이상도 있을 것 같습니다. 어떤 지도자가 되고 싶은가요?

　일본에서도 프로 선수로 뛴 경험을 가지고 있는 만큼 그곳에서 느낀 것 까지도 적극 현장에 반영해 보려고 합니다. 훈련하는 방법이나 선수를 지도하는 방식에서도 제 나름대로 알기 쉽게 해석한 노하우를 한국에서도 살려보고 싶은 거죠. 구체적으로 표현하자면 '그라운드 위에서는 철저히 프로 의식을 갖고, 90분이라는 시간 동안 모든 것을 쏟아내자'는 정신입니다. 그런 자세를 갖고 있는 선수들이 감독이나 코치 등 지도자의 시선을 지나치게 의식하지 않는 분위기에서 축구를 마음껏 즐기면서 하는 분위기를 만들고 싶고요. 그런 분위기가 만들어 질 때 선수들에게서도 창조적인 플레이가 나올 거라 생각합니다. 다만 즐겁고 자유로운 방식 때문에 착각에 빠져서도 안 됩니다. 그런 아마추어 수준의 발상을 가진 선수는 재무장을 요구 해야죠. "프로 선수는 관객이 단 한 명이라도 최선을 다 해 뛰어야 한다. 그것이 프로다." 어찌됐든 저는 선수가 그라운드 위에서 100% 아니 150%를 발휘할 수 있도록 여건과 분위기를 만들어 주는 지도자가 되고 싶습니다. 단지 선수들을 꾸짖기만 하는 것이 아니라 필요하면 일일이 만나서 "오늘은 너를 믿고 끝까지 쓸 거야. 그러니 너도 자신감을 갖고 싸워라"는 이야기를 건넬 수 있는 지도자. 선수들을 믿고, 선수들도 저를 믿는 그런 신뢰 받는 감독이 되고 싶습니다.

지도자가 되고 나서 본 일본 축구의 수준에 대해서는 어떤 생각을 갖고 계신지도 궁금합니다.

　제가 현역으로 뛰던 시절의 일본 대표팀 보다 더 발전했습니다. 특히 중원이 그렇습니다. 일본은 예전부터 미드필더 포지션에 좋은 선수들이 많았는데 제가 현역으로 뛸 때도 나카타, 나나미 히로시, 야마구치 모토히로 같이 뛰어난 선수들이 있었던 것으로 기억합니다. 그런데 요즘에도 중원에 나카무라 슌스케, 나카무라 켄고, 엔도 야스히토 같이 뛰어난 선수들이 많더군요. 단지 아쉬운 것은 스트라이커입니다. 예전에는 카즈[24] 라든지 곤[25] 같은 뛰어난 골잡이가 있었는데 지금은 전혀 그렇지 못한 인상이었습니다. 동아시안컵 경기를 봤을 때도 과연 누가 골잡이 역할을 하고 있는지 알 수가 없더군요. 사실 지금 일본 대표팀이 안고 있는 이 문제는 제가 J리그에서 선수로 뛰던 시절부터 느끼고 있었던 부분이기도 합니다. 거의 모든 프로팀에서 최전방 공격수 역할을 맡는 포워드가 외국인 선수들로 채워지고 있었거든요. 공격의 대부분을 외국인 공격수에게 의지하고 있는 겁니다. 이런 현상이 지속되면 자국 공격수들의 설 기회가 줄어드는 것은 물론이고 그 선수들이 기량을 발전시켜 나갈 가능성도 점차 줄어들게 되죠. 일본 축구가 겪고 있는 골잡이 부족 현상은 이런 흐름과 크게 관련이 있을 겁니다. 그런데 한국도 비슷한 현상이 이어지고 있습니다. K리그 팀들의 대부분이 외국인 공격수를 선호하고 있는 실정이니까요. 개인적으로 한일 양국에 제안하고 싶은 것은 외국인 선수 보유를 3명으로 제한하는 조치에 공격수는 1명으로만 한정해 두는 겁니다. 물론 어떻게 보면 폐쇄적인 조치라고 받아들여 질 수도 있습니다. 하지만 외국인 선수를 영입하는 팀들에 수비수 한 명, 미드필더 한 명 그리고 공격수 한 명이라는 식의 제한을 두지 않으면 국내 공격수들이 설 자리는 점점 더 좁아지지 않을까 하는 생각이 드는 것도 사실입니다. 잠시나마 배타적인 조치를 취하더라도 그런 강력한 수단을 쓰지 않는 한 골잡이 부족에 시달리고 있는 지금의 상황이 쉽게 나아지지 않을 것 같기도 하고요. 한일 양국 모두 골 결정력 부족을 해결하기 위해서는 그런 방식도 하나의 수단이자 선택지가 되지 않을까요?

결정력 부족 문제를 언급하셨습니다만, 수비 자원을 놓고 보면 한국은 양쪽 풀백 포지션에 이영표, 김동진, 김치우, 오범석 등 우수한 선수들이 많은 편입니다. 어떤 이유에서 한국은 이토록 측면 수비자원이 풍부하다고 보십니까?

듣고 보니 확실히 그렇네요. 한국의 측면 수비수들은 스피드가 빠르지만 활동량도 엄청나죠. 여기에 정말 중요한 특징이기도 합니다만, 이 선수들 모두 공격적인 능력도 뛰어납니다. 그 이유 중의 하나는 대부분의 선수들이 고등학교, 대학교 시절까지만 해도 공격수 포지션을 맡았던 경험을 갖고 있기 때문일 거에요. 저만 해도 어린 시절에는

NOTE

24 카즈(カズ). 미우라 카즈요시의 애칭.
25 곤(ゴン). 나카야마 마사시의 애칭.

공격수로 뛰었거든요. 실제로 원래 공격 포지션에서 뛰었던 선수들은 수비수가 된 후에도 공격수와의 1대1 상황에 무척 강한 특성을 보이고, 개인 기술이나 공격적인 성향 자체도 우월한 모습을 보입니다. 현대 축구에서 측면 수비수의 비중이 점점 더 높아지고 있기 때문에 한국 지도자들 대부분은 이 포지션에 최고의 선수를 배치하고 싶어하기도 하고요. 결국 그런 흐름 속에서 길러진 좋은 인재들이 지금 국가대표팀까지 이어지고 있는 것 같습니다. 이 선수들은 중고교 시절에는 공격수나 공격형 미드필더로 뛰었어요. 거기에 개인기도 뛰어나기 때문에 공간을 파고드는 감각에서도 앞서 있고, 공간을 침투하는 타이밍도 몸에 베어 있다고 볼 수 있습니다.

황선홍, 홍명보 등 제2의 축구인생을 시작한 인물들 대부분이 지도자로 급부상 하고 있습니다.

개인적으로는 무척 바람직한 변화라고 생각합니다. 독일의 경우 위르겐 클린스만 같은 젊은 지도자가 독일 국가대표팀 감독이 됐는가 하면, 이란에서는 저희와 동세대 선수였던 알리 다에이가 대표팀 감독을 맡기도 했잖아요. 코치 경험이 전무한 상태에서 갑자기 대표팀 감독이 됐다는 점에서는 좀 놀랍기도 했지만 프리미어리그에도 요즘에는 상당히 젊은 감독들이 많아진 편입니다. 젊은 세대의 등장으로 새로운 바람이 불면 그 나라의 축구계도 활성화 될 수 있기 때문에 좋은 현상이 아닐까 생각합니다.

그렇다면 본인은 어떻습니다. 혹시 훗날 J리그 팀 감독을 맡아보고 싶다는 생각도 하고 계신지요?

아내가 적극적으로 권유하더군요. 해외 무대에서 지도자 생활을 경험해 보는 것은 어떨까 하고요. 물론 저 스스로도 그런 생각을 가지고 있습니다. 일본이나 중국 같은 무대에서 지도자 역할을 경험해 보고 싶고, 새로운 도전도 해 보고 싶어요. 단지, 한국에서도 아직 제대로 인정받지 못했기 때문에 그보다 먼저 해외 무대에 도전하고 싶다는 생각은 없습니다. 우선은 K리그에서 확실히 경험하고, 실력을 쌓을 필요가 있습니다. 한국에서 제대로 인정받는 것이 먼저고 해외 진출은 그 다음이죠. 언젠가는 지도자로서도 해외무대에 나가, 이것저것 시행착오도 겪으면서 축구를 보는 눈을 다시 한 번

넓혀가고 싶습니다.

마지막으로 일본 축구팬들에게 전하고픈 메시지가 있다면 부탁 드립니다.
　한일 축구계는 경쟁을 통해서 성장해야 합니다. 두 나라가 과거의 그런 과정을 통해 아시아 전체를 선도하는 위치에 서 있는데 앞으로도 이러한 라이벌 관계나 긴장감은 유지해야 한다고 생각하고요. 말하자면 긴장과 교류입니다. 현실적으로 놓고 보면 아시아 팀들과 유럽 정상급 팀들의 격차는 분명합니다. 하지만 그런 격차를 메우기 위해서라도 한국과 일본이 절차탁마 하면서 서로의 기량을 끌어 올리고 또 동시에 아시아 축구 전체를 선도해 가는 역할을 해야 한다고 봅니다. 양국의 선수는 물론이고 지도자들이나 클럽 관계자들이 이런 책임감을 인식하면서 각자의 위치에서 최선을 다 해야 할 거고요. 이런 관계가 이어진다면 양국의 축구는 앞으로도 더욱 발전하고 성장하지 않을까요. 물론 저 역시 그 책임감을 가져야 할 한 사람으로서, 앞으로도 힘을 내 활약하고 싶습니다.

하석주 is

생년월일	1968년 2월 20일
학력	숭곡초-경신중-광운공고-아주대
선수경력	부산 대우(1990~1997)-세레소 오사카(1998) -빗셀 고베(1998~2000)-포항 스틸러스(2001~2003)
지도자경력	포항 스틸러스 코치(2003~2004) -경남FC 코치(2005~2007) -전남 드래곤즈 코치(2008~2010) -아주대 감독(2011~2012) -전남 드래곤즈 감독(2012~2014) -아주대 감독(2015~현재)
대표경력	A매치 94경기 23득점 월드컵(1994, 1998), 컨페더레이션스컵(2001), 아시안컵(1996, 2000), 아시안게임(1994)
우승경력	K리그(1991, 1997), K리그컵 전기(1997), K리그컵 후기(1997)
수상경력	K리그 베스트11(1996)

노정윤

1993년의 도하, 비하인드 스토리

그것은 '도하의 기적'이었다

 1993년 카타르 도하. 일본 축구계에는 '도하의 비극'이 일어날 때 한국 축구계에는 1994년 미국 월드컵 출전이라는 '도하의 기적'이 있었다. 그 당시 태극마크를 가슴에 달고 한국 대표팀 선수로 뛰었던 이들 중 노정윤도 있었다.
 노정윤은 1993년 J리그가 출범한 원년부터 일본 무대에서 뛰었던 '한국인 J리거 1호'다. 노정윤은 2002년 아비스파 후쿠오카를 끝으로 완전히 일본 무대를 떠났다. 그리고 2005년 울산 현대에서 뛰고 있는 노정윤을 만났다.
 노정윤은 일본어를 잊지 않고 있었다. 그는 독학으로 일본어를 배웠다고 한다. 물론 도하에서 열렸던 미국 월드컵 아시아 지역 최종예선도 생생히 기억하고 있었다.
 "최종예선 마지막 경기에서 일본과 이라크가 무승부로 경기를 마친 것을 제가 우리 대표팀 벤치에 가장 먼저 알렸습니다. 당시 저는 최종전 직전 경기였던 일본과의 경기에서 발을 다쳤습니다. 그래서 마지막 경기였던 북한전에는 뛸 수 없는 상황이었죠. 저와 마찬가지로 일본전에서 부상을 당했던 강철 선수와 저는 관중석에서 함께 경기를 지켜 보고 있었습니다. 경기 중에는 제가 일본과 이라크전의 상황을 벤치에 전달하는 역할을 맡았고요. 대략 10분 정도 간격으로 일본과 이라크의 경기장에 직접 나가 있던 대한축구협회 직원과 휴대전화로 통화를 했습니다. 그리고 그 내용을 벤치에 전달했는데 후반 40분경 일본이 2-1로 앞서게 됐다는 사실을 전달해야만 했을 때는 정말 괴로웠어요. 그 사실을 전달 받은 벤치도 사실상 월드컵 본선행을 포기한 듯한 분위기였고요. 그라운드 안에서 뛰고 있던 선수들도 왠지 결과를 짐작하는 듯한 분위기였습니다.

우리는 최종전에서 북한에 3-0 승리를 거두며 경기를 마쳤지만, 종료 휘슬이 울린 순간에도 선수들은 그리 기뻐하지 않는 듯한 표정이었어요. 일본이 최종전에서 승리하면 우리가 아무리 큰 점수차로 북한을 이겨도 월드컵에 갈 수 없었으니까요. 그 광경을 지켜보던 저 역시 '아, 한국으로 돌아가면 큰일이 나 있겠구나'하는 생각을 했으니까요. 전화벨이 울린 것은 바로 그 순간이었습니다. 일본이 한 골을 내줘서 두 팀의 경기가 동점으로 끝났다는 연락이 온 겁니다. 제 존재를 잊고 있던 벤치를 향해 정신없이 달려갔습니다. '일본이 비겼습니다. 우리가 조 2위입니다! 미국 월드컵에 갈 수 있어요!'라고 외치면서요. 그 순간의 일은 지금 생각해도 소름이 끼칩니다. 문자 그대로 지옥에서 천국으로 간 기분이었습니다."

일본 축구계에는 '비극'으로 남아 있는 그 순간이다. 하지만 노정윤은 "우리에게는 '도하의 기적'으로 남아 있습니다"라고 말한다.

"그도 그럴것이 최종전이었던 북한전 바로 직전에 한일전이 열렸고, 우리는 그 경기에서 일본에 패했습니다. 이미 그 시점에 언론이나 팬들은 미국 월드컵 본선행은 무리라고, 체념하는 분위기였습니다. 그런데 최종전, 그것도 경기 종료 90분 이후에 예상치 못했던 결말이 우리를 기다리고 있었던 겁니다. 하지만 그 기적을 가능하게 할 수 있었던 것은 우리가 마지막 경기에서도 끝까지 포기하지 않고 싸웠기 때문이기도 했습니다. 일본과 이라크의 경기 결과도 중요했지만 월드컵 본선행 티켓이 주어지는 조 2위 자리를 차지하기 위해서는 우리 역시 마지막 경기에서 북한을 상대로 3골차 이상의 승리를 거두어야 했습니다. 도하의 기적은 최후의 순간까지도 포기하지 않으면 행운은 반드시 온다는 것을 우리에게 알려주었어요. 동시에 한국 축구 전체에도 귀중한 경험이 되었죠. 만약 당시 도하에서 치러진 최종예선 한일전에서 일본을 꺾었다면, 한국 축구는 어쩌면 자신만만한 태도를 버리지 않았을 지도 모릅니다. 하지만 그때 일본전에서 패한 뒤 '더 이상 이대로는 안 된다'는 위기의식을 갖기 시작했고, 일본을 무시할 수 없는 라이벌로 인식하게 됐습니다."

〝 돼지김치볶음을 만들어주니
우동이 답례로 〞

 일본 축구를 무시할 수 없게 된 한국이지만 과거에는 암묵적으로 '일본은 영원히 한 수 아래'라는 인식이 밑바탕에 깔려 있던 것도 부인할 수 없는 사실이다. 물론 이러한 분위기는 선수들 사이에 '일본에는 절대로 져서는 안 된다'는 전통적인 인식도 강하게 자리 잡고 있던 것도 한 몫 했다. 1993년 당시만 하더라도 일본은 '요주의'가 필요한 경계대상은 아니었다고 한다.

"개인적으로는 당시 일본 국가대표팀에서 뛰고 있던 선수들의 상당수를 이미 J리그에서 경험해봤고 또 일본 대표팀이 탄탄한 팀 워크로 승부할 것이라는 예상도 어느 정도는 하고 조심할 필요가 있다고 생각했습니다. 한스 오프트 감독이 지휘봉을 잡으면서 일본 대표팀의 조직력을 엄청나게 끌어 올렸고, 한국에는 분명히 위협이 될 만한 요소였어요. 그런데 제가 갖고 있던 이런 정보를 감독이나 선배들과 공유되거나 하는 분위기는 없었어요. 특별히 입에 담지 않아도 일본전은 반드시 이겨야 하는 경기라는 생각을 누구나 갖고 있었고 일본에 패할 수도 있다는 생각은 그 누구도 하지 않았으니까요. 그 이전까지 한국이 월드컵 예선에서 일본에 진 적은 한 번도 없었고, 한일 정기전이나 두 나라의 친선전까지 거슬러 올라가 봐도 상대전적에서 한국은 압도적으로 우위를 점하고 있었습니다. 더군다나 당시 대표팀 면모도 화려했어요. 김주성, 이영진, 고정운, 하석주, 홍명보 같은 최고 기량을 가진 선수들이 대표팀에 포진해 있었습니다. 일본은 물론이거니와 그 당시 멤버라면 중동의 강호인 사우디 아라비아나 이란도 이길 수 있다고 생각했으니까요. 더 솔직히 말씀 드리면 미국 월드컵은 당연히 가는 것이라고 생각하고 있었습니다. 우리가 예선 단계에서 고전을 할 리 없다는 확신을 갖고 있었던 거죠."

그런 자신감과 여유가 있었기 때문일까? 한국 대표팀은 최종예선이 시작되기 전까지만 해도 상당히 분위기가 차분했다고 한다. 그런 상황에서는 일본을 필요 이상으로 경계하는 것이 되려 어색해 보였을 지도 모르겠다.

"그때 월드컵 최종예선에 참가하기 위해 도하에 도착한 모든 팀은 같은 호텔을 숙소로 썼습니다. 저는 예선이 시작되기 전까지만 해도 소속팀 동료인 모리야스 하지메 선수의 방에 종종 놀러 갔었죠. 한국 대표팀 숙소에만 있으면 저는 아무래도 후배였기 때문에 선배들의 눈치를 볼 수밖에 없었는데, 일본 대표팀 쪽에는 타카기 타쿠야, 마에카와 카즈야처럼 저와 편하게 지내는 선수들이 많았거든요. 그렇다고 해서 특별한 목적이 있었던 것도 아니었어요. 일본에서 뛰기 시작한 지 막 1년 정도 되던 시기였기 때문에 일본어를 그리 잘 했던 시기도 아니어서 저는 그저 동료들이 트럼프 게임을 하는 것을 옆에서 지켜 보거나 축구와는 관계없는 가벼운 이야기를 나누는 정도였으니까요. 그러던 중에 한 번은 숙소의 식단이 화제에 올랐습니다. 그러자 일본 대표팀 선수 중 누군가가 한국 대표팀에서 먹던 김치를 먹고 싶다는 이야기를 꺼냈습니다. 저는 팀 매니저에게 양해를 구한 뒤 당시 주방을 맡고 있던 요리사분께 부탁해서 돼지김치볶음을 만들어줬죠. 히로시마 팀 동료들을 비롯해서 이하라 마사미 같은 선수들도 정말 맛있게 먹었습니다. 제가 보낸 돼지김치볶음의 답례로 우동을 대접받은 기억도 나네요."

❝ '스파이' 혐의 그리고 매국노 취급까지 ❞

최종예선이 본격적으로 시작되면서 한국 대표팀 선수들의 얼굴에서 점점 미소가 사라져 갔다. 한국은 첫 경기인 이란전을 3-0 완승으로 마쳤지만 이어진 이라크전은 2-2로 비겼다. 3차전이었던 사우디 아라비아전도 경기 종료 직전 동점골을 허용해 뼈아픈 무승부로 경기를 마무리 해야 했다. 그리고 맞게 된 운명의 한일전. 한국은 첫 번째 패배를 안게 됐다.

"일본전 결과는 예상 밖의 일이었지만 경기 내용까지 완전히 나빴던 것은 아닙니다. 사우디 아라비아와의 경기에서도 전반적으로 주도권을 갖고 있었던 것은 우리 쪽이었고요. '공격은 제대로 하고 있는데 어째서 승리가 없는 것인가'하는 스트레스를 받기도 했지만 운이 나빴을 뿐이라고 생각했죠. 그래서 더더욱 승부처였던 일본전에서 반드시 승리해 상승세를 잡자는 분위기였어요. 다만 그 일본전에 대비하기 위해 특별히 미팅을 열었다거나 대책을 세웠던 것은 아니었습니다. 누가 입으로 말하지 않아도 '무슨 일이 있어도 반드시 이긴다'는 생각을 했을 만큼 일본전의 중요성은 각자가 알고 있었으니까요.

하지만 이제 와서 돌이켜 보면 일본전은 우리의 자만심에서 비롯된 패배인 것 같습니다. 경기에 들어갔을 때 한국의 공격 패턴은 좀처럼 상대를 뚫지 못했고, 일본은 완전히 주도권을 가져갔죠. 그런 상황이 되자 한국 특유의 강한 면을 제대로 발휘할 수 없었고 결국 팀도 무너졌습니다. 그 경기는 운이 나빴기 때문에 일본에 진 것이 아니었습니다. 한국의 완패였습니다.

그렇게 되자 팀 분위기는 최악으로 흘렀죠. 라커룸은 물론 이동하는 버스 안에서도 누구 하나 입을 열지 않았습니다. 숙소 분위기 역시 당연히 바닥까지 가라앉았고, 김호 감독님과 선수단의 관계도 불편해졌습니다. 이전부터 감독님과는 트러블이 있었어요. 하프타임 중 홍명보 선배와 감독님이 언쟁을 벌인 적도 있었고, 일본전이 끝난 직후에는 감독님 발언이 원인이 돼 제가 스파이라는 의혹까지 불거졌습니다. 일본전에 나설 선발선수 명단이 경기 전부터 일본 쪽에 노출됐는데 감독님이 그 정보를 내가 흘린 것 같다는 뉘앙스의 발언을 취재진 앞에서 하신 겁니다. 아무래도 제가 일본 대표팀 숙소를 자주 방문하고 했던 것이 마음에 들지 않았겠죠."

'한국 축구 최대 치욕의 날', '한일 합병 이래의 굴욕'. 일본전 패배 후 한국 언론이 내보냈던 제목들이다. 분노는 폭발했고, 선수들은 비난의 도마 위에 올랐다. 경기에 패한 직후에 "일본 대표팀 여러분 축하합니다"라는 멘트를 했던 노정윤은 매국노 취급을 받았다.

그럼에도 불구하고 노정윤은 일본에 져서 좋았다고 생각했다. 그는 당시의 굴욕적인 패배가 한국 축구에 '쓰지만 좋은 보약'이 되었다고 믿고 있다.

"이전까지 한국은 스스로 아시아 최강이라고 자부하고 있었습니다. 하지만 1993년의 패배를 기점으로 그런 생각들에 변화가 왔고 또 이제는 연구하고 노력할 필요가 있다고 통감하게 됐어요. 극단적으로 들릴지도 모르겠지만 도하에서의 그 쓰라린 경험이 한국 축구를 깨웠습니다."

그렇다면 일본 축구에 있어 그 도하의 기억은 무엇이었을까. "그 순간은 일본에 교훈은 커녕 아마도 마이너스뿐인 기억으로 남았을 것이라 생각합니다." 노정윤은 한 치의 망설임 없이, 확신에 찬 어조로 말했다.

"예를 들어 2002년 월드컵 유치 과정을 보세요. 한국과 일본은 1993년경부터 월드컵 유치를 목표로 경쟁하고 있었습니다. 하지만 경제력이나 준비 상황 전반에서 일본이 앞섰던 것이 사실입니다. 단지 일본은 그때까지도 월드컵 본선 출전 경험이 없었죠. 그것이 한국과 일본의 결정적 차이이기도 했습니다. 만약 '도하의 비극'이 없었다면 일본은 미국 월드컵 본선 무대를 경험했을 지도 모르고, 어쩌면 2002 월드컵은 일본의 단독 개최가 됐을지도 모릅니다. 그리고 월드컵 본선 무대를 경험했다면 아마 J리그의 인기도 더욱 높아지고 몇몇 선수들은 해외에 진출했을 지도 모르죠. 일본 축구가 전 세계를 무대로 한 대회에서 어필할 수 있는 기회가 됐을 겁니다. 하지만 일본 축구의 성장 속도는 확실히 도하에서의 그 비극을 기점으로 정체됐습니다. 4년 정도는 후퇴했다고 생각합니다. 가장 결정적이었던 순간 실패하면서 J리그 인기 역시 이후에 맥 없는 거품처럼 터져 버렸어요. 저는 그 일련의 과정들을 누구보다 알고 있기 때문에 더 이렇게 생각할 수 밖에 없는 것일지도 모르겠지만요.

더군다나 국가대표팀만 놓고 본다면 확실히 아직까지도 한국이 우위에 있습니다. 2006년 독일 월드컵까지 포함하면 한국은 6번이나 연속으로 월드컵 본선에 진출했습니다. 하지만 일본은 이제 3개 대회 연속 출전의 역사를 갖게 됐죠. 아주 단순하게 말하면 두 나라 사이에는 '12년의 월드컵 격차'가 있는 겁니다. 이 12년이라는 세월은 결코 쉽게 채울 수 있는 것이 아닙니다. 앞으로 그 격차를 얼만큼 줄일 수 있는지 보장이 있는 것도 아니고요.

일본이 앞으로 계속해서 월드컵 본선에 나가기 위해서는 반드시 아시아 예선을 통과해야 하는데 거기에는 한국이나 중국 그리고 중동 같은 '벽'들이 기다리고 있을 겁니다. 호주도 만만하게 볼 상대가 아니고요. 일본도 1993년의 한국처럼 예선 단계부터 고전하는 날이 올 지 모릅니다. 그런 위기가 왔을 때 어떻게 싸우고 극복할 것인지가 중요합니다. 도하의 비극이라는 말처럼 실패를 미화하는 안이한 자세로는 힘들 겁니다."

  신랄한 발언이다. 하지만 노정윤이 던진 메시지의 이면에는 일본 축구를 향한 강한 애착과 질타 그리고 격려가 담겨 있다는 생각이 들었다. 일본이 강해지지 않으면 한국도 강해지지 않는다. 이 한없이 무거운 진실을, 노정윤은 이미 알고 있었다.

노정윤 is		
	생년월일	1971년 3월 28일
	학력	부평고-고려대
	선수경력	산프레체 히로시마(1993~1997) -NAC 브레다(1998) -세레소 오사카(1999~2001) -아비스파 후쿠오카(2001~2002) -부산 아이파크(2003~2004) -울산 현대(2005~2006)
	대표경력	A매치 45경기 5득점 월드컵(1994, 1998), 아시안컵(2000), 아시안게임(1990, 1994), 북중미 골드컵(2000)
	우승경력	K리그(2005), FA컵(2004), K리그 슈퍼컵(2006), A3 챔피언스컵(2006)
	수상경력	아시안게임 동메달(1990)

일본의 무승부 결과를 들었을 때 저승에서 돌아온 기분이었다

경상남도 통영은 역사적으로는 조선 중기 임진왜란 당시 도요토미 히데요시의 부대와 격전을 벌였던 조선의 수군 통제영이 위치했던 곳이다. 통영이라는 지명도 여기서 유래했다. 이 작은 항구도시에 '도하의 비극'으로부터 극적인 구원을 받았던 인물이 있다.

바로 김호다. 선수 시절 한국 대표팀 수비수였던 그는 바로 일본 대표팀의 공격수였던 가마모토 구니시게와 맞대결을 펼쳤다. 감독으로서는 1993년 카타르 도하에서 열린 1994 미국 월드컵 아시아 최종예선에서 한국 대표팀을 이끌었다. 이듬해인 1994년 미국 월드컵 본선 무대에서도 한국 대표팀 지휘봉을 잡았다. 한국 축구를 대표하는 '명장'을 2013년에 만났다. 이미 70세를 넘긴 나이였지만 여전히 20년 전, 도하에서의 그 날을 기억하고 있었다.

"무선을 통해 일본과 이라크가 비겼다는 이야기를 들었을 때 저승에서 살아 돌아온 것 같은 기분이었어요. 선수나 대표팀 스태프들도 거의 정신을 잃고 난리가 났었지. 나중에 숙소에 돌아와서 월드컵 본선에 출전하게 된 것을 축하하는 파티를 가졌는데 이라크 대표팀 선수들이 줄줄이 우리를 찾아 왔습니다. 서로 '내가 일본전에서 동점골을 넣은 선수'라고 우기는 거예요. 사실 누가 누군지도 잘 몰랐지만 그때는 감사의 표시로 축구화나 연습용 물품을 닥치는 대로 선물했습니다. '우리를 구해줘서 고맙습니다'하는 기분이었던 거죠. 만약 그때 일본과 이라크가 비기지 않았다면, 그래서 우리가 최종예선에서 탈락했었다면 나는 감독 경질은 둘째치고 아마 축구계에서 '말살'되었을 겁니다. 나는 어떤 의미에서 '도하의 기적' 덕분에 목숨을 건진 사람입니다."

일본에 '비극'으로 남아 있는 1993년 월드컵 최종예선. 하지만 한국에는 '도하의 기적'으로 기억되는 순간이다. 한국은 최종전 이후 일본과 마찬가지로 2승 1패 승점 5점 동률을 기록했지만 월드컵 본선행 티켓을 가져간 것은 일본보다 골득실 차에서 앞선 한국이었다.

하지만 한국 축구사에서 기적으로 불리는 그 기억도 하나의 오점을 남긴 것 만은 분명한 사실이다. 그 이전까지 압도적 우위를 점하고 있던 한국은 도하에서 라이벌 일본에 패했다. 결과뿐만 아니라 내용상에서도 일본이 우위를 점했다. 국내 언론은 '두 번째 국치일'이라는 표현을 사용하며 분노했다. 당연히 비난의 도마 위에 올랐던 사람 중 한 명은 김호였다.

"월드컵 본선진출 티켓을 가져오긴 했지만 한국에 돌아오자 TV에서는 제 책임을 묻는 공개토론 프로그램이 생중계로 방송됐을 정도였습니다. 국민도, 언론도, 모두가 분노에 차 있었지만 사실 가장 화가 났던 것은 저 자신이었습니다. 긴 축구 인생에서 현역 시절까지 포함해도 일본에게 진 것은 그때가 처음이었기 때문이었죠."

김호가 일본 축구를 가볍게 봤던 것은 아니다. 그는 1992년 국가대표팀 감독직을 수락한 직후 히로시마로 향했다. 김호는 현지에서 아시안컵을 관전하며 대회 우승을 차지한 일본의 급성장에 큰 경계심을 가졌고 "절대로 일본에는 지지 않겠다"고 마음을 다졌다.

그는 한국 대표팀을 이끌고 독일에서 합숙 훈련을 하면서 최종예선이 다가오자 지인들을 통해 얻은 일본 대표팀에 관한 자료를 바탕으로 대책도 마련했다. 하지만 첫 경기였던 이란전에서 대승을 거둔 이후 줄곧 흐름이 좋지 않았다. 두 번째 경기 이라크전에서는 후반 40분, 다음 경기 사우디 아라비아전에서는 후반 추가시간에 동점골을 내줬다. 연이어 다 잡은 승부를 내주고 정신적으로도 궁지에 몰린 상태에서 일본을 만났다. 김호에게는 그 상황이 지금도 제일 쓰라린 기억으로 남아 있다.

"휴식일도 일본보다 하루가 더 적었고, 우리는 황선홍, 김판곤 등 부상 선수들도 많았습니다. 팀이 정신적으로도, 체력적으로도 바닥까지 떨어진 상태에서 선수 기용의 폭도 제한되어 있었던 겁니다. 신흥기를 일본 대표팀의 키 플레이였던 라모스 루이의 전담 수비수로 붙였지만 그것도 소용이 없었고, 중원과 최전방 사이도 공간을 내 주고 말았습니다. 결국 일본의 패스 축구에 대처하지 못했던 것이 패인이 됐습니다."

> **일본은 그 어느 때보다
> 월드컵을 열망하고 있었다**

당시 그라운드 위에서 싸웠던 선수들은 어땠을까? 1999년부터 2000년까지 세레소 오사카, 빗셀 고베 등에서 활약한 하석주의 기억이다.

"J리그가 출범하면서 일본이 무척 의욕적이었던 것은 알고 있었지만 경기는 별개의 문제였습니다. 이길 자신도 물론 있었고요. 시합 전이요? 대화를 나누기는 커녕 눈도 마주치지 않을 정도였습니다. '이 녀석들을 쓰러트리지 못하면 월드컵에는 갈 수 없다'고 생각했으니까요. 그런데 경기를 치러보니 일본이 생각했던 것 보다 훨씬 강하고, 위협적인 존재라는 것을 알게 됐습니다. 그래서 더욱 패배의 충격이 컸고, 팀 분위기도 최악의 상황이 됐던 겁니다. 누구 하나 입을 열지 않았어요. 마치 장례식장에 온 것 같은 기분이었습니다."

지금까지 도하에서 뛰었던 많은 한국 선수들을 만나 이야기를 들어 왔다. 그들이 그 당시 일본에 패하면서 감수해야 했던 비난과 충격의 강도는 상상을 초월했다. 일례로 산프레체 히로시마로 이적하며 한국인 J리거 1호였던 노정윤은 대회 기간 중 일본 대표팀 숙소를 들려 소속팀 동료이기도 일본 선수들에게 한식을 만들어줬다. 그런데 이것이 알려지면서 한국 정보를 일본에 유출했다는 의혹이 제기됐고, 순식간에 '스파이'로 몰리는 사태까지 벌어졌다. 한국 대표팀 감독을 맡기도 했던 홍명보 역시 "한 번 더 일본에 지면 축구화를 벗는다"고 말했을 정도로 충격의 여파는 컸다. 하석주는 신변의 위협을 느껴 걱정하던 가족으로부터 "당분간 한국에 돌아오지 않는 것이 낫겠다"는 국제전화가 걸려 왔을 정도였다고 한다.

당시 한국 대표팀에서 '슈퍼서브'로 활약했던 서정원. 현역 은퇴 후 현재 수원 삼성의 지휘봉을 잡고 감독의 길을 걷고 있는 그도 1993년의 기억은 생생하다.

"일본에 패했다는 쇼크, 더 이상 자력으로는 월드컵에 갈 수 없다는 위기감이 교차하면서 밥도 제대로 넘기지 못했습니다. 엄청난 부담감 그리고 절박한 심경에 북한과의 최종전을 치러야 했죠. 경기 전날 밤에는 방으로 공을 가져와 무릎 꿇고 몇 번이나 빌었는지 몰라요. 지금 생각하면 정말 미신에 불과한, 농담처럼 들리는 행동이겠지만 그 당시에는 정말로 진지하게 신에게 매달릴 수 밖에 없을 정도로 절박했어요. 우선 우리가 북한을 3-0으로 이겨도 일본-이라크전 결과에 따라 월드컵 출전 여부가 결정되는 상황이었으니까요. 그럼에도 월드컵 티켓을 그냥 포기할 수는 없었습니다."

기도까지 할 만큼의 집념. 그러한 분위기 덕분이었는지 한국은 후반 초반 선제골을 넣는데 성공했고, 연이어 추가골까지 기록했다. 그런데 무선을 통해 10분 간격으로 일본과 이라크전의 결과를 확인하고 있던 벤치의 모습이 심상치 않았다. 하석주가 반드시 필요했던 세 번째 골을 넣으며 3-0으로 앞서 나갔지만 아무도 기뻐하지 않았다.

"제가 3번째 골을 넣었지만 완전히 가라 앉은 분위기의 벤치를 보는 순간 한 번에 사태를 파악할 수 있었습니다. '일본이 이기고 있구나. 월드컵에는 나가지 못하는 것인가'라고 생각했죠. 엄청나게 허무한 기분에 사로잡혀 있을 때 경기 종료 휘슬이 울리는 것을 들었습니다. 스탠드의 관중에게 인사를 한 뒤 벤치로 향했는데, 그 순간 코칭스태프와 동료들이 벤치에서 미친 듯이 기뻐하고 있었습니다. 그 이후로는 정말 난리가 났죠. 이라크 선수들이 월드컵 본선 진출을 축하하는 자리에 왔었다고요? 모르겠네요, 아마도 그랬을 지도 모르겠네요."

경기 후의 일은 잘 기억나지 않는 하석주도 승전 축하 파티 이후의 일은 또렷한 기억으로 남아 있다고 한다. 방에 도착해 TV를 틀었을 때 그곳에는 망연자실한 표정으로 그라운드에 주저 앉은 일본 대표팀과 통곡하는 일본 팬들의 모습이 흐르고 있었다. 그때까지 흥분에 들떠 있던 한국 대표팀 선수들은 TV속 그 화면을 보는 순간 누구랄 것 없이 말을 잃은 모습이었다.

"더 이상 웃고 있는 선수는 한 명도 없었습니다. 미우라를 비롯해 이하라, 나카야마, 하시라타니, 라모스까지. 몇 번이고 함께 맞대결을 벌였던 선수들이기 때문에 더욱 안타까웠습니다. 그 해 일본 대표팀 선수들은 역대 그 어떤 일본 대표팀보다 월드컵을 열망하고 있던 선수들이었습니다. 그런 그들이 고개를 떨구고 울고 있었습니다. 축구란 참 잔혹하구나, 그야말로 그런 감정을 느끼게 했던 순간이었습니다."

> **상대를 인정하지 않으면 성장, 발전이 없다**

20년의 시간이 지나고 한국 축구에 있어 '도하의 기적'은 어떤 흔적을 남겼을까. 서정원은 이렇게 말한다.

"일본에 패한 뒤 '더 이상 이대로는 안 된다'는 것을 깨달았습니다. 그리고 한 가지는 '끝까지 포기해서도 안 된다'는 사실이었죠. 1994년 미국 월드컵 스페인, 독일과의 경기에서 마지막까지 상대를 물고 늘어졌던 투지. 그리고 1998년 프랑스 월드컵 본선 티켓이 걸려 있던 아시아 최종예선에서 일본을 상대로 역전승을 거뒀던 것. 아마도 1993년의 교훈이 있었기 때문일 겁니다. 한국은 브라질 월드컵까지 포함하면 총 여덟 차례나 월드컵 본선무대를 밟았습니다. 도하의 기적이 없었다면 이런 대기록은 달성하지 못했습니다. 그렇게 생각하면 도하의 기적은 한국 축구가 가진 가능성의 수준을 높이고, 그 잠재력이 끊기지 않도록 해 준 계기가 됐다고 생각합니다."

하석주도 도하의 기적이 없었다면, 한국 축구의 발전도 없었을지 모른다고 말했다.

"이유는 분명합니다. 지금 한국 축구가 이 정도로 발전한 것은 무엇보다 2002 월드컵의 영향이 컸습니다. 그런데 그 과정을 가능케 한 하나의 결정적 포인트가 도하였습니다. 도하에서 희비가 엇갈리면서 한국은 결정적으로 월드컵 본선 경험 유무에서 일본과 격차를 유지했습니다. 일본은 그때까지도 월드컵 출전 경험이 없다는 부분이 한국과의 유일한 격차였으니까요. 일본이 미국 월드컵에 출전했다면 2002년 월드컵은 일본의 단독 개최가 되었을 지도 모릅니다. 그렇다면 한국은 지금과 같이 축구가 발전할 수 있는 기회를 놓쳤을 지도 모르고요. 그렇게 생각하면 도하의 기적이 이후에까지 미친 영향은 상당했다고 볼 수 있죠."

분명히 일리 있는 시각이다. 2002 월드컵 개최는 한국 축구의 저변 자체를 극적으로 바꿔 놓은 계기였다. 1990년대까지만 해도 한국 내에 축구전용구장은 단 한 개에 불과했다. 프로축구팀도 6개에 불과했지만, 월드컵 유치활동이 시작한 1993년부터 해가 바뀔 때마다 새로운 프로팀이 창단됐다. 축구전용구장이 한 번에 7개 지역에 새로 지어지는 등 축구 인프라 자체가 대폭 개선됐다. 홍명보, 하석주를 비롯한 많은 선수들의 J리그 진출이나 박지성이 유럽진출에 성공한 것도 모두 2002 월드컵을 전후해 실현된 일들이다. 프랑스와 오스트리아에 진출했던 서정원은 "2002 월드컵을 계기로 한국 축구를 바라보는 세계의 의식이 변했고 반대로 세계를 내다보는 한국 축구의 인식도 크게 변했다"고 회상했다. 일본과 공동으로 개최한 2002 월드컵은 한국 축구의 역사를 바꿔 놓았고, 그 공동개최를 가능케 했던 하나의 결정적 계기가 바로 도하의 기적에서 시작됐다고 보는 것도 무리는 아닌 셈이다.

그런데 대한축구협회에 쓴소리를 마다하지 않는 김호는 이 대목에서도 직언을 전했다. 거침 없는 발언으로 한국 축구계에서는 '야인'으로 불리는 노(老)감독은 한국 축구의 변화와 성장을 인정하면서도 분발을 촉구했다. "사실 지난 20년 간 한국 축구는 환경도, 선수층도 표면적으로는 크게 발전하고 또 윤택해진 것처럼 보여집니다. 하지만 정작 중요한 축구의 질적 성장, 실질적인 발전에서는 아무 것도 변하지 않았다고 생각합니다."

김호의 지적대로 한국 축구계가 여전히 산적한 과제들을 안고 있는 것은 분명 사실이다. 한 예로 2002 월드컵을 위해 지어진 경기장들 중 흑자 운영을 하고 있는 것은 서울월드컵경기장 단 하나다. 전국에 지어진 나머지 월드컵경기장들은 매년 운영에 적자를 면치 못하고 있으며 관리도 상당한 어려움을 겪고 있다. 지난 20년 사이 프로축구팀 숫자는 23개 팀으로 늘어났고, 이제는 1, 2부 승강제도까지 도입 됐다. 하지만 K리그 팀들의 평균 관객동원 수는 1만 명 안팎에 불과하고 TV 중계 역시 활성화 되어 있지 않다.

기업구단은 모기업의 재정지원에 절대적으로 의지하는 수준이고 지자체가 운영하는 시도민구단들은 상황이 더 열악하다. 만성적인 자금난에 시달리는 구단들도 많고 시도민구단들은 구단주인 지자체장이 바뀔 때마다 존속 위기에 직면한다. 2011년에는 41명의 K리그 선수가 연루된 승부조작 사건이 불거졌고, 2013년 7월에는 유럽에서 뛰고 있는 현역 국가대표 선수가 자신의 SNS에 현직 국가대표팀 감독을 비난하는 글을 올린 것이 알려지면서 파문이 일었다. 김호는 "20년 전에는 상상도 할 수 없는 일들이 벌어지고 있다"며 한탄했다.

"도하에서 경험한 기적은 분명히 한국 축구 발전에 긍정적인 영향을 끼쳤지만 반대로 그 이면도 존재하게 됐습니다. 일본처럼 치밀하게 준비하고 계획적으로 내실이 다져진 발전을 이뤘어야 하는데 한국 축구는 겉모양의 성장에만 급급했습니다. 오히려 일본은 도하의 비극 이후 약 20년에 걸쳐 정체하는 시기도 없이, 그렇다고 화려함에 치중하는 분위기도 없이 꾸준히 발전해 왔죠. 혼다나 카가와같은 선수가 배출된 것은 바로 그런 발전의 성과라고 보여집니다."

오늘날 일본 축구의 수준을 높게 평가하는 비단 김호 감독만은 아니다. 2011년 1월 아시안컵 준결승 그리고 같은 해 8월에 열렸던 한일전에서도 국가대표팀 코치로 활약했던 서정원 역시 비슷한 의견을 갖고 있었다. "도하에서의 충격을 계기로 물론 한국이 위기감을 갖고, 일본을 의식하며 발전을 끌어낸 것은 맞습니다. 하지만 현재 일본 축구는 우리가 상상했던 것 이상으로 강해졌습니다. 실제로 일본 역시 한국과 마찬가지로 유럽에서 뛰고 있는 해외파 선수들의 수가 상당히 늘어났죠. 이런 변화들은 일본 축구를 지속적으로 발전시켜 왔다고 생각합니다. 카가와 같은 선수는 기술은 물론이고 공격적인 센스도 상당한 수준을 갖고 있습니다. 지금의 일본 대표팀이라면 브라질 월드컵에서도 상당한 성과를 거둘 수 있지 않을까요?"

과거에는 라이벌 의식을 감추지 않고 표출했던 한국의 축구인들이 일본 축구를 높게 평가하고 선전도 기대하는 발언까지 들려주게 된 것은 분명히 큰 변화다. 어쩌면 이러한 분위기의 변화 자체가 지난 20년 동안 한국 축구가 크게 변화했다는 것을 의미하기도 한다. 선수 시절 J리그에서 했던 경험들을 지도자가 된 이후에도 현장에서 활용하고 있는 하석주 역시 동의하는 지점이다.

"홍명보 감독이나 황선홍 감독과도 자주 이야기를 나누는 부분입니다. 선수의 자율성을 중시하고, 지도법은 물론 체계적인 훈련체계까지 일본 시절 보고 느꼈던 부분들을 현장에서 살려나가려 한다고요. 요즘에는 선수들이 지역 행사나 학교 등과 연계한 사회공헌 프로그램에 참여하는 것도 적극적으로 권유하는 편입니다. 수뇌부 중 일부에서는 '훈련을 쉬면서까지 참여 하느냐'는 목소리가 나오기도 하지만 프로팀은 지역 사회의 지지를 받아야 존재할 수 있습니다. J리그가 그것을 입증하고 있고요. 한국으로서는 아직도 참고로 삼아야 할 사례들이 많습니다."

하석주에게는 우라와 레즈 같은 팀 운영 사례를 언젠가는 한국에서도 가능케 하고 싶다는 꿈이 있다. 그런가 하면 서정원은 한일전 정기 개최의 필요성을 주장했다. 그는 "그 첫 번째 시도로 한일 레전드 매치 같은 것도 개최할 수 있다고 봅니다. 이제 한일 양국은 서로를 자극하거나 혹은 단순히 교류만 하는 것이 아니라 공통의 추억을 공유할 수 있는 선수들이 많아지지 않았습니까"라며 웃어 보였다. 이런 제자들의 일련의 마음은, 스승의 위치에 있는 김호가 전한 묵직한 말이 더해졌다. 그것은 깊은 울림을 남겼다.

"전 세계적으로도 이웃끼리는 사이가 나쁜 경우가 종종 있죠. 하물며 한국과 일본 사이에는 정말 많은 일들이 있고, 보통의 방식으로는 해결하기 힘든 부분도 존재합니다. 하지만 누구든 간에 경쟁 상대가 존재할 때 자신의 가치도 높일 수 있습니다. 축구계로 한정해 말한다면 네덜란드와 독일이 그럴 겁니다. 일본 분들에게 좀 더 직접적인 예를 들어 본다면 미야모토 무사시와 사사키 코지로[26] 같은 관계입니다. 한국과 일본은 그런 사이가 아닐까요. 상대가 미워도 서로의 존재를 인정하지 않으면 안 됩니다. 그렇지 못하면 서로의 성장과 발전도 없을 겁니다. 한국과 일본은 앞으로 그런 관계였으면 합니다."

NOTE

26 미야모토 무사시(宮本武蔵). 일본 에도시대의 유명한 검객이며 사사키 코지로(佐々木 小次郞)와 라이벌 관계다. 미야모토 무사시와 사사키 코지로는 간류지마(巖流島)라는 결투로 유명하다.

김호 is		
	생년월일	1944년 11월 24일
	지도자경력	동래고 감독(1975)-한일은행 감독(1983~1987) -현대 감독(1988~1991) -국가대표팀 감독(1992~1994) -수원 삼성 감독(1995~2003) -대전 시티즌 감독(2007~2009) -용인시축구센터 총감독(2016~현재)
	대표경력	A매치 71경기 아시안컵(1972), 아시안게임(1970)
	우승경력	K리그(1998, 1999), FA컵(2002), K리그컵(1999전기, 1999후기, 2000, 2001), K리그 슈퍼컵(1999, 2000), AFC 챔피언스리그(2001, 2002), 아시안 슈퍼컵(2001, 2002)
	수상경력	K리그 감독상(1998, 1999)

서정원 is		
	생년월일	1969년 12월 17일
	학력	남한산초-연초중-거제고-고려대
	선수경력	LG(1992~1997)-RC 스트라스부르(1998) -수원 삼성(1999~2004)- SV 잘츠부르크(2005) -SV 리트(2006~2007)
	지도자경력	U-20 대표팀 코치(2009) -올림픽대표팀 코치(2009~2010) -국가대표팀 코치(2010~2011) -수원 삼성 수석코치(2012) -수원 삼성 감독(2013~현재)
	대표경력	A매치 87경기 16득점 월드컵(1994, 1998), 아시안컵(1996), 아시안게임(1990, 1994)
	우승경력	K리그(1999, 2004), FA컵(2002), K리그컵(1999전기, 1999후기, 2000, 2001), K리그 슈퍼컵(1999, 2000), AFC 챔피언스리그(2001, 2002), 아시안 슈퍼컵(2001, 2002), UEFA 인터토토컵(2006), 아시안게임 동메달(1990)
	수상경력	K리그 MVP(2001), K리그 베스트11(1999, 2001, 2002), FA컵 MVP(2002), 아시안 슈퍼컵 MVP(2001)

PART 2

한국인 J리거 2~3세대
(2000년~2009년)

일본의 앞을 막아선
투혼의 스트라이커

    1993년 U-20 월드컵, 1996년 애틀랜타 올림픽 대표를 거쳐 1998년 프랑스 월드컵, 2002년 한일 월드컵까지 출전한 최용수. 그는 날카로운 득점 감각을 가진 공격수로 유명했다. 그래서 별명도 '독수리'다.

    최용수는 2001년부터 2005년까지는 J리그에서 활약했는데 제프 유나이티드 치바, 교토 상가, 주빌로 이와타에서 뛰었다. 2006년에 K리그로 돌아온 최용수는 자신의 친정팀이기도 한 FC서울에서 플레잉 코치로 뛰다 2006년 8월 현역 생활을 마감했다. 이후 FC서울 코치로 지도자 인생을 시작했으며 2011년부터는 정식 감독에 임명됐다. 그리고 이듬해인 2012년에 '감독' 최용수는 K리그를 제패했다.

    이 인터뷰는 2008년 10월에 진행됐다. 그가 FC서울 코치를 맡고 있을 때다. 끈질기게 일본을 괴롭혔던 투혼의 스트라이커를 마주하고, J리그 시절의 추억 그리고 근황까지 속 깊은 이야기를 나눴다.

66 한국인으로서 일본의 클럽 시스템이 부러웠다 99

2006년 은퇴 후 지도자 생활을 하고 있습니다. 현역 시절과는 많이 다릅니까?

당연히 차이가 있습니다. 일례로 선수 때는 지금보다 많은 연봉을 받고 있었으니까요. 농담입니다. (웃음) 가장 큰 차이는 선수 시절부터 팬들에게 늘 많은 성원과 격려를 받아 온 입장이었잖아요. 그런데 지도자가 된 지금은 팬들과 후배들에게 그 보답을 해야 한다고 느끼는 부분이 많습니다.

지도자가 된 이후에도 축구가 여전히 즐거운가요?

지금까지 접할 수 없었던 축구의 이론적인 부분이나 체력관리, 다양한 상황에서 다양하게 적용되는 전술 체계 등 여러 가지 것들을 공부하고 있습니다. 선수로 뛰던 때와는 또 다른 의미에서 축구가 즐거워 졌다고 할 수 있죠.

반대로 어려운 부분도 있을 것 같은데요.

이제 지도자가 된 지 2년 차이기 때문에 어려움 역시 있어요. '나라면 이렇게 했을 텐데 왜 이런 상황에서 그런 플레이가 나왔을까'하는 생각들을 하면서 느끼게 되는 것이 많습니다. 하지만 제 생각을 밀어 부쳐서는 안 되죠. 지도자에게는 상당한 인내력도 필요하다는 것을 실감하고 있습니다.

홍명보 코치가 이런 말을 한 적이 있습니다. "처음에 벤치에 앉을 때는 운동장 반대편에서 어떤 일이 벌어지고 있는지도 파악하기 힘들었다. 하지만 2, 3년째 되면서 서서히 그라운드 전체를 바라볼 수 있게 됐다"고요. 본인은 어떻습니까?

저도 비슷하네요. 지도자 일을 처음 시작했을 때에는 그라운드 전체에서 벌어지고 있는 상황을 일일이 파악하기가 어려웠어요. 그런데 지금은 골이 들어간 순간 수비수의 위치라든지, 공격진의 세밀한 움직임까지 보게 됐죠. 확실히 선수 시절과 비교하면 경기를 보는 시야가 확실히 한층 더 넓어졌다고 할 수 있을 것 같습니다.

최용수하면 J리그에서 이름을 떨친 공격수 중에서도 인상이 강합니다. 일본 시절은 어떤 기억으로 남아 있는지 궁금합니다.

　일본이라는 단어를 듣고 가장 먼저 제 머리 속에 떠오른 것은 바로 클럽 운영 시스템입니다. 선수들이 경기에 집중할 수 있도록 하는 총체적인 시스템에 제대로 갖춰져 있었습니다. 한국인으로서 가장 부러운 부분이었던 것 같습니다. 무엇보다 저 자신이 그 시절 팀 동료들과 무척 행복한 시간을 보냈으니까요. '아, 축구를 하면서 이렇게 즐거운 분위기에서 보낼 수도 있구나'라고 생각한 적이 있습니다. 한국에서 뛸 때는 항상 여러 가지 부담도 많았고, 굳이 말하자면 그런 즐거운 분위기를 조성한다는 것은 생각하기 어렵습니다. 하지만 일본은 자연스럽게 팀 내에 기본적으로는 편안한 분위기가 형성되어 있다는 인상을 받았습니다. 선수들 모두 자신의 생각이나 주관을 확실히 표현하기도 하고, 그러면서도 선수와 스태프 간의 분위기도 좋았거든요. 그리고 이런 환경적인 부분들이 경기 내용이나 결과에도 이어진다는 것을 느꼈죠. 유스팀의 연습 과정이나 경기도 종종 보았는데 정말로 즐기면서 축구를 하는 것이 인상적이었어요.

J리그에서 뛰었던 제프 유나이티드 치바, 교토 상가, 주빌로 이와타 세 팀 모두 각각의 추억이 있을 듯 한데요. 가장 인상에 남아 있는 시간이 있다면요?

　추억이 너무 많아서 어떤 이야기부터 해야 할 지 선택하기가 힘드네요. 그래도 재미있었던 기억이 하나가 있습니다. 쓰레기 분리수거요. 한국에서도 그렇게까지는 한 적이 없었거든요. 쓰레기야 언제든지 버리면 되겠지 하고 생각했었는데, 일본은 버리는 요일은 물론 종류까지 정해져 있더라고요. 처음엔 정말 놀랐어요. (웃음) 그리고 한번은 동료들과 갈비를 먹으러 간 적이 있었는데 한국에서는 당연히 소주를 있는 그대로 마시잖아요? 그래서 스트레이트로 쭉 마셨더니 팀 동료들이 모두 엄청 놀라더라고요. "술이 정말 세네. 그렇게 마시고 용케도 축구까지 잘 하는군요"라는 이야기를 들었으니까요. (웃음) 한국에서 마시던 식으로 마신 것 뿐인데...[27]

일본 음식 중에 가장 그리운 것은?

저는 역시 불고기요. 한국과는 또 다른 느낌이지만 일본에서 먹었던 불고기도 정말 맛있었거든요. 갈비구이도 좋아했고, 고깃집에 가면 나오는 호르몬이라는 종류도 좋아했어요. 게다가 일본 특유의 분위기 있잖아요? 그게 너무 좋았어요. 한국과는 어딘가 다른 색다른 분위기가 무척 신선했거든요.

> ❝ **나카야마는
> 프로 선수의 표본이었다** ❞

제프 유나이티드 치바 시절 보여줬던 활약상이 무엇보다 인상에 남아 있습니다. 그 전까지만 해도 만년 하위권을 맴돌던 팀이 최용수 합류 이후 리그 상위권 팀으로 변했거든요.

당시 제프 유나이티드 치바는 뚜렷한 목표가 없었고 '왜 우리 팀은 우승하지 못하는 것일까'라고 생각하는 분한 감정도 없었다고 생각합니다. 매번 중간 정도에서 왔다 갔다 하는 팀이었기 때문에 모두가 그저 그런 상황에 만족하는 분위기가 만연해 있다고 느꼈으니까요. 저는 그런 팀 분위기가 너무 분해서 제 스스로 필사적인 플레이를 펼쳤습니다. 때로는 자극적인 언사도 하면서 팀 동료들을 자극하기도 했고요. 그 전까지 제프 유나이티드 치바가 쌓아왔던 좋은 업적들까지 모두 무시했던 것은 아닙니다. 단지 저는 '이것도 바로 축구야'는 생각을 전달하고 싶었어요. 싸움도 종종 했었죠. 사실 제 입장에서 보면 이왕에 J리그에 왔는데 반드시 우승하고 싶다는 기분이 그 무엇보다 강했거든요. 팀 동료들한테까지 거칠게 이야기 하곤 했던 것은 오로지 그런 이유에서였습니다. 그런데 저의 그런 언행들이 어떤 계기가 됐는지 차츰 동료 선수들

NOTE

27 일본은 소주를 물과 반반씩 섞어서 마시는 '미즈와리(水割り)'가 일반적이다.

의 표정도 달라졌죠. '우리도 할 수 있다'는 자신감이 점점 붙게 됐던 것도 사실이고요.

J리그에서 수 많은 골을 넣었습니다. 가장 인상 깊은 경기나 골을 꼽는다면? 개인적으로는 2003년 7월 20일 제프 유나이티드 치바 소속일 때 주빌로 이와타를 상대로 한 경기에서 페널티킥 키커로 나서 칩슛으로 골을 넣은 장면이 가장 인상적이었습니다.

   가장 먼저 생각나는 장면이 가시마 앤틀러스 원정 경기에서 넣었던 골입니다. 당시 제프 유나이티드 치바는 가시마 앤틀러스에 절대 이길 수 없다고 평가 받는 팀이었는데 그런 상대를 꺾었을 때는 무엇과도 바꾸기 힘든 기쁨이 느껴지거든요. 그리고 말씀하신 주빌로 이와타전 페널티킥 역시 잊을 수 없습니다. 생생히 기억하고 있으니까요. 그 당시 저도 사실 어떻게 됐었던 것 같아요. 팀이 0-1로 지고 있는데, 페널티킥 상황에서 일반적인 슈팅이 아니라 칩킥을 할 배짱이 어디에 있었는지, 저도 놀랐으니까요. (웃음) 단지 이유는 있었어요. 그때 주빌로 이와타의 골키퍼가 정말 너무 뛰어난 선수였습니다. 오른쪽으로든 왼쪽으로든 평범한 킥은 반드시 막아낼 것 같았어요. 그 순간 떠오른 것이 바로 상대의 허를 찌르는 칩킥이었습니다. 한 번쯤은 그런 시도를 해 보고 싶었어요. 해 보고 안 된다 싶으면 거기까지겠지만요. 공격진의 다른 선수들이나 팀 동료들에게도 평소 연습 때 "컨디션이 좋으면 뭐든지 도전해 보고 싶다"는 이야기는 종종 하고 있었습니다. 하지만 경기가 끝난 뒤에 확실히 팀을 이끌고 있던 이비차 오심 감독에게는 한 소리를 들었습니다. 그때만은 오심 감독도 한 마디 하더라고요. "두 번 다시는 하지 마라. 심장에 안 좋다. 다음엔 키커로 안 내보내겠다"고요. (웃음)

J리그 시절 상대해 본 수비수 중 가장 힘들다고 느꼈던 선수가 있었습니까?
   특별히 대결하기 힘들게 느껴졌던 수비수는 없었습니다. 물론 매 경기가 어려운 싸움이었지만요. 굳이 꼽는다면 일본인 선수보다는 외국인 수비수들이 돌파하기 어려웠다고 할까요. 끈질기게 물고 늘어지는데다, 돌파 시 부딪쳐 오는 경우도 많았고요. 그런 상황에서 밀집수비에까지 막히면 저만의 플레이를 하지 못했던 적이 몇 번이고 있었던 기억은 나네요.

가급적이면 만나고 싶지 않다든지, 아니면 반드시 이기고 싶다고 생각했던 팀이 있었습니까?

피하고 싶은 팀은 없었습니다. 모든 팀을 이기고 싶다는 마음으로 매일 경기에 뛰고 있었으니까요.

주빌로 이와타 시절 이야기도 해 보죠. 어떤 추억이 남아 있는지요?

주빌로 이와타는 선수 개인, 개인의 수준이 무척 높았던 기억이 있습니다. 전통적으로도 강한 팀이었고 뭐랄까 명문이라는 분위기가 있었어요.

당시 주빌로 이와타에는 나카야마 마사시 같은 일본 국가대표 출신도 뛰고 있었죠. 많은 자극이 되기도 했을 것 같습니다.

나카야마는 정말 경기 때나 연습 때나 최선을 다 해 뛰었고, 체력이나 컨디션 역시 철저히 관리했던 인상적인 선수였습니다. 바로 이 선수야말로 프로의 표본이라고 느꼈으니까요. 물론 그를 아끼는 팬들도 무척 많았고요. 팀에는 그렇게 중심을 잡아줄 수 있는, 그런 역할을 완수해 내는 선수가 필요하다고 지금도 새삼 실감하고 있습니다.

나카야마 선수 외에 일본에서 뛰며 영향을 받은 선수가 있다면요?

특별히 어떤 한 선수에게 영향을 받았다기 보다는 제프 유나이티드 치바에서 뛰었을 당시 큰 잠재력을 가진, 유망한 어린 선수들과 함께 축구를 할 수 있었던 것이 아직도 깊은 인상으로 남아 있습니다. 실제로 그때 함께 뛰었던 선수들 중에는 지금 일본 국가대표가 된 선수들도 많죠? 그때 저의 '애마'를 세차해 주곤 했던 후배들이 지금은 당당히 일본 국가대표팀에서 뛰고 있네요. (웃음) TV를 통해 그 선수들이 멋지게 성장한 모습을 보면 감회가 남다르고, 정말 잘 됐다는 생각을 하곤 합니다.

하지만 제프 유나이티드 치바도 이제는 선수 최용수가 뛰던 시절과 비교하면 많이 바뀌

었네요. 지금의 제프 유나이티드 치바에 대한 인상은 어떤지요?

　도대체 어떻게 된 건가요? 선수들이 하나 둘씩 떠나고, 감독에 단장, 사장까지 모두 바뀌었다고 들었습니다. 물론 구단에는 구단의 방침이 있겠지만 예전의 팀이 뿔뿔이 흩어져 사라지게 된 것은 조금 아쉽네요. 하지만 이렇다, 저렇다 말만으로는 소용없겠죠. 구단은 어찌됐든 팀에 있어 무엇이 가장 좋은 길 일지를 고민하는 것이 중요하다고 생각합니다.

> **" 한국과 일본은 아시아 최강이 되는 법을
> 함께 고민해야 "**

J리그 경기는 요즘도 꽤 자주 보시는 것 같습니다. 아직도 관심은 여전합니까?

　일본 팀들 경기 결과는 홈페이지를 통해 종종 체크하고 있어요. 일본에서는 무척 즐거운 시간을 보냈고, 좋은 추억들도 많이 남아있습니다. 제 인생 전체를 통틀어서도 아주 행복했던 시간이었어요. 여러 사람들을 만났고, 한국에 있을 때처럼 팬들로부터도 많은 사랑을 받았습니다. 잊을래야 잊을 수 없는 추억입니다.

제프 유나이티드 치바 소속일 당시 오심 감독이 지휘봉을 잡고 있었습니다. 주빌로 이와타에서는 야마모토 마사쿠니 감독을 만났고, 한국 국가대표로 거스 히딩크 감독을 경험하기도 했습니다. 또 FC서울에서는 전 터키 국가대표팀 감독이기도 한 세뇰 귀네슈 감독 밑에서 코치 생활을 하고 있죠. 다양한 외국인 감독들을 경험했는데 특히 기억에 남아 있는 지도자가 있다면요?

　현재는 귀네슈 감독에게 많을 것을 배우고 있네요. 귀네슈 감독은 선수 개개인의 능력이나 특징은 물론이고 선수들의 취미까지도 모두 파악하고 있습니다. 선수들에게 세심하게 애정을 쏟는 감독의 모습을 보면서 새삼 느끼고, 배우는 것이 많습니다. 그런 모습 덕분에 선수들 역시 감독의 지시와 요구를 진심으로 받아들이고 있으니까요. 히딩크 감독의 경우 선수 개개인에게 경기의 아주 세부적인 부분까지 자세하게 지시하는 스타일이었습니다. 그렇다고 해서 선수들이 반발심을 갖거나 하지는 않았어요. 무척 존경심을 갖게 만드는 지도자였으니까요. 무엇보다 카리스마가 엄청났다고 할까요? 선수들 한 명, 한 명에게 엄청난 책임감을 갖고 있었고 동시에 '내가 이런, 이런 전략을 세웠으니 너희들은 철저히 따라 와라'하고 요구했죠. 정말이지 다방면에서 능력이 뛰어난 감독이었습니다. 가장 인상적이었던 것이 기자들의 질문을 받아 치는 모습이었어요. 항상 선수들 입장에 서 있었고, 우리들의 마음을 확실히 대변해 주기도 했으니까요. 선수를 지킨다는 인상을 강하게 받았습니다. 바로 감독의 그런 모습들이 그 당시 한국 대표팀을 하나로 묶어주는 원동력이었다고 생각합니다.

다만 제 개인적으로는 그간 경험했던 감독들 중 가장 인상에 남아 있는 지도자를 꼽으라면 오심 감독입니다. 오심 감독은 한편으로는 무섭기도 하고, 한편으로는 엄격해 보이지만 사실은 선수들의 기량을 제대로 이끌어 내는 감독이었습니다. 말투도 괴팍해서 때로는 그런 언행들이 불쾌하거나 조금 상처가 될 수도 있겠지만 실상은 보이지 않는 곳에서 자상하게 선수들을 챙기는 감독이었어요. 진심으로 선수를 배려했다고 할까요. 그것은 마치 아버지 같은 따뜻함 이었고, 그가 깊은 정을 가지고 있는 사람이라는 것을 느낄 수 있었습니다. 그런 자상함에 팀에 관한 일이라면 하나부터 열까지 철저히 파악해서 올바른 방향으로 끌어가는 강한 카리스마. 이 두 가지는 지도자에게는 절대적으로 필요한 자질이라고 생각합니다.

오심 감독은 얼마 전 병으로 쓰러지기도 했었습니다.

지금은 많이 좋아졌다고 들었습니다. 다시 건강한 모습을 볼 수 있게 되어서 정말 다행입니다. 일본 축구를 강하게 만드는 데 있어서, 앞으로 반드시 좋은 영향을 미칠 인물이라고 생각합니다.

우선의 목표는 좋은 지도자가 되는 것이라고 생각하지만, 궁극적으로는 국가대표팀 코치나 감독을 꿈꾸시는지 궁금합니다.

대표팀은 먼 훗날의 이야기입니다. 저는 한참 멀었어요. 한국에는 정말 뛰어난 지도자가 많기 때문에 저는 우선 많은 것들을 배우고 싶습니다. 이제는 '이렇게 하면 축구가 발전할 것이다'는 누구 한 사람의 주관적인 해석보다는 모두가 한 마음으로 지도법을 발전시켜 나가는 것도 중요하다고 생각하고요. 물론 저는 아직도 배울 것이 많고요.

'어떤 지도자가 되고 싶다'는, 구체적으로 그리고 있는 모습이 있습니까?

선수와 지도자는 '플레이 하는 쪽'과 '지도하는 쪽'으로 나뉘면 시점은 다를 수 있습니다. 하지만 하나의 집단에 속해 있다는 사실에는 변함이 없습니다. 제가 배우게 되는 모든 것들을 선수들에게 전달하고 싶고 반대로 저 스스로도 배우는 자세로 선수들을 대하고 싶다는 생각을 갖고 있습니다. '이렇다', '저렇다' 권위와 명령만 내세우는 지도자가 아니라 스스로 선수들에게 본보기가 될 수 있는 모습이고 싶어요. 만약 그래도 이해 받지 못하면 몇 번이고 모범을 보여야겠지요. 그렇다고 해서 일방적으로 몰아 부쳐서는 안 됩니다. 선수의 입장이 되어 그들이 어떤 요구를 가지고 있고, 어떤 것들을 하고 있는지 거기에 귀를 기울이는 것도 지도자의 몫이라고 생각하니까요. 9개의 단점을 지적하기 보다는 한 개의 장점을 칭찬하고 그 능력을 끌어내는 편이 팀이나 선수들 자신에게도 도움이 됩니다. 제가 이런 지도철학을 갖게 된 것은 J리그 시절 쌓았던 경험들이 적지 않은 영향을 미친 것도 사실입니다.

황선홍, 홍명보와 같이 국가대표팀에서 함께 활약했고 또 J리그에서 뛰었던 동시대의 선수들이 이제는 지도자의 길을 걷고 있습니다. 한국 축구에 있어 무척 고무적인 현상이라는 생각이 듭니다.

두 선배 모두 해외에서 많은 경험을 쌓아 왔습니다. 지금까지 한국 축구가 갖고 있던 관점과는 또 다른 철학을 갖고 스스로 경험한 것들을 후배들에게 가르치고 있습니다. 선배들은 현역 시절에도 많은 국민들에게 인정을 받았을 만큼 대단한 활약을 해왔기 때문에 그 경험과 자산은 결코 무시할 수 없는 것이라고 생각합니다. 그렇기 때문에 선수들을 가르칠 때에는 누구보다 설득력을 가질 수 있고 동시에 선수들의 심리 역시 잘 알고 있습니다. 정리하자면 자신만의 색깔을 낼 수 있다고 할까요? 목표의식도 상당히 높고, '나는 이런 축구를 하겠다'는 확고한 생각을 갖고 있기도 하죠. 아마도 황선홍 선배나 홍명보 선배는 자신들이 축구를 하며 받은 혜택을 다시 한국 축구에 돌려주고 싶다고 생각하고 있지 않을까 싶습니다. 그런 선배들과 비교하면 저는 지도자로서는 아직도 경험이 부족합니다. 지금은 실수도 많이 하고 또 거기서부터 무엇을 개선해야 할 지 배우고, 찾고 싶습니다.

축구팬들은 '제2의 최용수'가 나오기를 기대하고 있을 거라 생각합니다. 그런 강한 공격수를 키워 보고 싶은 마음은 없는지요?

한국은 예전부터 뛰어난 공격수들이 많고, 일본에는 기량이 뛰어난 미드필더가 많죠. 물론 현역 시절보다 더 임팩트 있는 공격수를 키워 보고 싶다는 생각은 가지고 있습니다. 그런 토대를 만들기 위해 여러 가지로 도움을 주고 싶고요. 그리고 바로 그것이 지도자로서의 보람이 아닐까 싶습니다.

J리그나, 해외에서 지도자 일을 해 보고 싶다는 생각도 있습니까?

아직 거기까지는 생각하고 있지 않습니다. 물론 흥미가 아주 없다고 하면 거짓말이겠죠. 하지만 지금은 FC서울 코치로서 역할을 하고 있는 것이 큰 자랑이고, 매일 매일이 새롭습니다. 그래서 보람도 크고요. 선수들과 항상 대화를 나누고, 여전히 이렇게 축구계에서 일 할 수 있다는 것이 너무 행복합니다. 지금 당장은 제가 무척 중요한 곳에 있다는 것을 몸소 느끼고 있어요. 다만 일본에서도 뛰었던 경험을 가지고 있으니 언젠가 기회가 된다면 일본 축구팬들에게도 은혜를 갚을 기회가 있다면 좋겠다는 생각은 가지고 있습니다.

일본 축구팬들에게도 보답하는 방법이라면, 구체적으로 어떤 것일까요?

예를 들면 J리그는 외국인 공격수가 주를 이루고 있고, 몇 년 뒤면 아시아 쿼터제[28]까지 도입된다고 들었습니다. 그렇게 되면 일본인 공격수들은 점점 더 해외로 나가게 될 가능성도 많아지죠. 한국이라고 해서 상황이 크게 다른 것은 아닙니다. 가혹한 조건이겠지만 더 치열하게 싸우면 됩니다. 그리고 그럴 때는 제가 확실히 나서서 단련시키겠습니다. (웃음) 더욱이 저는 일본에서도 플레이 했으니 일본 축구팬들로부터 받은 사랑에도 보답할 의무가 있다고 생각해요. 받은 은혜는 꼭 갚는다. 그것이 남자의 도리 아닙니까?

마지막으로 일본 축구팬들에게 전하고픈 메시지가 있다면 부탁 드립니다. 그리고 한일 양국이 어떤 식으로 교류해 갔으면 하는지도 궁금합니다.

과거 한국과 일본은 항상 적대심을 감추지 않는 경쟁관계에 있었습니다. 하지만 이제 서로를 그렇게 적대시 하는 감정은 필요 없지 않을까 생각합니다. 그 자체가 어딘지 모르게 모순이라는 생각도 들거든요. 물론 경기에 있어서는 투쟁심이라는 것은 필요합니다. 하지만 불필요한 감정으로 소모전을 이어가는 것은 무의미하다는 거죠. 서로 힘을 내며 아시아 축구를 이끌어 온 한국과 일본이 이제부터는 '아시아가 최강이 되는 법'을 고민하지 않으면 안 된다고 생각하고 있습니다. 그리고 그런 원대한 목표에 저 자신도 기여할 수 있기를 바랍니다.

NOTE

28 아시아 출신 선수 1명에 대해서는 외국인 선수 보유 제한에서 예외를 두는 것. K리그나 J리그는 외국인 선수를 3명 보유할 수 있지만, 아시아 출신 선수에 한해 1명 더 영입할 수 있다.

최용수

② 진정한 공격수는 온탕에서 자라지 않는다

한국 최강 스트라이커의
공격수론

 최용수에게는 또 한 가지 물어야 할 것이 있다. 바로 그가 생각하는 '공격수론'이다. 일본 축구는 월드컵이나 각종 국제대회에서 실패할 때마다 '득점력 부족', '결정력 부족'이 문제로 거론된다. 도대체 일본에게 부족한 것은 무엇일까.
 현역 시절 한국 대표팀 에이스였고 중요한 경기마다 일본의 앞길을 가로 막았던 투혼의 스트라이커 최용수. 그는 자신의 경험을 바탕을 독자적인 '스트라이커론', '포워드론'을 이야기 했다.
 인터뷰는 역시 2008년 10월에 진행됐다.

 "이렇게 표현하는 것이 어떨지 모르겠지만 일본 공격진은 뭐랄까 좀 아쉽다는 생각이 드네요. 일본 대표팀 골잡이 하면 '누구, 누구'다 이렇게 떠오르는 선수도 적다는 인상이고, 진정한 의미에서 스트라이커가 별로 없다는 생각입니다. 월드컵 무대에서 골을 넣었던 야나기사와 아츠시, 스즈키 타카유키나 타마다 케이지 같은 선수들 모두 진짜 '골잡이' 유형의 선수들은 아니죠. 굳이 꼽으라면 곤(나카야마 마사시) 정도가 순수한 의미에서의 스트라이커였다고 할까요
 그 외에 일본에서 공격수의 계보를 이은 선수는…. 왜 일본에는 진정한 의미의 스트라이커가 적을까요? 개인적으로는 여러 가지 이유가 있다고 생각하지만 우선 J리그에서 뛰던 당시 일본 특유의 가치관, 육성 환경이 원인의 하나가 될 수도 있다고 느꼈습니다. 일본에서 뛰면서 유소년 팀의 훈련이나 연습경기도 종종 볼 기회가 있었는데

잘 하는 선수는 당연하다는 듯이 중원에 집중돼 있었고, 팀 역시 그 선수들을 중심으로 움직이더군요. 공격수는 '타깃맨'이라는 하나의 파트에 불과하다는 인상도 받았습니다.

그런데 한국에서는 반대입니다. 공격수가 팀의 중심에 있는 경우가 많고, 잘 하는 선수는 곧바로 최전방에 서게 됩니다. 그리고 그 포지션에서 철저하게 '골잡이'로 키워지는 과정을 거치게 되는 거죠. 패배를 쉽게 용납하지 않는 가혹한 환경에서 강인함, 스피드 그리고 승부 근성을 단련시키는 겁니다.

저도 철이 들기 시작할 무렵부터는 그렇게 골잡이로 키워졌습니다. 자연스럽게 그런 절대적인 조건들을 몸에 배어들게 하는 거죠. 한 가지 예를 들면 책임감입니다. 어린 시절부터 자신의 득점 유무로 팀의 승패가 좌우되는 순간들을 경험합니다. 상황이 어찌됐든 '내가 골을 넣지 못하면 팀이 이기지 못한다'는 책임감이 몸에 붙는다고 할까요? 프로가 되면 내 두 발이 스스로의 부와 명성은 물론이고 팀 승리 나아가서는 동료들의 생활 전체에도 영향을 미치게 된다는 무서울 정도의 책임감을 자각하게 되고요.

그런데 상대 수비수들은 말 그대로 몸을 내던져 막아섭니다. 몸싸움이 거칠어지는 것은 당연한 일이 되는데다 일상적으로 피 말리는 경쟁을 이어가야 하니 점점 실제 성격까지도 이기적이 되어 가기도 하고요. 공격수라는 포지션은 사람 좋은 역할을 하거나 반대로 상황을 나 몰라라 하는 그런 성격은 있을 수 없죠.

오히려 한 방에 경기를 뒤집을 수 있는 킬러 같은 냉혹함이 필요합니다. 에르난 크레스포(아르헨티나), 필리포 인자기(이탈리아), 안드리 셰브첸코(우크라이나) 같은 공격수들의 예를 보면 그들은 문전 앞에서 아이스맨처럼 냉정한 모습을 보입니다. 주저할 것도 없이 골을 결정짓죠. 저 역시 그런 절대적인 골 결정력을 몸에 익히기 위해 엄청난 노력을 했습니다. 구체적으로 예를 들자면 철저한 반복 훈련이 그 중 하나입니다. 모든 상황을 가정하고, 최대한 많이 슈팅연습을 되풀이 하는 겁니다. 평소 이미지 트레이닝은 빠짐없이 하고, 수백 가지 아니 수천 가지의 골 장면을 머릿속에 입력해 놓습니다. 그런 과정을 반복하면 무엇보다 먼저 몸이 순간적으로 반응합니다. 심리적으로 크게 동요하는 일도 없고요.

그래서 코치가 된 지금에도 선수들에게 가장 강조하는 것은 반복 연습입니다. 연습을 게을리 하지 말라고 입이 마르도록 강조하죠. '그 대단한 네덜란드의 뤼트 판 니스텔로이도 매일 슈팅 연습을 하고 있다'고 충고합니다. 한 가지 이해할 수 없는 것이 있다면 요즘 젊은 선수들은 예전처럼 남아서 연습하는 모습을 자주 볼 수는 없다는 겁니다."

> ## 공격수가 결정적인 기회 놓치면
> ## 수치심 느껴야

"페널티지역 안쪽 움직임의 완성도나 결정력 등 여러 면에서 한국 공격수가 일본 공격수 보다 확실히 우위에 있다고 생각합니다. 그런데 그 차이는 승부 근성이나 정신적인 요소와도 무관하지 않다고 봅니다. 이렇게 생각한 이유 중 하나는 일본에서 공격수들이 연습 중이나 실전 경기에서 결정적인 기회를 놓쳤을 때 그저 덤덤한 모습을 보이는 경우를 자주 봤었기 때문입니다.

마음 속으로는 안타까워했을지도 모르지만 표정은 결정적인 기회를 놓치고 책임을 통감하는 공격수처럼 보이지는 않았습니다. 팀 동료들도 '다음에 결정지으면 된다'며 덤덤한 반응을 보였습니다. 그런 미적지근한 온탕 같은 분위기에서 진정한 의미의 골잡이가 길러질 수는 없습니다.

진짜 공격수라면 결정적인 기회를 놓친 분함도 분함이지만 가장 먼저 자신의 부족한 플레이에 수치심을 느낄 정도로 부끄러워 해야 합니다. 적어도 저의 경우는 그랬습니다. 경기 중은 물론이고 훈련에서라도 득점기회를 놓치면 제 자신이 한심하고 부끄럽기 그지 없었습니다. 외국인 선수였기 때문에 입지가 좁아지는 것은 물론입니다.

그런데도 불구하고 일본에서는 기회를 놓친 공격수에게도 "골 보다는 팀 플레이가 우선"이라든지 "찬스를 만들었으면 충분하다" 같은, 그저 듣기 좋은 말을 하더군요.

물론 팀 전체를 위한 희생 정신은 중요합니다. 하지만 제가 보기에는 공격수로서의 책임 회피입니다. 한심한 상황인 거죠. 그럼 애시당초 왜 그런 어설픈 능력으로 최전방에서 패스를 받은 거죠? 결정적인 기회를 날려버리는 일본 선수들을 볼 때마다 '너희들에게는 공격수, 골잡이로서 수치심이라는 것이 없는 거냐'고 생각한 일도 적지 않았습니다.

하지만 곤은 달랐습니다. 골잡이로서의 자각도 대단했고, 골에 대한 집착도 강했죠. 이미 스타라는 지위를 얻었음에도 무엇이든 적당히 하는 법이 없었습니다. 훈련조차 전력을 다 해 임했으니까요. 적지 않은 나이였지만 훈련 뒤에도 남아서 슈팅 연습을 했습니다.

그는 365일, 24시간을 골잡이로 살았습니다. 지금 일본 대표팀에서 활약하고 있는 로버트 카렌이나 마에다 료이치 같은 선수가 곤의 그런 모습을 반 정도만 따라가도 더 좋은 공격수가 될 것이라 생각하지만… 일본의 젊은 선수들은 일단 주목을 받기 시작하면 그것만으로 이미 만족해 버리기 시작하고 이후에는 점점 위축되는 경향이 있지 않나요?"

> **❝ 일본의 젊은 선수들,
> 주목 받기 시작하면 성장이 멈춘다 ❞**

"실제로 마키 세이이치로 선수가 바로 그런 상황이라고 생각합니다. 마키에 대해서는 큰 기대를 갖고 있었기 때문에 되려 좀 엄격하게 평가를 하고 싶습니다. 개인적인 생각입니다만, 예상대로라면 지금보다 훨씬 더 높은 수준에 도달해 있어야 한다고 봐요. 그런데 2006년 독일 월드컵에 다녀 온 이후 오히려 선수의 성장이 멈춰버렸습니다. 아시안컵이나 최근에 뛴 J리그 경기도 자세히 살펴봤습니다만, 공간을 찾아 들어가는 시야나 판단도 좋질 못하고 어딘지 모르게 움직임이 단절되어 있는 듯한 인상을 받았습니다.

적어도 예전의 마키는 그런 선수가 아니었습니다. 대학을 졸업하고 제프 유나이티드 치바에 입단했을 당시만해도 훨씬 적극적이고, 순수했습니다. 골에 대한 의욕도 대단했고요. 저와 함께 수없이 훈련을 반복하고 연습을 계속 요구해도 불평하는 기색을 보이거나 하는 일은 없었습니다.

어찌 보면 그런 탐욕적인 부분이 있었기 때문에 독일 월드컵 대표팀 멤버로까지 선발된 것이겠죠. 그런데 현재의 마키를 보면 소속팀 제프 유나이티드 치바에서는 당연한 일처럼 경기 출전이 보장되어 있고, 미디어에서도 이래저래 관심을 보여주곤 하는 상황이니 예전의 그런 의욕적인, 골을 열망했던 순수한 모습은 어딘지 모르게 사라진 것 같아요.

같은 팀에서 뛴 경험은 없지만 FC 도쿄 소속인 히라야마 소타 역시 마키와 비슷한 상황이 아닌가 생각합니다. 플레이가 느슨해진 듯한 인상을 받았어요. 지난해(2007년) 여름 FC서울과 FC 도쿄의 친선전이 있었습니다. 그때 히라야마의 플레이를 자세히 볼 수 있는 기회가 있었습니다만, 긴장감이 전혀 느껴지지 않았습니다. 두 선수 모두 이런 상태라면 J2리그는 고사하고 JFL[29] 수준으로 떨어질 수 있다고 충고해 주고 싶습니다.

단지 오해는 없었으면 좋겠네요. 제가 이렇게까지 두 선수에게 강한 어조로 이야기를 하는 것은 그만큼 두 선수에게 거는 기대가 크기 때문입니다. 두 선수 모두 탁월한 신체조건을 가지고 있습니다. 일본 축구에서는 좀처럼 볼 수 없었던 파워풀한 스타일의 공격수가 등장한 겁니다. 어떤 면에서는 저와도 비슷한 스타일이라는 생각이 들어서 더욱 기대를 하게 됩니다.

하지만 마키는 유연성이라는 측면에서 여전히 완성도가 부족하고 히라야마의 경우 민첩성이 부족하다는 약점도 가지고 있죠. 하지만 히라야마 정도면 충분히 세계를 무

NOTE

29 일본풋볼리그(日本フットボール リーグ). 1999년부터 시작된 일본의 축구리그 중 하나로 일본프로축구리그와 지역리그의 사이에 위치한다. 일본축구리그 시스템에서 4부리그에 해당한다.

대로도 훌륭한 활약을 보일 수 있는 충분한 자질을 가지고 있습니다. 그런데 어느 정도 단계에서 자신의 수준에 만족해 버리고 스스로 성장을 멈추다니요. 정말 안타까운 일입니다.

사실 저도 현역 시절 그런 기복을 겪었던 시기가 있었습니다. 그랬던 제가 새롭게 눈을 뜰 수 있도록 이끌어 주었던 것이 오심 감독이었고요. J리그는 거의 다 파악했다는 생각에 자만하고 있던 제게 오심 감독은 "너는 아직 2류다. 정말로 좋은 스트라이커가 되고 싶으면 동료들의 장단점까지 누구보다 정확히 파악하고 있도록 해라"는 주문을 했습니다. 진심으로 저를 꾸짖었던 거죠.

처음에는 그런 소리에 화가 났던 것도 사실입니다. 억울한 마음도 들었죠. 그래서 동료들의 플레이 패턴이나 버릇까지 철저히 연구했습니다. 그 정보는 제 자신의 훈련에도 이용했고요. 그렇게 하면서 득점도 늘어나고, 공격수로서도 더 성숙해진 셈이니 감독님에게는 지금도 감사하고 있습니다.

오심 감독은 얼핏 보기에는 무서워서 다가가기 힘든 부분도 있었어요. 하지만 엄격한 모습이라든지 속 깊은 정까지, 돌이켜보면 마치 아버지 같은 존재였던 것 같습니다. 그런 오심 감독의 리더십을 믿고 활용한다면 일본 축구에도 좋은 영향이 있을 것이라 생각합니다.

단, 일본 축구가 지금보다 강해지려면 공격수 층은 훨씬 강해져야 할 필요가 있습니다. 그런데 일본 내에서는 언론이 자국 선수에 대해서는 우호적이고, 정작 리그에서 활약을 펼치고 있는 선수들은 죄다 외국인 공격수들이죠. 일본 공격수들은 오히려 기회를 잃고 있는 상황인 거죠. 선수들이 차라리 해외 리그에 도전해서 진정으로 혹독한 시험대에 서고, 고생도 경험할 필요가 있다고 조언해 주고 싶습니다. 물론 한국도 하나의 선택지가 될 수 있겠죠. 마키에게도 언제든 서울에 한 번 훈련하러 오라고 전해 주십시오. 저는 언제든지 대환영이라고요. (웃음)"

최용수 is

생년월일	1971년 9월 10일
학력	금정초-동래중-동래고-연세대
선수경력	안양 LG(1994~2000)
	-제프 유나이티드 치바(2001~2003)
	-교토 상가(2004)-주빌로 이와타(2005)
	-FC서울(2006)
지도자경력	FC서울 코치(2006~2011)-FC서울 감독대행(2011)
	-FC서울 감독(2012~2016)
	-장쑤 쑤닝(2016~현재)
대표경력	A매치 69경기 27득점
	월드컵(1998, 2002), 컨페더레이션스컵(2001),
	올림픽(1996), 아시안게임(1998),
	북중미 골드컵(2002), 동아시안컵(2003),
	U-20 월드컵(1993)
우승경력	K리그(2000, 2010, 2012), FA컵(2015),
	K리그컵(2006, 2010)
수상경력	K리그 MVP(2000), K리그 베스트11(2000),
	K리그 신인상(1994), FA컵 득점상(1999),
	체육훈장 맹호장(2002), K리그 감독상(2012),
	AFC 올해의 감독상(2013)

안정환

유럽 재진출 위해 일본서 실력을 증명해야 했다

애증의 대상이었던
한국의 '판타지스타'

안정환은 현역 시절 '판타지스타'라는 별명으로 불렸다. 그 이름은 축구팬뿐만 아니라 대중에게도 널리 알려져 있었다. 한국, 일본이 공동 개최한 2002년 월드컵에서는 한국 대표팀을 4강으로 견인하는 결정적인 골들을 넣었다. 당시 일본에서는 '한국의 꽃미남 축구선수'로 안정환에 관한 뉴스를 대대적으로 다루기도 했었다.

실제로 그는 외모는 물론 쿨하고 화려한 플레이 스타일로 수 많은 여성팬들을 몰고 다니는 존재였다. 다만 일본에서는 안티팬이 많았던 것도 사실이다. 많은 사람들에게 사랑 받았지만 그의 골 앞에 무너진 누군가에게는 '원망의 대상'이기도 했다.

안정환의 선수시절 경력은 무척 독특한 편이다. 1998년 부산 대우(현 부산 아이파크)에서 프로 데뷔를 한 뒤 2000년에는 한국 선수로는 최초로 이탈리아 세리에 A에 진출했다. 나카타 히데토시가 활약하기도 했었던 페루자에서 2002년까지 2년 간 활약했으며 이후에는 일본 J리그 시미즈 에스펄스에서 1년을 뛰었다. 2004년부터는 요코하마 F.마리노스로 팀을 옮겨 1년을 뛴 뒤 다시 유럽 진출에 성공했다.

이후 2005년부터 2006년까지 프랑스의 FC 메스에서 1년을 활약한 안정환은 독일 뒤스부르크를 거쳐 수원 삼성에 입단하면서 K리그로 돌아왔다. 2008년 부산 아이파크로 옮긴 안정환은 2009년부터 2011년까지 중국 다롄 스더로 팀을 옮겼다. 현역 시절 무려 6개국에서 뛴 안정환은 월드컵도 3차례나 출전했다.

그런 안정환이 자신의 축구인생을 돌아봤다. 일본 J리그에 관한 이야기도 들을 수 있었다. 이 인터뷰는 2010년 겨울에 이뤄진 내용이다.

❝ 리그 우승도 경험, 일본 시절은 훌륭한 자산이 됐다 ❞

중국 리그에 진출한다는 말이 나왔을 때 많이 놀랐습니다. K리그에서 더 뛰거나 혹은 일본이나 유럽 쪽으로 가는 것이 아닌가 했으니까요.

유럽에 가고 싶은 마음도 있었지만 이제 나이도 있고 기량이나 컨디션 등 여러 가지를 생각했을 때 어렵다고 판단했습니다. 그리고 일본에서는 J리그를 뛰는 동안 리그 우승도 경험했고 나름 좋은 결과를 얻었고요. 물론 중국 리그가 K리그나 J리그보다 수준이 떨어질 수는 있겠지만 축구인생에서 한 번쯤 겪어 보는 것도 나쁘지는 않겠다는 생각도 들었습니다. 그래서 최종적으로 결단을 내리게 된 거죠.

안정환 정도의 경력을 가진 선수가 중국 리그로 진출하게 된 것을 두고 주위에서는 여러 목소리가 있었으리라 생각합니다. 저 역시 중국행에 대해서는 아쉬운 마음이 들었어요.

그렇죠. "왜?", "굳이 중국까지…"라는 말들을 많이 들었으니까요. 하지만 저는 중국도 경험해 보고 싶었습니다. 축구 선수에게 현역으로 뛸 수 있는 시간은 한정되어 있습니다. 물론 더 좋은 리그에서 뛰고, 경험해 보고 싶은 것도 사실이지만 현실적으로는 다양한 어려움이 존재하죠. 한국, 일본에서 뛰어 봤으니 중국까지 경험하게 되면 동아시아 리그를 모두 접하게 되는 좋은 경험이라 생각했어요. 후회는 없습니다. 다롄 스더에서 적극적으로 러브콜을 보낸데다 일본서 뛰던 시절 AFC 챔피언스리그에서 한 번 경기를 해 본 적이 있는 팀이라는 것도 어느 정도 영향을 미쳤습니다. 그때 꽤 좋은 팀이라는 인상을 받았던 데다 다롄 스더는 중국 리그에서는 명문팀에 속한다고 알고 있습니다. 우승도 가장 많이 경험했고요. 이런 이유들로 중국행에 마음을 굳히게 됐습니다.

실제로 경험한 중국 리그는 어떤 분위기였나요? 다롄 스더에서의 생활도 궁금합니다.

유럽에도 지지 않을 정도로 관중수는 정말 엄청납니다. 당연히 중국은 인구가 많기 때문 일수도 있지만 기본적으로 축구를 좋아하고 또 축구에 대한 열정이 대단한 것 같았습니다. 물론 아직은 더 발전해야 하는 수준에 머물러 있고, 한국과 차이도 큰 것은 사실이고요. 다롄에서 생활하는데 있어서는 큰 문제가 없었던 것 같아요. 도시 전체가 축구를 상당히 중요시 하는 분위기였기 때문에 축구선수에 대한 배려나 환영하는 분위기도 상당했으니까요. 진심으로 기분 좋게 대해주시는 분들이 많아서 저 역시 기분 좋게 생활했던 편입니다. 사실 상당히 오랜 시간 해외에서 생활 했었기 때문에 다롄 생활도 큰 부담은 없었어요. 여전히 마음 편하게 잘 지내고 있습니다.

> **이탈리아는 기쁨과 슬픔을
> 모두 안겨준 곳**

1998년 부산 대우 소속으로 프로무대에 데뷔해 한국에서 정말 큰 신드롬을 일으켰었죠. 그런데 그 해 프랑스 월드컵에는 출전하지 못했습니다. 기대는 없었더라도, 실망감까지 부정할 수는 없었을 것 같은데요.

그때는 저도 아직 어린 나이였기 때문에 여러 가지로 자극이 됐습니다. '아, 내게 아직 부족한 부분이 많구나'라고 생각했어요. 당시 선배들의 이야기를 들으면서 '내가 더 성장하기 위해서는 훨씬 많은 노력이 필요하구나' 그런 생각도 했었고요. 월드컵에는 가지 못했지만 그 덕분에 저는 K리그에 완전히 전념할 수 있었습니다. 그 해 리그에서 정말 많은 골을 넣었는데 더 노력하고 성장하기 위해 애쓴 결과였다고 생각합니다.

프랑스 월드컵이 끝난 뒤 K리그로 이어진 축구 열기가 정말 대단했었죠. 그때가 본인의 축구 인생에서 인기 절정이었던 시기였던 건 아닐까요? (웃음)

나이도 어렸던 데다 여성팬들도 많았으니 돌이켜보면 행복한 시간이었던 것 같습니다. 정말로 많은 팬들께서 저를 응원해 주셨거든요. 당시 특히 부산의 축구 열기가 정말 대단했습니다. 제 인생 전체를 놓고 봐도 잊지 못할 시절입니다.

시즌 도중이었던 2000년 7월, 페루자행을 택했습니다. 해외 진출이 확정된 이후 힘든 상황도 많았을 거라 생각됩니다.

그 당시만 해도 국내에서는 저를 향한 관심이 엄청났습니다. 주위를 둘러봐도 온전히 축구에만 집중하기에는 조금 어렵다는 것을 저도 느끼고 있었고요. 그래서 한 번쯤은 해외에 나가서 뛰어보고 싶다는 생각을 하고 있었습니다. 팀을 물색하던 중에 이탈리아 쪽과 연결이 되었고, 당시만해도 세리에 A는 유럽 최고 리그였기 때문에 반드시 도전해 보고 싶었어요. 그런데 거기서 갈등이 시작됐습니다. 저는 하루라도 빨리 이적하고 싶은 마음이 강했지만 팀에서는 남아주길 원했죠. 서로 입장 차이가 있었지만 최종적으로는 이적을 실행하게 됐습니다. 그로 인해 제 인생도 바뀐 것이 아닌가 생각합니다.

페루자 입장에서는 일본 선수인 나카타 히데토시[30]가 이미 팀에서 성공적인 활약을 보여 준 전례가 있었기 때문에 아시아 선수에게 가능성을 느꼈다고 보는데요, 이탈리아에 도착했을 때 현지에서 느껴지는 기대감은 어느 정도였습니까?

당시 일본은 마케팅이나 여러 가지 측면에서 페루자라는 팀에 무척 중요한 존재였습니다. 하지만 한국에서는 아직 그런 분위기나 여건이 조성되어 있지 않았었죠. 페루자는 제게 마케팅 측면에서도 큰 기대를 걸고 있는 듯 했지만 결과가 성공적이지는 않았습니다. 그래서 저는 더더욱 실력으로 승부해야 한다고 생각했습니다. 그리고 그런 측면에서 스트레스가 있었던 것은 사실이고요.

NOTE

30 나카타 히데토시(中田英寿). 일본 및 아시아를 대표했던 축구 스타. 패스가 탁월한 공격형 미드필더였다. 페루자, AS 로마, 파르마 등에서 활약했고 2006년 독일 월드컵을 마친 뒤 29세의 나이로 전격 은퇴 선언을 했다. 현재는 사업 및 자선축구, 환경 운동 등의 활동을 하고 있다.

잘 알지 못하는 동양에서 온 선수를 향해 감독, 동료들이 미심쩍은 시선을 보내지는 않았나요?

　제가 해외생활은 그때가 처음으로 경험하는 거였고, 팀 동료들 역시 저에 대해 변방의 나라에서 온 선수라는 시선을 보내는 것은 어쩔 수 없었다고 생각해요. 처음 6개월 정도는 많이 힘들었습니다. 친구를 사귀는 것도 어려웠으니까요. 그래도 어느 정도 시간이 흐르면서 익숙해 지기 시작하는 시점이 있었습니다. 동료들과의 관계도 차츰 좋아졌고요. 어찌됐든 무조건 노력해야겠다는 생각 밖에는 없었습니다. 실제로 그 당시 저는 다른 누구보다 열심이었다고 생각합니다.

실력으로 동료들에게 인정을 받게 된 결정적인 계기가 있었다면요?

　객관적으로 봤을 때 제가 다른 동료들보다 많이 부족하다고 생각했습니다. 그래도 정말 열심히 뛰었습니다. 시즌이 끝나는 마지막 날까지 누구보다 먼저 그라운드에 나갔고, 개인 연습도 빠지지 않았죠. 끝까지 좋은 이미지를 남겨야 한다고 생각했기 때문입니다. 그런 태도를 본 동료들도 '정말 진지하게 임하고 있구나'라는 생각을 갖게 됐고, 저를 더 높게 평가하게 됐다고 봐요. 결국 이런 과정을 계기로 팀 동료들과 많은 이야기를 나눌 수 있게 됐고 또 다양한 것들을 배우게 됐죠.

이탈리아는 당시 전술적으로 가장 수준 높은 리그라는 평가를 받고 있었습니다. 경기 템포라든지 전반적인 부분에서 역시 큰 차이가 있던가요?

　속도가 빠른 것도 인상적이었지만 파워에 있어서도 대단했다고 기억합니다. 더욱이 머리가 좋은 선수들이 많아서 교묘한 기술에도 능하고 아무튼 수비가 강했습니다. 공격을 전개한다는 것 자체가 무척 어려웠죠. 질문 중에도 말씀하셨지만 확실히 이탈리아 축구의 전술적 완성도는 당시 최고 수준이었다고 생각합니다.

로베르토 바조나 알레산드로 델 피에로처럼 이탈리아 축구는 '판타지 스타'에 대한 동경이 무척 강하다는 인상을 받습니다. 안정환 역시 화려한 공격력이 일품인 선수였죠. 실제로 현지에서도 그런 이미지를 갖고 있었나요?

플레이 스타일이 비슷했기 때문인지 더 그렇게 이야기 해주시는 분들이 많았던 것 같습니다. 저도 어렸을 때부터 바조 같은 선수의 경기 영상을 자주 봤고, 델 피에로 같은 선수를 TV로 볼 때면 조금이나마 그 선수들의 볼 터치를 배우고자 노력했으니까요. 저 역시 그런 선수들의 플레이를 동경했기 때문에 실제 경기 중에도 비슷한 플레이 스타일이 나오지 않았나 생각합니다.

당시 페루자의 팀 동료였던 선수들 중 상당수가 이후 빅 클럽으로 이적했습니다. 부럽다는 생각도 들었을 것 같은데요.

너무 부러웠습니다. 그때 팀의 주장을 맡고 있던 선수가 마르코 마테라치(인터 밀란 이적)였고, 그 외에도 유벤투스, 인터 밀란 등으로 옮긴 선수들이 많았습니다. 확실히 좋은 선수들이었고 빅 클럽으로 갈 만한 자격이 충분했다고 봅니다.

이탈리아에서의 2년, 축구선수 안정환에게 어떤 시기로 남아 있습니까?

축구 인생, 삶 모든 것들이 새롭게 변한 시기였습니다. 이탈리아에서 뛰면서 축구를 많이 배웠고 또 바로 그 시기의 경험이 있었기에 2002 월드컵에서 골을 넣는 활약도 펼칠 수 있었다고 생각합니다. 한국이 4강까지 오르는 쾌거를 올리는데 저도 한 몫을 할 수 있었던 거죠. 물론 당시 이탈리아전 골은 제 축구 인생에 그리 좋지 않은 영향을 남기기도 했지만요. (웃음) 어찌됐든 이탈리아는 제게 기쁨과 슬픔을 모두 안겨 준 곳입니다.

> **일본에서 좋은 모습을 보여주면,
> 다시 유럽에 갈 수 있다고 생각했다**

한국 대표팀에 거스 히딩크 감독이 취임한 뒤에 좀처럼 경기에 나서지 못하거나 어떤 때에는 대표팀에 선발되지 못한 적도 있었습니다. 히딩크 감독의 그런 팀 운영이 본인에게 자극이 됐나요?

　감독이 상당한 기간 동안 어떤 선수를 인정하지 않고 또 경기에도 기용하지 않으면 선수에게는 그것이 마음의 상처가 될 수 있죠. 물론 반대로 감독에게 인정받기 위해 더욱 노력하는 선수도 있습니다. 저는 그 양쪽의 기분을 모두 느꼈던 것 같습니다. 제가 더 열심히 하지 않으면 안 된다는 생각도 들었고, 동시에 저를 자극하는 일들도 있었기 때문에 때로는 화가 나기도 했었고요.

2002 월드컵이 가까워져 왔을 때는 안정환이 서서히 한국 팀의 중심이 되어가고 있었습니다. 그런데도 막상 월드컵 조별리그 1, 2차전 경기에는 황선홍의 교체멤버로 투입됐죠. 분한 생각이 들진 않았나요?

　아니요, 그때는 그것이 당연한 것이라고 생각했어요. 선홍 형은 큰 산 같은 존재였습니다. 정말 축구를 잘 하는 선수였고 후배들은 선배를 목표로 하고 있었습니다. 내심 2002 월드컵 본선에 뛸 수 없을지도 모른다는 생각도 했었습니다. 선홍 형 이외에도 (김)도훈 형이나 (최)용수 형 그리고 (이)동국이도 있었습니다. 팀에 좋은 선수들이 너무 많았기 때문에 제게는 그 자체만으로도 큰 경험이었어요. 최종명단에 이름을 올리게 된 뒤에는 조금이라도 경기에 출전해 팀에 보탬이 되어야만 한다고 생각했습니다.

3차전 포르투갈전에서 히딩크 감독이 드디어 선발로 기용했죠. 그때 특별한 요구사항 같은 것이 있었나요?

　편하게 경기하고 그저 제가 갖고 있는 기량을 그라운드 위에서 보여주기를 요구했습니다. 다른 것들은 개의치 말고 그저 지금 할 수 있는 것을 최선을 다 해서 열심히 하면 된다고 했습니다. 월드컵 준비기간 동안은 정말 힘든 일도 많았는데 히딩크 감독님은 막상 본선이 시작되고 나니 정말 편안한 분위기로 팀을 이끌었어요. "이번 월드컵이 끝나면 너에게는 아주 많은 기회가 올 것이다. 그러니까 열심히 뛰기만 하면 된다"는 감독님의 조언을 듣고 그 전까지 좀처럼 경기에 저를 기용하지 않던 감독님을 향해 갖고 있던 분노도 모두 사라졌으니까요. (웃음) 돌이켜보면 당시 히딩크 감독님이 제시하는 방향을 끝까지 참고 따랐던 것은 결국 정답이었을 지도 모르겠습니다. 그만큼 감독님은 저보다 몇 배로 자신에 대한 확신과 신념을 갖고 계신 분이었으니까요.

이탈리아와의 8강전은 안정환에게는 축구 인생 최고의 날이었습니다. 페널티킥 실축과 연장전에서의 결승골까지, 그야말로 천당과 지옥을 오갔는데 어떤 경기로 기억하시나요?

이탈리아전은 제게 그 어떤 경기보다 이기고 싶었던 경기였습니다. 그도 그럴 것이 그 동안 이탈리아에서 고생해 온 날들이 있었기 때문에 반드시 이기고 싶다는 생각이 강했습니다. 하지만 저희보다 훨씬 강한 팀이었기 때문에 당연히 정말로 이길 수 있을 것이라 확신하기는 힘들었습니다. '우리가 목표했던 16강까지는 올라 왔다. 16강 상대는 우리보다 강하다. 상황이 어찌됐든 간에 전력을 다 해서 싸우자. 그러다 지더라도 우리에게 후회는 없다'고 생각하며 경기에 임했습니다. 그렇게 모든 선수들이 강한 염원을 갖고 경기에 나섰기 때문에 승리까지 할 수 있었던 것 같습니다. 사실 재미있었던 것은 경기 중에 이탈리아 선수들과 계속해서 말싸움을 하고 있었어요. 저는 이탈리아 선수들을 대부분 알고 있었기 때문에 벤치에 앉아 있던 이탈리아 선수들이 저한테 엄청 화를 내더라고요. 저도 그라운드 위에서 상대 이탈리아 선수들에게 계속 거칠게 대하고 있긴 했지만요.

2002 월드컵 이후 이탈리아전에서 골을 넣었다는 이유로 페루자로부터 방출된 것은 유명한 이야기죠. 막 이탈리아 생활에도 적응되기 시작한 시기여서 아쉬움도 더 컸을 것 같은데요.

이탈리아에서 경기는 물론이고 생활하는 것 등 여러 가지로 조금씩 적응해 가던 참이었는데 설마 그렇게 빨리 팀을 떠나게 될 것이라고는 상상도 못 했었죠. '사람의 운명이 이렇게 바뀔 수도 있구나'하는 생각이 들었습니다. 그래도 어떻게 할 도리는 없었어요. 현실을 받아들일 수 밖에 없더라고요. 2002 월드컵이 끝난 뒤 가장 아쉬운 부분입니다. 만약 이탈리아에서 계속 뛰었다면 박지성처럼 유럽 무대에서 줄곧 활약할 수 있었을 것 같다는 생각도 했었으니까요. 하지만 그런 일들로 더욱 많은 분들께서 저를 알아봐 주시기도 했으니, 뭐 좋게 생각하지 않으면 안 되겠죠?

페루자를 떠난 뒤에도 다른 팀들의 제의가 많았습니다. 잉글랜드 블랙번행 이야기도 있었죠?

네, 블랙번과는 계약에 합의하고 사인까지 했던 상황이었습니다. 그런데 계약을 마친 뒤 일주일 후 그러니까 영국으로 가는 비행기표까지 모두 준비된 시점에 갑자기 문제가 발생했습니다. 페루자와 이전 소속팀인 부산 아이파크 사이에 소유권 분쟁이 발생한 거에요. 블랙번과의 계약은 어쩔 수 없이 파기해야 했습니다. 소송에 휘말리면 제가 경기에 뛰지 못하는 상황이었으니까요. 결국 일본으로 가게 됐습니다.

잉글랜드 진출이 계약까지 성사됐다 일본으로 유턴하게 된 건데, 의욕이 떨어지지는 않았습니까?

부정할 수는 없지만 그 반대의 생각도 했습니다. 일본에서 더 열심히 하면 다시 유럽으로 갈 수 있다고 생각했습니다. 좋은 활약을 보여주지 못하면 그대로 계속 일본에 있어야만 한다고 생각했어요. 결과적으로는 일본 무대에서도 좋은 활약을 보여준 덕분에 또 다시 유럽팀으로 옮길 수 있는 기회를 갖게 됐죠.

> ❝ *유스 시스템이 강할수록*
> *한국 축구의 미래도 더 나아진다* ❞

일본 생활을 마감한 뒤 프랑스와 독일에서 뛰었지만 아쉬움을 남긴 것이 사실이죠. 유럽에 다시 진출했지만 어려움을 겪었던 것을 생각하면 일본에서 계속 뛰었다면 어땠을까

하는 생각도 했습니다.

　제 생각은 반대입니다. 저는 프랑스에 갔을 때 모든 것이 새로운 경험이었기 때문에 무척 충실한 시간을 보냈습니다. 물론 그 당시 어려움을 겪기는 했지만 축구 선수로 뛸 수 있는 시간은 한정되어 있습니다. 개인적으로는 수 많은 경험을 하고, 그 리그에서 플레이 할 수 있었던 것만으로도 충분히 만족할만한 시간이었다고 생각합니다. 다른 사람들이 봤을 때는 뭘 하고 있는 거냐고 생각할 지도 모르겠습니다. 하지만 가고 싶다고 누구나 갈 수 있는 무대가 아니고, 뛰고 싶다고 해서 누구에게나 기회가 주어지는 것도 아닙니다. 도전할 곳이 있고 뛸 수 있는 팀이 있다는 것 이상으로 선수에게 있어 행복한 사실은 없습니다. 한국에서 프랑스를 가고 싶어하는 선수들은 정말 많습니다. 그렇게 생각하면 저는 운이 좋았던 거죠. 독일 팀으로 이적했던 것은 당시 대표팀 감독이던 딕 아드보카트 감독님이 2006년 독일 월드컵을 앞두고 독일 현지의 분위기를 익힐 것을 권해 이적을 결정했습니다. 독일에서 뛰어 본 경험은 월드컵을 준비하는데 큰 도움이 됐습니다. 프랑스와 독일에서 뛰었던 시기는 외부에서 보기에 많은 인정을 받지 못한 것처럼 여겨질 수 있겠지만 저 개인적으로는 무척 좋은 경험을 했고, 귀중한 시간이었습니다.

안정환 정도라면 프랑스나 독일에서도 상당한 플레이를 펼칠 수 있을 것이라 기대했습니다. 무엇이 가장 큰 문제였나요?

　프랑스에서 뛰었던 FC 메스는 너무 약했습니다. 좋은 선수도 거의 없었죠. 적은 금액으로 선수들을 영입해 좋은 성적을 내려는 팀이었는데 그런 부분이 아쉬웠습니다. 프랑스 리그는 정말 힘들었어요. 흑인 선수들이 상당수인데 대부분 무척이나 거칠게 태클을 해 들어 옵니다. 몸싸움에서 버텨내려면 강한 체력은 필수였어요. 프랑스 하면 '아트사커'의 이미지가 강한데 실제로 리그를 접해보면 정말 치열합니다. 이탈리아 리그보다 더 적응하기 힘들다고 생각했으니까요.

2002년 한일 월드컵과 2006년 독일 월드컵, 두 대회를 놓고 봤을 때 자신의 실력에는 어떠한 차이가 있었는지 궁금합니다.

아무래도 2002년이 신체적인 부분이라든지 다른 여러 가지가 더 좋았을 거라고 생각합니다. 그런데 2006년 한국 대표팀은 그리 나쁘지 않은 결과를 거뒀다고 봅니다. 1승 1패 1무의 성적이었는데 원정 월드컵에서 처음으로 승리를 기록할 수 있었고, 프랑스와는 무승부를 끌어냈죠. 2002년에 4강을 해버렸으니 2006년 성적에 대해서 힘주어 말 할 수는 없겠지만요.

여러 팀들을 거친 뒤 2007년에는 다시 K리그 무대로 복귀했죠. 부산 아이파크가 아니라 수원 삼성 유니폼을 입었습니다. 결과적으로 K리그 복귀 후 그리 성공적인 모습을 보여주지 못했는데요. 단순히 컨디션이 나빴기 때문만은 아니었다는 생각도 듭니다만.

정확히는 모르겠습니다. 다만 저도 당시 경기에 나서지 못했던 기간이 꽤 있었기 때문에 조금이라도 경기에 많이 출전하게 되면 실전 감각도 빨리 올라올 것이라 생각했습니다. 하지만 감독 입장에서는 성적을 내야만 하기 때문에 선수들을 일일이 기다려 줄 수 없었을 지도 모르겠습니다. 선수의 상황과 감독의 입장은 다르니까요. 개인적으로는 출전 기회가 조금 더 많이 주어져서 경기 감각이나 타이밍이 살아났다면 팀에도 더 큰 힘이 됐을지 모르겠다는 생각은 했습니다. 하지만 어떻게든 당장 성적을 내야만 하는 팀 입장에서는 제가 회복되기만을 기다려 줄 수 없는 부분도 있었다고 생각하고요.

그 이듬해 부산 아이파크로 이적했죠. 수원 삼성 시절과 비교했을 때 부산 아이파크에서의 1년은 어땠습니까?

그 시기는 몸 상태가 좋았습니다. 상대적으로 팀은 약했지만 그래도 제 나름대로는 최선을 다 해 뛰었고요. 팀이 조금 더 좋은 성적을 냈으면 하는 바람도 있었고, 저도 큰 힘은 되어주지 못했을 지도 모르지만 적어도 부산 아이파크에서의 플레이는 형편없는 수준은 아니었다고 생각합니다. 항상 최선을 다 하려고 노력했고 또 수원 삼성에서 좋은 모습을 보여주지 못했다는 생각도 있었기 때문에 부산 아이파크에서는 어떻게든 제대로 된 모습을 보여주고 싶다는 마음이 강했으니까요.

부산 아이파크는 안정환에게 친정팀입니다. 오랜만의 복귀에는 어떤 감정이 들었나요?

　부산 아이파크에 복귀한 뒤에 조금 아쉬운 마음이 들었던 것은 사실입니다. 예전에 제가 뛸 때에는 정말 많은 팬들이 경기장을 찾아주었던 팀이었는데 관중이 급격히 줄어든 광경에 꽤 놀라기도 했고요. 관중석을 가득 채우지는 못하더라고 반만이라도 팬들이 들어차기를 바랬습니다만, 운동장의 열기도 크게 떨어진 상태였고 무엇보다 팀이 약해진 상황이었으니까요.

향후 목표나 계획이 있다면 들려주십시오.

　어린 선수들을 육성하는 일을 꼭 하고 싶습니다. 저도 어린 시절부터 축구를 할 수 있었기 때문에 기량이 크게 성장할 수 있었다고 생각합니다. 유럽이나 다른 나라를 경험하며 느낀 것은 클럽마다 유스 시스템이 아주 확실히 자리잡고 있었다는 겁니다. 그곳에서 뛰는 선수들에게 축구는 '꿈'이라기보다는 일종의 '놀이'에 가깝다는 인상을 받았습니다. 한번쯤은 그런 환경이 조성될 수 있도록 도움이 되는 일을 해보고 싶습니다. 그런 유스 시스템의 기반이 강하면 강할수록 한국 축구의 미래도 더 나아질 거라고 생각하니까요.

안정환 is

생년월일	1976년 1월 27일
학력	대림초-남서울중-서울공업고-아주대
선수경력	부산 대우(1998~1999)-부산 아이파크(2000)
	-페루자(2000~2002)-시미즈 에스펄스(2002~2003)
	-요코하마 F.마리노스(2004~2005)
	-FC 메스(2005~2006)-뒤스부르크(2006)
	-수원 삼성(2007)-부산 아이파크(2008)
	-다롄 스더(2009~2011)
대표경력	A매치 71경기 17득점
	월드컵(2002, 2006, 2010), 아시아컵(2004),
	북중미 골드컵(2000), 동아시안컵(2003)
우승경력	K리그컵(1998), J1리그(2004),
	J리그 슈퍼컵(2004, 2005)
수상경력	K리그 MVP(1999), K리그 베스트11(1998, 1999),
	K리그 대상 공로상(2012), 체육훈장 맹호장(2002)

장외룡
일본과의 관계, 변화를 인정하지 않으면 안 된다

한일 양국에서 모두 감독을 경험했던 지도자

한국인 최초로 J리그에서 지휘봉을 잡았던 인물이 있다. 장외룡이다. 현역 시절 한국 국가대표로도 활약했던 그는 1989년에 PJM 퓨처스(현 사간 토스 전신)에서 플레잉코치로 일본 무대를 밟았다. 이후에도 일본에서 지도자 활동을 지속한 장외룡은 1999년에 일본축구협회가 공인하는 S급 지도자 자격증을 취득하기도 했다. 2000년에는 베르디 가와사키(현 도쿄 베르디 1969)에서 감독을 지냈다.

2001년부터 2003년까지도 J리그 콘사도레 삿포로 감독으로 활약한 장외룡은 2004년부터 K리그 인천 유나이티드 감독으로 재직한 경험을 가지고 있다. 2009년부터 2010년까지 다시 J리그 오미야 아르디자까지 지휘한 것을 포함하면 장외룡은 한국과 일본 양국의 축구를 누구보다 잘 알고 있는 인물 중 한 사람이라 해도 과언은 아닐 것이다.

장외룡과 긴 인터뷰를 나눈 것은 2009년 5월. 그가 잉글랜드에 지도자 연수를 다녀온 뒤 다시 인천 유나이티드의 지휘봉을 잡았을 때이다. 자신이 발탁했던 선수들이 어느덧 일본 국가대표팀에서 맹활약을 펼치고 있던 그때 장외룡은 일본 국가대표팀을 이끈 바 있는 오카다 다케시 감독과의 우정, 숨겨진 이야기들 그리고 J리그와 K리그를 모두 알고 있는 지도자의 관점에서 한일 축구의 장점과 과제 등을 허심탄회하게 지적했다.

'인내·노력·희생'을 자신의 축구 철학에 녹여 왔던 장외룡은 숨기지 않고 많은 이야기들을 들려줬다.

〝 나는 일본 축구 덕에 지도자 경험을 쌓았다 〞

일본 무대를 떠난 지 5년이라는 세월이 흘렀습니다만, 일본 생활이 그리울 때도 있나요?

물론이죠. 일본에서 10년을 보냈으니까요. 평소에 저 자신도 습관이라든지 사고방식이 어딘지 모르게 일본인에 가까운 부분이 있다고 느끼는 경우도 있을 정도입니다. 특히 축구에 관해서는 더욱 그렇습니다. 저는 일본 축구계에서, 일본의 많은 친구들에게 도움을 받으면서 지도자로서의 지식과 경험을 쌓아 온 사람입니다. 축구인으로서 아주 중요한 시기를 일본에서 오랫동안 보냈기 때문에 그 시절과 일본에 대해 꽤 많은 동경과 그리움을 갖고 있는 것은 분명하네요.

왜 일본에서 지도자 생활을 시작하게 됐나요?

1989년은 J리그가 출범하기 전으로 PJM 퓨처스에서 코치 겸 선수로 활약하게 된 것이 가장 큰 계기였습니다. 물론 당시에는 보람도 있었지만 어려움도 많았습니다. 말도 통하지 않고, 팀도 재정적으로 불안해 미래가 보이지 않았으니까요. 그때 구단 사장님께서 제게 이렇게 말씀하셨어요. "장기적으로는 네게 감독을 맡길 생각을 갖고 있다"라고요. 지금 돌이켜보면 그 말을 듣고 큰 자신감과 힘을 얻게 됐던 것 같습니다.

또 하나는 당시 일본 축구계가 제 시야에 강렬한 인상을 남겼다는 점입니다. 사실 1989년에 처음 일본에 갔을 때만 해도 2년 정도만 해외 경험을 쌓고 한국으로 돌아가려고 했었습니다. 그런데 일본은 지도자를 목표로 하고 있던 제게 무척 배울 점이 많은 곳이었습니다. 구체적으로 말하자면 유소년 육성 프로그램이었습니다. 당시 한국 축구는 장기적인 관점에서 수준을 끌어 올리기 위한 시스템이나 프로그램이 전혀 정비되어 있지 않았어요. 반면 일본은 그런 환경이 갖추어져 있었고요. 그런 시스템을 일본에 남아 직접 체험하고 배우면서 훗날 그것을 한국 축구에 돌려줘야겠다고 생각했습니다.

그래서 당시에도 유소년 축구팀도 맡았던 거군요?

정말 도전 그 자체였습니다. (웃음) 사실 말도 잘 통하지 않는 상황에서 아이들을 가르친다는 것은 쉽지 않은 일이었으니까요. 의사소통이 힘들었을 뿐만 아니라 아이들과 학교, 가정과의 관계를 잘 유지하는 부분이나 그런 것들의 중요성에 대해서도 직접 알게 됐습니다. 일본 사람들의 생활방식부터 사회적인 관계에 대해서도 배웠고요. 하지만 그런 다양한 경험들이 PJM 퓨처스 시절 유스팀 감독이나 하부 조직의 총감독을 맡을 때에도 큰 도움이 되었고, 단계적으로 지도자 경험을 쌓도록 해 주었습니다. 당시에는 시행착오의 연속이었지만 지금은 정말 좋은 추억으로 남아있습니다.

자전거를 타고 이 곳, 저 곳의 팀을 찾아 다니며 축구팀을 지도하는 방식을 공부하는 등 생활비를 엄청나게 절약했던 일화도 유명한데요.

절약은 당연한 것입니다. 결코 부유하지는 못했으니까요. (웃음) 단지 금전적인 이유로 공부를 소홀히 하고 싶지는 않았습니다. 그래서 정말 많은 팀들을 돌아다녔습니다. 걷거나, 자전거를 타거나, 오토바이를 타고 이동하기도 하고요. 일본 축구의 여러 현장을 직접 제 눈으로 보았습니다. 1990년이었나요? 한 번은 하마마츠에서 엄청 비가 내리는데 스쿠터를 타고 달렸던 적도 있었어요. 만약 그때 뒤에서 오는 차에 치이기라고 했다면, 어떻게 됐을지 생각만해도 오싹하네요.

> ❝ *일본의 지도자 육성 시스템은 아시아 최고 수준* ❞

1999년에 일본에서 S급 지도자 라이선스를 취득했습니다. 일본의 지도자 교육을 받고 난 뒤 축구에 대한 시각이 바뀌었는지 궁금합니다.

네, 크게 변한 것이 사실입니다. 체계적인 축구 교육을 받은 것은 그때가 처음이었으니까요. 당시 크라머[31] 같은 분이 강사로 오셨었는데 저는 그때서야 비로소 장기적인 관점에서 축구를 배웠다고 생각합니다. 지도자로서 사고의 폭을 넓히는 계기가 됐던 것 같습니다.

객관적으로 봤을 때 일본의 지도자 육성 시스템은 진보하고 있다고 보십니까?

물론입니다. 제 견해입니다만, 일본 축구의 지도자 육성 시스템은 아시아에서는 가장 앞서 있다고 생각합니다. FIFA에서도 인정하는 부분이고요.

J리그 출범 이후에는 베르디 가와사키, 콘사도레 삿포로 등에서 감독을 맡았죠. 그 시절들은 어떤 시간으로 남아있습니까?

일본에서 약 8년 동안 주니어부터 성인팀까지 모든 연령대의 축구를 접하고 있었습니다. 마음 속에는 언젠가 최고 수준의 팀, 당시로 치면 J리그 팀의 지도자가 되고 싶다는 목표를 갖게 됐고요. J리그 팀의 감독이 됐을 때의 기쁨은 말로 표현할 수가 없었습니다. 물론 제가 그 무대까지 도달할 수 있었던 것은 도움을 준 많은 사람들이 있었기 때문일 겁니다. 일례로 그때 베르디 가와사키의 총감독을 맡고 있던 분이 (재일동포인) 이국수 선배였습니다. 선배의 추천이 없었다면 베르디 가와사키 감독을 맡기는 힘들었을 겁니다. 그 밖에도 오카다 감독, 코야마 테츠지 씨(전 콘사도레 삿포로 강화부장), 가라이 타다시(전 베르디 가와사키 단장) 같은 분들에게도 큰 신세를 졌고요. 오카다 감독과 코야마 씨가 콘사도레 삿포로의 감독으로 있을 때 저는 코치로서 함께 일을 했는데 당시 콘사도레 삿포로에는 지금 일본 국가대표로 성장한 반도 류지, 야마세 코지 같은 훌륭한 선수들이 많았습니다. 베르디 가와사키를 맡았을 때에도 나카자와 유지 같은 좋은 선수가 있었고요. 지금 생각해 보면 저는 일본 축구계에서

NOTE

31 데트마어 크라머(Dettmar Cramer). 독일 출신 지도자. 1975년과 1976년 바이에른 뮌헨을 유러피언컵(현 UEFA 챔피언스리그) 우승으로 이끌었다. 1960년부터 1963년까지 일본 대표팀 고문을 맡으면서 현재 일본 축구의 토대를 만들었다. 공로를 인정받아 일본의 3등급 국가 훈장도 받았다. 1991~1992년에는 한국 올림픽대표팀 총감독을 역임했다. 2015년 9월 17일 90세의 나이로 별세.

정말 많은 사람들과 교류할 수 있었던 것 같습니다. 그 중에서도 특히 잊을 수 없는 분이 타지 고조 씨(당시 일본축구협회 부회장)입니다. 제가 일본에서 S급 지도자 라이선스를 취득할 수 있었던 것도 그 분 덕분이었으니까요. 지도자 연수를 위해 잉글랜드에 갔을 때에도 많은 도움을 받았습니다. 제가 아르센 벵거[32]를 만날 수 있는 계기를 만들어 준 것도 타지 씨였으니까요. 직접 연락을 취하고 만날 수 있는 계기를 제공해 주셨는데, 정말로 기뻤습니다.

베르디 가와사키나 콘사도레 삿포로에서 감독직을 수행하던 시절의 에피소드가 있다면 소개를 부탁 드립니다.

베르디 가와사키 팬들은 팀에 대해 정말로 깊은 애정을 갖고 있다는 인상이 있습니다. 그리고 콘사도레 삿포로의 경우 서포터들이 매우 열광적이고, 크게 감동을 받았던 일도 많았고요.

콘사도레 삿포로에서 감동을 받았다는 건 어떤 의미인가요?

콘사도레 삿포로는 아직 창단된 지 얼마 되지 않는 팀이었습니다. 상황이 그렇다 보니 연습장도 그렇게 좋은 상태는 아니었고요. 훈련이나 경기를 한 번 하게 되면 잔디가 벗겨지는 일도 다반사였어요. 그런데 선수들이 훈련을 마치고 나면 한 50명 정도의 서포터스가 자발적으로 모여서 관리인과 함께 운동장을 정비했습니다. 그 모습을 보고 너무 고마웠고 또 감동적이었어요.

콘사도레 삿포로는 J1리그에 있었지만 2002년에 여러 감독들이 교체되는 어려움을 겪었고, 2003년 J2리그로 강등되는 결과를 얻게 됐습니다. 2002년이나 2003년 모두 장

NOTE

32 아르센 벵거(Arsène Wenger). 프랑스 출신 지도자. 1996년부터 현재까지 잉글랜드 프리미어리그 아스널 감독을 맡고 있다. 1995년부터 1996년 9월까지 J리그 나고야 그램퍼스를 이끌면서 일본 축구와 인연을 맺었다.

외룡 감독이 도중에 팀을 맡았고, 성적에 있어서는 확실히 어려움도 많았습니다. 스트레스 역시 엄청났을 듯 합니다만.

확실히 당시의 콘사도레 삿포로는 선수 보강도 여의치 않아서 보유하고 있는 선수들만으로 긴 한 시즌을 리그에서 싸워나가야 하는 상황이었습니다. 게다가 우수한 선수들이 팀을 빠져나간 상황이었기 때문에 전체적으로 전력이 하락했고요. 재정적인 문제가 큰 원인 중 하나인 것은 분명했습니다. 팀에서 가장 큰 비중을 차지했던 에메르손 같은 선수도 금전적인 이유로 팀을 떠나야만 했으니까요. 어찌됐든 팀 안팎으로는 분명히 꽤 어려운 시기였지만 그래도 나름대로 충실한 시간을 보냈다고는 생각합니다. 무엇보다 그 시기를 거치면서 콘사도레 삿포로의 어린 선수들이 크게 성장했습니다. 콘노 야스유키나 야마세, 후지가야 요스케 같은 선수들이 지금은 일본 축구를 대표하는 대열에 합류했다고 생각하고요. 지도자 입장에서는 솔직히 기쁜 일입니다.

장외룡 감독의 존재가 그 선수들의 성장에 조금이라도 기여한 측면이 있겠지요?

제 스스로가 그 선수들의 성장에 기여했다고 말하는 것은 왠지 뻔뻔한 생각이 들어 그렇게는 말하기 힘드네요. 다만 그 선수들이 노력했고, 또 최선을 다 했다고 생각합니다. 저로서는 그런 선수들과 함께 싸웠었다는 것이 자랑스럽고 또 선수들에게도 고마움을 전하고 싶고요.

지금까지도 연락을 주고 받는 선수들이 있는지요?

베르디 가와사키나 콘사도레 삿포로 구단 관계자들은 물론이고 사간 토스에 있었을 때 인연이 된 분들과도 자주 연락을 주고 받는 편입니다. 잉글랜드에 지도자 연수를 갔을 때에는 오구로 마사시 선수와 만나기도 했었고요. 당시 오구로 선수는 세리에 A 토리노에서 뛰고 있었는데 잉글랜드 팀인 토트넘과 프리 시즌 매치를 뛰기 위해 영국에 왔더군요. 오랜만에 만나 기쁘기도 했고, 토리노 유니폼까지 선물로 받았어요. 오구로나 반도 같은 선수는 임대 형식으로 삿포로에 와서 뛰었던 선수들입니다. 그 선수들이 다시 자신의 소속팀으로 돌아가 좋은 활약을 펼치는 모습을 볼 때마다 무척 기쁘게 생각했고, 축구 현장에 있다는 것이 즐거웠습니다.

오카다 감독과는 여전히 연락을 주고 받는지 궁금합니다.

제가 건강이 좋지 않아서 크게 고생을 했던 시기가 있었습니다. 그런데 오카다 감독이 일부러 시간을 내 문병을 오셨어요. 마침 시기가 베이징 올림픽을 앞두고 중국으로 현지 점검을 가는 길이어서 한국에 들렀다 가신다고 하시더군요.

장외룡 감독이 볼 때 오카다 감독은 어떤 인물입니까?

얼핏 보면 '쿨하다'는 느낌이죠. 평소에는 침착하고 무표정하다고 할까요? (웃음) 하지만 사실 오카다 감독은 뜨거운 열정을 가지고 있는 분입니다. 그런 면을 언론 등에는 잘 드러내지 않고, 좀처럼 감정을 표현하는 일도 없지요. 그런데 선수와 직접적으로 대면할 때에는 열정적이고 정이 많은 분이라고 생각합니다. 기억을 더듬어 보면 2003년에 요코하마 F.마리노스가 J리그에서 우승을 했을 때도 축하인사를 전했었네요. 그때 제가 "기념으로 시계를 주십시오"라고 했죠. J리그에서는 우승하게 되면 시계를 받는다고 들었었거든요. (웃음) 그런데 오카다 감독이 그 후에 어떻게 했는지 아세요? 제 것은 물론이고 아내 몫까지 챙겨서 2개나 직접 시계를 챙겨 보냈더라고요. 게다가 제가 2005년에 인천 유나이티드를 이끌고 K리그 준우승을 차지했을 때에는 오카다 감독, 가라이 씨, 코야마 씨 등 세 분이 직접 트로피를 만들어서 저희 집에 보내주기도 했습니다. 거기에는 "우리들에게는 당신이 최우수 감독입니다"라고 써 있었죠. 어떻게 보면 저희들은 친형제 같은 관계입니다. 물론 연령상으로는 오카다 감독이 유일하게 저보다 연배가 높으시기 때문에 저한테는 형님 같은 존재이시고요.

> **❝ 일본에 한국 축구가 배위야 할
> 힌트가 있다 ❞**

'비상'이라는 2005년 인천 유나이티드가 준우승하는 한 시즌을 찍은 다큐멘터리 영화를 봤습니다. 정말 재미있었고 무엇보다 크게 감탄했습니다. 그 중에서도 화이트보드에 '인내 • 노력 • 희생'이라 써 놓고 선수들을 지도하는 장면이 있었습니다. 이 장면이야말로 본인의 축구철학을 그대로 보여주는 것이자 장외룡의 인생 그 자체가 아닐까 생각했습니다.

정말로 그렇습니다. 인내, 노력, 희생이라는 이 세 단어에 제 철학이 그대로 담겨 있습니다. 최근의 한국 젊은이들은 한자를 잘 읽지 못하는 경우도 있는데 제가 지도하는 선수들만은 이 세 단어의 한자를 바로 읽을 수 있습니다. (웃음) 물론 처음에는 한자 옆에 한글을 같이 써 놓아야 했습니다. 그러자 선수들도 바로 이해하더군요.

J리그에서 팀을 지도한 경력을 가지고 한국에 돌아왔습니다. K리그 팀을 이끌고, 선수들을 지도하는데 있어 그 경험이 큰 힘이 되었나요? 아니면 J리그에서의 경험은 통하지 않았나요?

통한다, 통하지 않는다의 문제가 아니었습니다. 애초부터 한국 축구와 일본 축구는 선수들이 성장하는 과정에 큰 차이가 있습니다. 그래서 저는 양국 축구의 차이점, 좋은 점을 잘 분별하고 통합해서 선수들을 지도했습니다. 하나의 예를 들자면 "기본에 충실하라"는 원칙입니다. 잉글랜드에서 지도자 연수를 하며 세계 축구의 트렌드를 보면서도 느낀 것이지만 기본에 충실하지 않고는 아무것도 이뤄낼 수 없다는 결론에 이르게 됐습니다. 저는 1997년부터 부산 대우에서 코치로 한국 선수들이 프로 무대에서 성장하는 과정을 지켜 보았고, 그 뒤에는 J리그 팀 감독을 맡아 일본 선수들의 성장을 지켜보며 많은 경험을 쌓을 수 있었습니다. 물론 '기본'이라는 것에서 한국과 일본의 분명한 차이가 있는 것도 사실이고요.

구체적으로 어떤 차이가 있는지 말씀해 주실 수 있나요?

기본적인 기술이라고 해야 할까? 테크닉적인 면입니다. 바로 이 지점에서 한국과 일본 축구는 분명한 차이를 갖게 됐다고 생각합니다. 이는 예전부터의 전통이라고도 할 수도 있겠죠. 한국은 정신력과 체력의 축구를 한다는 이미지가 강했습니다. 그런데 최근에는 그 정신력 부분이나 체력적인 면이 약해져 가고 있다는 목소리가 강해지고 있는 것도 사실입니다. 무엇보다 한국과 일본의 유소년 시스템을 보면 그 차이가 명확합니다. 결과적으로 한국은 일본보다 10년이나 일찍 프로화 됐지만 일본의 J리그가 출범 15년째를 맞고 있는 지금, 양국 축구의 강함이나 입장이 바뀌어 버린 인상도 있네요.

즉, 일본의 축구환경이 더 앞서 있다는 의미라고 볼 수 있을까요?
  네. 실제로 저 자신이 체험하고 느낀 것이니까요. 이렇게 확실한 어조로 의견을 말하는 것도 과거라면 어려운 분위기가 존재했던 것도 사실입니다. 제가 처음 일본에 갔던 그 당시만 해도 "일본에 가서 뭘 배운다는 거야?"라는 식으로 되묻는 사람도 있었습니다. 예전 한국 축구인들이 일본 축구를 바라보는 인상은 그 수준의 것이었다고도 할 수 있습니다. 그래도 저는 한국에 돌아온 뒤 일본 축구의 발전된 환경과 변화를 세세히 보고했습니다. 일본이 장기적인 플랜을 세우고 기초부터 선수를 육성하는 방식으로 단계적으로 성장하고 있다는 점을 강조했어요. 직접 현장에서 일하고 있던 축구인들도 일본 축구의 성장에 대해서는 어느 정도 알고 있었지만 일정 시점까지는 그다지 귀를 기울이지 않았다고 할까, 정보가 없었던 것이 사실이었습니다.

한국 축구는 일본 축구의 성장에서 눈을 돌리고 싶었다고 할까, 일종의 거부감이 있었던 건가요?
  지금은 그런 분위기도 많이 없어졌지만 더 거슬러 올라가면, 예전에는 그 부분에 대해 거부감이 있었다고도 볼 수 있습니다. 하지만 이제는 그런 분위기는 없다고 봐요. 순수하게 인정하는 분위기가 된 것 같습니다. 실제로 제 주변의 축구인들 중에서도 제가 몇 번이고 "지금 이대로는 안 된다"고 강조하고 나서야 조금씩 상황을 받아들이게 된 분들도 있습니다. 다만 지금은 한국에서도 "일본 축구의 좋은 점도 존재한다. 우리가 배워야 것은 배워야 한다"는 의견을 자유롭게 낼 수 있게 됐습니다.

감독의 입장에서 컨트롤 하기 쉬운 것은 한국 선수입니까 아니면 일본 선수입니까?
  그것은 단정지어 말하기 힘드네요. 그때, 그때 상황에 따라 다릅니다. 단지 예전에는 한국 선수의 경우 지도자의 말에 그대로 따르는 경향이 강했습니다. 연공서열, 상하관계가 지금보다 더 철저히 지켜지는 분위기가 강했으니까요. 그런데 2004년 콘사도레 삿포로에서 돌아 와 인천 유나이티드를 맡게 되었을 때 저는 어느 쪽이든 마찬가지라고 생각하게 됐습니다. 다만 굳이 한 가지 차이점을 더 꼽는다면 프로 의식의 차이를 꼽을 수 있겠네요. 일본 선수들의 경우 프로가 되고 나면 자신의 위치라든지 프로 선수로서의 자각에 대해 확실한 태도를 보이는 편입니다. 그런데 최근 한국의 젊은 선수들은 오히려 프로선수로서의 자각이 예전과 비교하면 떨어진 느낌도 듭니다. 한국 선수의 경우 프로가 되어 스스로 자립한다는 의식이 아직은 조금 부족한 것일지도 모르겠습니다.

기술적인 면에서 양국 선수들이 어떤 차이를 보이나요?
　확실히 J리그에서는 체계적인 시스템에서 성장한 선수들이 많습니다. 하지만 K리그에는 아직 제대로 된 유스 시스템이 갖추어진 클럽이 없습니다. 그리고 그 차이는 양국 클럽이 경기를 하게 되면 분명히 여러 가지 방면에서 나타나고 있다고 생각합니다.

> " *J리그의 과제는*
> *선수들의 멘탈* "

그렇다면 장외룡 감독이 보는 지금의 일본 축구는 어떤 인상입니까?
　일본 축구는 J리그 출범을 계기로 급성장 했지만 지금은 정체되어 있는 부분도 있다고 보여집니다. 동계훈련 캠프지로 갔었던 괌에 여러 J리그 클럽들이 와 있었고, 합숙도 함께 했기 때문에 J리그 팀 감독들과 그 부분에 대해 이런, 저런 이야기를 나눌 기회가 있었습니다. 그들이 하나 같이 말했던 부분은 J리그 팀들의 과제는 선수들의 정신무장에 있다는 점이었습니다. 일례로 일본의 한 어린 선수는 고교시절부터 '괴물',

'천재'라 불리며 기대를 받았지만 프로가 되자 주변에서 기대했던 것 큼 기량이 올라오지 않아서 종종 벽에 부딪치는 경우가 있다고 하더군요. 이후에는 그러한 슬럼프에서 스스로 빠져 나오지 못하고 강인함이 부족하다고요. 프로로서의 의식이 부족하다고 들었습니다.

선수의 입장과 지도자의 입장에서 의식에 차이가 있다는 지적이십니까?

그렇습니다. 말하자면 저는 선수와 지도자가 함께 공유할 수 있는 가치관, 축구관이 일본에도 그리고 한국에도 필요하다고 생각합니다. 물론 둘 중 어느 한쪽이 성장하면 일본도, 한국도 지금의 수준을 어느 정도 유지할 수는 있을 겁니다. 하지만 그 이상의 성장은 바랄 수 없을 지도 모릅니다. 일본축구협회와 J리그는 향후 50년 안에 세계 16강 안에 들어가겠다는 목표를 세웠다고 들었습니다. 그러한 목표를 달성하기 위해서도 중요한 것이 선수와 지도자 두 측면에서 함께 성장해야 한다는 점이라고 생각합니다. 물론 이는 한국 축구 역시 마찬가지일 것입니다.

한국 축구도 많은 과제를 안고 있다는 의미인가요?

그럼요. 일본 축구의 성장을 직접 제 눈으로 보고, 느낀 만큼 저는 더욱 그렇게 생각하고 있는 사람 중 한 명일 겁니다. 단적인 예로 한국과 일본은 그 어떤 나라보다 가까운 거리에 있고, 양국 축구 시스템은 무척이나 닮아 있는 것이 사실입니다. 두 나라 모두 학교 축구가 육성 시스템의 줄기였다는 공통점을 가지고 있습니다. 그러나 일본에서는 클럽 축구 시스템을 도입하면서 더욱 체계적으로 선수를 키우게 됐습니다. 학교 축구와 클럽 축구 양쪽을 양립시켜 일본은 연령별 대회 어느 대회에서도 강한 면모를 보이는 나라가 됐습니다. 일본은 유소년 선수들이 아시아에서 최고 수준을 보이고 있죠? 하지만 한국은 상황이 조금 다릅니다. 학교 축구가 중심이 되어 엘리트 선수를 배출하고, 우수한 선수가 모인 연령대에서는 분명히 좋은 성적이 나옵니다. 하지만 그렇지 못할 경우 위로 올라간다 하더라고 좋은 결과를 기대하기는 힘들죠. 학교 축구 시스템과 클럽 축구의 육성 시스템을 효과적으로 양립시킨 일본의 성공에는 한국 축구가 배워야 할 점, 힌트가 있다고 저는 생각합니다.

일본에서 장외룡 감독의 지도자로서의 기초, 사고의 토대가 만들어졌습니까?

　지도자로서 어떤 길을 걸어가야 하는지 그 베이스를 제공한 것은 분명히 일본입니다. 이후 일본과 잉글랜드 축구 등을 보고, 경험하며 배운 것을 잘 혼합시켜 한국 축구에 가장 적합한 형태를 만들어 가고 싶습니다.

그러한 경험치를 국가대표팀에 활용해 보고 싶다는 생각은 없는지요?

　물론 대표팀 감독을 목표로 합니다. 대표팀 감독은 책임감도 엄청난 자리이고 되고 싶다고 해서 누구나 될 수 있는 것도 아닙니다. 그러니 제가 대표팀 감독이 될 지, 어떨지도 전혀 알 수 없고요. 다만 저는 지도자로서 현장에 있는 한 궁극적인 목표는 그곳에 있다고 생각합니다. 그리고 최종적으로 하고 싶은 일은 유소년 선수들을 육성하는 것이고요. 저는 제 인생을 한국 축구의 성장에 바치고 싶습니다.

J리그에서 다 해 보지 못한 것이라면, 어떤 것이 있습니까?

　선수 육성에서도 그렇지만 무엇보다 아쉬움이 남는 것은 감독으로서 리그에 성적을 남기고 싶다는 마음입니다. 예를 들면 J2리그에 있는 팀을 J1리그로 승격시킨다든지, J1리그에 있는 팀이라면 항상 톱의 위치를 유지하는 그런 팀을 만들고 싶다는 목표입니다. 한국에서도 어느 정도 목표를 달성하게 된다면 언젠가는 다시 일본에 돌아가 도전해 보고 싶습니다. 일본은 지도자로서 제게는 출발점과도 같은 곳이니까요.

마지막으로 한국과 일본, 양국의 축구계에 바라는 점이 있다면 들려주십시오.

　서로 마음을 열어야 한다는 점입니다. 앞서 말했듯이 일본은 한국과의 라이벌 의식에서 이미 한 발 나아간 인상을 받습니다. 일본 내 정서가 그럴 수도 있지만 축구 관계자들 사이에서는 이미 의식이나 그런 부분에 있어 과거와는 사고 방식이 다르다는 것을 느꼈습니다. 일본은 단지 아시아 내에서 한국과의 라이벌 관계에만 집중하는 것이 아니라 이제는 오히려 세계 무대를 목표로 한다는 부분에 더욱 초점을 맞추게 된 것이지요. 선수들도 그렇다고 생각합니다. 한국전 역시 그 과정을 위해 치르는 수 많은 경기 중의 하나라고 생각한다는 느낌을 받습니다. 한국도 이제는 좁은 시각에서 벗어나야 합니다. 일본이 발전하고 있는 원인, 강점은 어디에 있는지 연구하고, 대화하는 것도 중요한 일 입니다.

장외룡 is	생년월일	1959년 4월 5일
	학력	불광초-경성중-경성고-연세대
	선수경력	부산 대우(1982~1987)-PJM 퓨처스(1989)
	지도자경력	부산 대우 코치(1987)-아주대 코치(1988) -PJM 퓨처스 코치(1989~1995) -PJM 퓨처스 감독(1995~1996) -부산 대우 코치(1997~1999)-부산 대우 감독(1999) -베르디 가와사키 감독(2000) -콘사도레 삿포로 코치(2001~2002) -콘사도레 삿포로 감독(2002~2003) -인천 유나이티드 코치(2004) -인천 유나이티드 감독(2004~2006, 2008) -오미야 아르디자(2009~2010)-칭다오 중넝(2011) 디롄 이얼빈(2012)-칭다오 중넝(2012~2013) -충칭 리판(2016~현재)
	대표경력	A매치 25경기 1득점 아시안컵(1980), 아시안게임(1982)
	우승경력	K리그(1984, 1987), AFC 챔피언스리그(1986)
	수상경력	K리그 베스트11(1983, 1985), K리그 감독상(2005)

박지성

① 내게 J리그는 프로 경력의 시작이다

일본을 거쳐 유럽에 진출한 아시아 축구의 아이콘

　J리그 교토 상가에서 프로로 데뷔했고, 네덜란드 PSV 에인트호번을 거쳐 잉글랜드의 세계적인 명문팀 맨체스터 유나이티드에서 활약한 박지성. 그는 국가대표로 2002년 한일 월드컵 이후 3개 대회 연속 월드컵 무대를 밟았고, 이 세 대회에서 모두 골을 기록했다. 한국은 물론 일본에서도 박지성의 이름은 널리 알려져 있다. 그야말로 슈퍼스타다.

　박지성은 2011년 열린 카타르 아시안컵을 끝으로 국가대표 은퇴를 선언했다. 2012년 7월에는 맨체스터 유나이티드를 떠나 프리미어리그의 또 다른 팀 퀸즈 파크 레인저스로 이적했다. 그러나 부상의 부침을 겪었고 이듬해인 2013년 7월부터는 자신의 친정팀인 PSV 에인트호번으로 임대 생활을 떠났다. 친정팀에서 돌아 온 뒤 그는 2014년 여름 현역에서 완전히 은퇴했다. 은퇴 기자회견은 자신이 태어난 수원에 위치한 박지성축구센터에서 열렸는데, 당시는 한국 국가대표팀이 브라질 월드컵 출전을 앞둔 시기였다. 그는 대표팀에 방해가 되지 않기 위해 조용히 그라운드를 떠났다.

　돌이켜보면 박지성은 언제나 그런 선수였다. 필요 이상으로 튀는 것을 싫어하고, 외모는 굳이 분류한다면 수수한 편이다. 결코 '화려한 남자'라고 할 수 없을 것이다 일관된 관점에서 말수도 적은 편이었고 자극적인 발언을 하거나 주목 받는 것을 좋아하지도 않았다. 무엇보다 스스로 늘 "성격은 내성적입니다"라고 강조했을 정도였다. 하지만 그런 겸손하고 소박한 캐릭터에 속아서는 안 된다. 평소에는 아무리 차분하더라고, 박지성은 그라운드에 서면 누구보다 눈에 띄는 존재감을 자랑한 선수였다. 그라운드를 질주하는 그의 플레이 덕분이다.

"박지성은 특별한 선수다"라고 말한 이는 알렉스 퍼거슨 감독이다. 맨체스터 유나이티드를 19년 동안 이끌었던 이 명장은 자신이 직접 스카우트로 나서 박지성을 영입했다. 그는 '21세기 한국 축구의 보물'과도 같았던 선수에게 칭찬을 아끼지 않았다.

"박지성은 운동량이 많고, 움직임이 빠르고, 포지셔닝에 뛰어나다. 그리고 골문 앞에서는 결정적인 역할을 해낸다. 게다가 오른쪽에서도, 왼쪽에서도, 중앙에서도 뛸 수 있는 선수다. 멀티 플레이어가 필요한 팀에 있어서는 선택권을 넓혀주는 선수인 셈이다. 무엇보다 멈추지 않고 질주하는 그의 플레이 스타일은 오늘날 현대 축구에 있어 가장 필요한 자질이다. 우리 팀에 있어서는 정말로 특별한 존재다."

이렇게까지 독보적인 존재감을 평가 받았던 박지성이지만 학창 시절에는 존재감을 드러내지 못했다. 잠재력을 갖춘 원석에 불과했던 그는 수원공고 3학년 때 전국대회 우승까지 경험했지만, 그를 영입하려는 대학팀은 거의 없었다. 가을 즈음에는 연고팀이던 수원 삼성 테스트도 치렀지만 거기에서도 떨어졌다.

기술은 갖고 있지만 체격조건이 좋지 않다는 것이 불합격의 이유였다. 고등학교 3학년때 전국대회 우승을 차지한 경험을 제외하면, 박지성은 한국 축구의 '엘리트 코스'에서 한 발짝 떨어져 있었다.

그럼에도 불구하고 박지성이 명지대에 영입되고, 올림픽대표팀에 발탁될 수 있었던 것은 어떤 상황에서도 포기하지 않는 정신력 덕분이었을 것이다. 불과 19세의 나이에 올림픽대표팀에 선발된 것만 봐도 알 수 있다. 그는 올림픽대표팀에 발탁 됐을 때 팀에서 가장 어린 선수였기 때문에 훈련을 마치면 장비를 정리하는 역할도 맡았다. 그렇게 평소에는 수줍고, 겸손했지만 한 번 그라운드에 서면 누구보다 왕성한 활동량으로 존재감을 자랑했다. 당시 그가 올림픽대표팀 훈련을 마치고 농담처럼 들려주었던 말이 아직도 인상적이다.

"저는 상대적으로 남들보다 체격이 작으니까 보통 선수들의 2~3배를 뛰지 않으면 안 된다고 생각해요. 그리고 분명히 그렇지 않을까요? 어떤 감독님이라도 쉴 새 없이 달리고, 거침 없이 플레이하는 선수가 있다면 좋아하실 거예요. 극단적인 이야기처럼 들리겠지만 엄청나게 뛰고 어떻게든 공 근처에 갈려고 애쓰는 선수는 감독님 눈에 분명히 띄게 됩니다. 저는 그라운드 여기저기에 운이 굴러다니고 있다는 생각으로, 필사적으로 달려 어떻게든 그것을 줍고 싶어요. 그런 각오로 그라운드 위를 달립니다."

수줍게 웃으며 그렇게 말하던 어린 박지성. 그와 처음으로 얼굴을 마주하고 차분히 대화를 나눴던 것은 2001년 여름이었다. 그가 자신의 첫 프로팀 교토 상가에서 뛰고 있던 무렵이다.

당시의 교토 상가는 J2리그 팀이었다. 박지성이 입단했던 해인 2000년에 J1리그에서 8승 2무 20패라는 처참한 성적으로 시즌을 마쳤고 J2리그로 강등됐다. 부진한 나날을 보내고 있었기 때문에 팀 훈련장이 있던 히가시쿄 그라운드 주변은 인적도 드물었다. 박지성과 이야기를 나눈 곳은 바로 그 훈련장 근처에 가건물처럼 지어진 클럽하우스에서였다.

"확실히 J1리그 팀과 J2리그 팀의 차이가 크다고 생각합니다. 주목도는 물론이고 실력에서도 차이는 크겠죠. 그런 만큼 교토 상가가 강등됐을 때 J1리그 팀으로 이적해야 한다는 주변의 조언도 있었어요. 하지만 J2리그는 J1리그보다 경기 수도 많고 제게는 오히려 공부와 경험이 될 것이라 생각했습니다. 더군다나 저를 영입해 준 팀을 중도에 포기할 수는 없었어요. 그리고 교토 시내 거리도 무척 마음에 듭니다. 조용하고, 좋은 곳이에요. 번화한 곳이 잘 맞지 않는 제게 교토는 편한 곳이에요."

나는 당시 이 말을 들었을 때 완고하지만, 내면에 잠재된 강한 의리를 감추지 못하는 모습 그리고 그 안에 감춰진 대담한 모험 정신에 큰 감동을 받았었다.

"원래 저는 고등학교 때까지만 해도 해외에서 뛴다는 생각은 해 본 적이 없습니다. 어떻게든 K리거가 되어 국가대표가 되겠다는 생각 밖에는 하지 않았으니까요. 그런데 대학에 진학한 뒤 올림픽대표팀에 선발되면서 여러 국제대회를 뛰게 됐고, 점차 해외에서 뛰어보고 싶다는 생각을 하게 됐습니다. 외국 선수들을 상대로 제 플레이가 어디까지 통할 수 있을까, 어디까지 힘을 발휘할 수 있을까 느껴보고 싶었어요. 그러던 중에 교토 상가로부터 입단 제의를 받게 됐는데 원래부터 일본 축구에 많은 관심을 갖고 있었습니다. 결정적 계기가 됐던 것이 1999년 9월에 있었던 한일 올림픽대표팀 경기였습니다. 그 경기를 보고 나서 일본 축구를 강하게 의식하게 됐습니다."

1999년 9월에 서울과 도쿄에서 치러진 한일 올림픽대표팀 친선전. 이 두 번의 경기에서 한국 올림픽대표팀은 필립 트루시에 감독이 이끌고 있던 일본 올림픽대표팀을 상대로 원정경기에서 1-4 패, 홈에서 0-1 패배를 했다. 당시 일본 올림픽대표팀에는 나카무라 순스케, 다카하라 나오히로, 이나모토 준이치 그리고 나카타 히데토시까지 쟁쟁한 선수들이 총출동 했었다. 그렇다고 하더라도 완패였다. 당시 한국 올림픽대표팀을 이끌었던 허정무 감독이 "전술, 기술, 정신력까지 모든 면에서 일본이 우위에 있었다"며 패배를 인정했을 정도였다. 그 굴욕적인 연패를 계기로, 박지성은 J리그 진출을 생각하기 시작했다.

"어린 시절부터 '축구만큼은 일본에게 지지 마라'는 말을 들어 왔습니다. 그러니 그 연패는 꽤 충격적이었고, 무척 분한 생각이 들었습니다. 하지만 그와 동시에 점점 일본 축구를 경험해 보고 싶다는 생각이 강해졌던 것도 사실이었고요. 왜 일본 축구가 그토록 강해진 것인지, 한국 축구와는 무엇이 다른지 직접 느껴보고 싶었습니다. 그래서 교토 상가로부터 영입 제의가 왔을 때 망설이지 않았습니다. 홀로 일본에 와야 했지만 불안감은 없었어요."

처음 일본에 와서 박지성이 가장 먼저 느낀 감정은 '자유로움'이었다고 한다. "일본 선수들은 자신이 생각한 플레이 스타일을 관철시키기 위해 선배들에게 직접적으로 의견을 제시했고, 물론 감독에게도 강하게 어필했습니다. 어려운 상하 관계라든지 선수는 감독의 말에 복종한다는 원칙을 철저하게 배우고 자란 제게는 일종의 문화충격이었습니다. 하지만 반대로 그런 자유로운 분위기가 선수의 창의력을 끌어낼 수 있겠다는 생각도 들었습니다. '이런 플레이를 하고 싶다', '이런 경기를 해야 한다'는 의식이 강해서 모두가 생각하며 뛴다는 인상을 받았어요. 그런 팀에 소속되어 있다는 것만으로도 제 자신이 상당한 자극을 받았습니다."

놀라웠던 것은, 박지성에게 가장 큰 자극을 받은 선수가 누구냐고 물었을 때 미우라 카즈요시[33]의 이름이 나왔다는 점이다. 카즈는 일본 축구의 슈퍼스타다. 하지만 1993년 카타르 도하에서 열린 1994 미국 월드컵 아시아 최종예선 한일전에서 결승골을 넣은 뒤, 한국에서는 '공공의 적' 같은 존재였다. 그러나 한 팀에서 뛰며 카즈와 함께 시간을 보낸 박지성은 전혀 다른 인상을 갖게 됐다고.

"한국에서 카즈 씨의 이미지가 좋지 않지만 실제로 함께 지내 보니, 평소 갖고 제가 생각했던 이미지와는 전혀 달랐습니다. 훈련 중에는 "힘들지는 않아?"하고 종종 말을 걸어주기도 했고, 훈련이 끝난 뒤에는 "맛있는 한국 음식점이 있으니까 같이 가 보자"고 권유하는 일도 많았어요. 저는 갓 이적해 온 선수였고, 그 해 교토 상가는 강등 위기를 헤매고 있던 팀이었지만 카즈 씨는 늘 훈련 시간에도 솔선수범해서 나섰고 팀을 강하게 이끌었습니다. 그 모습을 보면서 '오랜 시간 국가대표라는 위치에서 뛰어 온 선수는 다르구나'라고 생각했어요."

한국의 강한 유교문화가 몸에 베어 있었기 때문인지, 박지성은 결코 드러내고 앞에 나서는 성격은 아니었다. 하지만 당시의 그는 그 어떤 선수보다 '조력자'로서 강한 의지를 갖고 있었다. 말이 아니라 행동으로 보여주는 것이 장점이라고 전제한 그는, 이렇게 이야기 했다.

"나이는 어리다고 하지만 저는 J리그에서 외국인 선수이고, 외국인 선수는 팀이 승리하기 위해 불러 온 선수입니다. 게다가 저는 지금 현역 한국 국가대표이기도 하고요. 한 나라의 대표선수라는 이름을 걸고 그게 걸맞은 플레이를 하지 않으면 안 된다고 생각합니다. 먼 훗날에는 유럽에서 뛰겠다는 꿈도 있어요. 물론 지금 당장은 먼 이야기지만요. 팀이 J1리그에 승격하는 것이 먼저 입니다. 그때까지는 교토 상가를 떠날 생각은 없습니다." 이 말 그대로 박지성은 2002년에 교토 상가를 J1리그에 올려놓았다. 그리고 2003년 1월 1일 일왕배 우승을 고별 선물로 안기고 PSV 에인트호번으로 이적했다. 그 후 2003년 가을, 박지성을 에인트호번 시내에서 만나 인터뷰 할 일이 있었다. 그때 그는 J리거의 시점에서, 이런 이야기를 들려줬다.

"개인기만 놓고 본다면 일본도, 네덜란드도 크게 다를 바는 없다고 생각합니다. 리그의 흥행성 같은 부분만 놓고 봐도 J리그가 결코 뒤진다고 생각하지 않고요. 다만 J리그와 네덜란드 리그를 비교하면 경기를 전개하는 방식에 있어서는 큰 차이가 있습니

> NOTE

33 미우라 카즈요시(三浦知良). 1967년생으로 일본 축구의 살아있는 전설. 별명은 이름에서 딴 카즈(KAZU) 혹은 킹 카즈(KING KAZU). A매치 55골로 일본 국가대표 최다골 기록도 갖고 있다. 2016년 현재 만 49세이지만 J2리그 요코하마 FC에서 현역 선수로 활약 중이다. 박지성과는 교토 상가에서 2000년 한 시즌 동안 함께 뛰고고, 이 때 친분을 쌓아 현재까지도 서로 안부를 물으며 지내고 있다.

다. J리그에서는 경기 도중에 다소 느슨해지는 듯한 시간대도 있었지만 네덜란드에서는 있을 수 없는 일이에요. 경기 전개속도가 엄청나게 빠릅니다. 게다가 몸싸움도 치열해서 공을 소유하더라고 좁은 공간을 돌파해 내야 합니다. 적절한 표현인지 모르겠지만 네덜란드와 비교하면 J리그에서는 공간이 너무 넓었다고 할까요? 바로 이 지점이 일본을 포함한 아시아 축구와 유럽 축구의 큰 차이가 아닐까 생각합니다."

돌이켜 생각해 보면 박지성의 이 말은 일본 축구를 향한 따끔한 지적이기도 했고, 진심 어린 조언이기도 했던 것 같다. 그렇게 생각한 이유 중 하나는 박지성이 자신의 프로 경력이 시작된 일본 축구에 누구보다 강한 애착을 갖고 있다는 인상을 받았기 때문이다.

2005년 겨울 맨체스터에서 프리미어리거가 된 박지성을 만났다. 그는 자신의 경력을 돌아보며 이렇게 단언했었다. "J리그는 프로 선수로서 경력이 시작된 곳입니다. 프로 선수로서 제 바탕은 일본에 있습니다."

박지성

② 유럽에서 본 한국과 일본 축구는?

동양의 가치관과 유럽의 가치관
사이에서 느낀 것

J리그가 박지성의 모든 것을 있게 한 존재는 아니다. 일본 축구계에서의 경험이 박지성의 성장을 도운 것은 사실이지만 그 기반은 그가 나고, 자란 한국에 있다. 맨체스터 유나이티드의 클럽하우스에서 진행됐던 인터뷰에서 박지성은 확실한 어조로 말했다.

"제가 J리그에서 성공할 수 있었던 것은 한국에서 단련 되고, 성장 했기 때문이었다고 생각합니다. 예를 들면 한국 축구에서 가장 중요한 것은 투쟁심 그리고 팀에 대한 헌신입니다. 저는 아주 어린 시절부터 그러한 정신을 철저히 배웠죠. 그런 멘털리티를 기본으로 하면서 일본에서 뛸 당시에는 기술적인 측면을 보강했습니다. 브라질 축구의 영향을 강하게 받은 일본에서는 선수도, 팬들도 섬세하게 공을 차는 스타일을 선호하는 경향이 있었습니다. 저는 그런 요구에 부합하는 기술과 감각을 익혀야 했습니다. 그것이 가능했기 때문에 국가대표에 뽑힐 수 있었고, 유럽도 진출할 수 있었다고 느낍니다."

자신의 근본을 단련시키고 키워 준 한국 그리고 그 자질을 더욱 가다듬게 한 일본. 아시아 축구를 이끌어 온 한일 양국이 박지성이라는 선수를 만들어 냈다고 해도 과언은 아닐 것이다. 동시에 네덜란드, 잉글랜드 무대를 경험하며 유럽 축구까지 받아들이게 된 경험은 박지성은 한층 더 뛰어난 선수로 거듭나게 했다. 박지성 본인도 동의하는 부분이다.

"네덜란드뿐만 아니라 유럽은 전반적으로 경기 전개 속도가 빠릅니다. 몸싸움이나 힘도 더 강하고 거칠고요. 게다가 축구는 더욱 조직적인데, 그 조직 안에서 자신의 포지션과 역할을 충분히 수행하면서 개성까지 보여주지 않으면 안 됩니다. 사실 조직적인 움직임 같은 부분은 한국 선수도, 일본 선수도 유럽 무대에 적응하다 보면 어렵지 않게 해낼 수 있을 것이라는 생각도 들어요. 한국 선수는 감독의 지시에 철저히 따르는 경향을 가지고 있고, 일본 선수들의 경우 좋은 의미에서든 나쁜 의미에서든 팀이 결정한 사항에 대해서는 충실하게 이행하는 특징을 가지고 있다고 보여지거든요. 하지만 한국과 일본의 경우 결정적인 지점에서 애매한 태도를 취하죠. 중요한 상황에 책임을 따져야 할 시점에 책임을 지기보다는 책임을 나누는 분위기라고 할까요? 어떤 의미에서 그런 편안한 분위기는 이쪽에서는 절대 통용되지도 않을 뿐만 아니라 철저히 추궁 당하게 됩니다."

실제로 박지성은 유럽으로 이적한 뒤 가장 충격을 받았던 것 중 하나가 같은 팀 선수끼리도 과격한 대립을 불사하지 않는 인간관계였다고 한다. "네덜란드인이나 영국인이나 모두 완고하다고 할까요? 동료 사이에서도 상대방의 플레이에 불만이 있으면 격한 말다툼도 마다하지 않는 분위기 입니다. 대놓고 불만을 표현해요. 한국, 일본에서라면 내심 만족스럽지 않은 부분이 있어도 신경 쓰지 않는 분위기였지만 여기서는 '무슨 생각을 하고 있는 거야? 제대로 해!'라는 반응이 날아듭니다. 물론 당사자도 의견이 있을 경우 듣고만 있지 않죠. '너는 그 부분에서 도대체 무슨 생각으로 그렇게 한 거야!'라는 식으로 앞뒤 가리지 않고 반론이 날아옵니다. 그런 격한 언쟁은 라커룸에서도 예외가 아니에요. 어떤 경우에는 불만을 가진 선수가 감독에게까지 강하게 어필할 때도 있습니다. 동료들이 팀 전술을 놓고 감독과 싸울 듯이 언쟁을 벌이는 모습을 봤을 때, 그것은 놀라웠다기보다는 일종의 문화충격에 더 가까웠습니다."

라커룸에서 '충격'에 빠져 있는 박지성의 모습이 눈 앞에 그려지는 듯 했다. 위계 질서가 철저한 한국 문화에서 감독과 선수의 관계는 '절대적'이다. 선수들끼리도 예외는 아니어서 그라운드 위에서조차 나이에 따른 철저한 상하관계가 존재한다. 한국보다는 비교적 발언이 자유로운 일본 생활을 경험하면서 박지성도 어느 정도 면역은 되어 있었을 수 있지만, 충돌보다는 원만하게 문제를 해결하는 것이 아시아의 일반적인 문화다. 그런 전통적인 가치관을 바탕으로 성장한 선수라는 점을 감안하면 강하게 자신의 주장을 내세우는 유럽적 가치관이 얼마나 충격적인 문화로 다가 왔을지는 어렵지 않게 상상할 수 있다.

"그런데요. 유럽 선수들은 그렇게 심하게 다툰 사이라도 나중에 보면 또 사이 좋게 식사를 하고 있는 거예요. 처음에는 그런 분위기가 정말 생소해서 어떻게 해야 할지를 몰랐습니다. 각자의 생각을 솔직히 이야기 해 마주하고, 또 그런 서로의 의견을 납득하게 되면 그 관계는 서로 더욱 친밀한 것이 되지 않을까요? 그리고 그것이 유럽 문화권의 방식인 것 같아요. 본인의 주장이 확실하지 않으면 여기서는 살아남을 수 없으니까요."

수줍은 어조로 그렇게 말하던 박지성에게서 '살아남을 수 없다'는 한 마디가 들려왔을 때, 그 울림은 깊고 강했다. 피부로 느끼고, 체험한 사람만이 할 수 있는 말이라는 생각이 들었기 때문이다. 박지성이 맨체스터 유나이티드라는 팀에 입성한 뒤 거뒀던 성공은 그런 전통적인 가치관들과 정면으로 싸우고, 극복하며 얻은 결과였던 셈이다. 그가 맨체스터 유나이티드 유니폼을 입은 지 얼마 되지 않았던 때인 2005년 겨울, 이렇게 말한 적이 있다.

"유럽의 축구 스타일이나 가치관 그런 것들을 배우고, 습득한다기 보다는 그저 자연스럽게 몸에서 반응하도록 하지 않으면 살아남을 수 없다는 사실을 절감했습니다. 프리미어리그는 네덜란드보다 경기 자체의 템포가 엄청나게 빠릅니다. 공수의 전환이나 전개 방식이 더 스릴있죠. 그런 리그 자체의 차이와 특성에 제 자신이 하루 빨리 적응하지 않으면 안 될 것 같아요. 단지, 매일 조금씩이라도 성장하고 있다는 사실은 확실히 느껴집니다. 몇 년 전만 하더라도 저도 어렸기 때문에 경기의 흐름을 조율하며 그에 맞춰 플레이를 한다기 보다는, 그저 그 순간 제가 가지고 있던 모든 것을 쏟아 붓는다는 열의에 가득 차서 경기를 뛰었던 측면도 있습니다. 극단적으로 표현하자면 젊은 패기, 기세에 모든 것을 맡겼다고나 할까요. 하지만 지금은 그 당시보다 축구를 더 이해하게 됐고, 경기 흐름을 읽고 플레이를 조율하는 힘을 갖게 됐습니다. 판단 속도도 빨라졌고, 플레이의 정확성도 더 나아졌다고 보고요. 기술, 체력, 정신력과 판단력까지 모든 면에서 하루가 다르게 제 자신이 성장한다는 것을 실감하고 있어요."

한국에서 태어나, 일본에서 프로 생활을 시작하고, 네덜란드에서 한 단계 더 자신을 단련한 선수. 그리고 잉글랜드로 건너 가 '아시아의 자랑'으로 불렸던 박지성. 그 일련의 과정들은 매 순간 선수로서 살아남기 위한 생존 경쟁이었던 건지도 모르겠다. 그리고 그 생존 경쟁을 통과해낸 결과가 박지성을 위대한 축구선수 중 하나로 만들었다. 이 진실이 전하는 무게는 한없이 깊다.

> **일본 축구는 좀 더 격렬해도 좋지 않을까요?**

박지성은 자신이 거둔 성공에 충분히 만족해도 좋을 법 했지만 자신을 향한 극찬에 들뜨지도, 그에 취해 자신을 과시하지도 않는 선수였다. 평소 시간을 보내는 방식도 소박하고 평범했다. 그는 훈련이 없는 날에는 비디오 게임이나 독서로 시간을 보낸다고 했다. 역시나 가장 잘 하고 또 좋아하는 것은 축구게임이고, 티벳의 유명한 승려 달라이 라마와 소설과 파트리크 쥐스킨트의 작품들이 가장 좋아하는 책들이었다. 그런 이유에서였을까. 박지성의 한 마디, 한 마디에는 어딘지 모르게 철학적인 시각이 깃들어 있었다. 그리고 동시에 어딘지 모르게 도전을 두려워하지 않는 묘한 분위기가 늘 듣는 쪽을 자극했다. 2008년 11월, 맨체스터에서 그를 인터뷰 했을 때에는 이런 대화가 오고 간 적이 있다.

자신이 어떻게 여기까지 성공할 수 있었는지 묻겠습니다. 하지만 오늘은 "운이 좋았고, 노력했다"는 대답 말고요. 조금 더 구체적인 이야기를 들려 주십시오.

어렵네요. 저는 제 자신이 성공했다고 생각하지 않거든요. 그래도 굳이 답변을 한다면 자신만의 방식과 플레이 스타일을 고수하는 것도 중요하지만 그것에 언제까지고 집착하고, 자랑스럽게 생각하는 태도는 좋지 않다는 시선일까요. 저는 오히려 제 자신을 철저히 팀에 동화시키고, 저만의 개성을 감독과 팀 동료들이 받아들일 수 있도록 하는 것이 중요하다고 생각합니다. 감독이 원하는 것, 팀으로서 가능한 것들에 초점을 맞추고 그것을 바탕으로 개성을 발휘하면 되니까요. 유럽 선수들은 좋을 때나, 나쁠 때나 자신이 제일 중요합니다. 그런 자기 위주의 경향이 강하기 때문에 헌신이 오히려 더 좋은 평가를 받을 수 있습니다.

프리미어리그에서의 경험이 국가대표로 뛰는데 도움을 주는 장점이 있습니까?

없습니다. 오히려 단점이 많을지도 모릅니다. 예를 들면 엄청난 장거리를 이동해야 한다는 점입니다. 홈 경기도, 원정 경기도 시차를 극복하며 뛰어야 하니 컨디션 조절에도 엄청나게 어려움을 겪습니다. 더군다나 제가 대표팀에 합류하면 마치 모든 문제가 해결될 것처럼 언론에서 보도가 나오기 때문에 부담이 되는 것도 사실이고요. 저는 슈퍼맨이 아니고, 축구는 11명이 하는 종목입니다. 하지만 요즘에는 그런 분위기가 그 정도로 제게 많은 기대를 가져주고 계신다는 증거라고 생각하게 됐습니다. 제 자신이 필요한 존재가 된다는 사실에 기쁘고요. 유럽에 나가 있으면 그 멀어진 거리만큼 대표팀에 대한 의욕도 강해지는 것 같습니다.

맨체스터 유나이티드에서 프리미어리그는 물론 챔피언스리그 무대도 경험했죠. 국가대표팀에 돌아와 아시아 무대에서 경기를 하는 것의 차이와 어려움, 보람 등이 남다르게 느껴질 것 같은데요?

모든 경기가 중요하고, 보람이 느껴진다는 점에도 차이는 없습니다. 그렇게 나뉘어진다는 것 자체가 불가능하니까요. 물론 좀 더 편하게 할 수 있다는 부분은 대표팀이 더 크겠지요. 대화도 통하고, 사고방식도 비슷하니까요. 대표팀에 오면 말 없이 서로 통할 수 있다는 편안함이 있는 것은 사실입니다. 오히려 맨체스터 유나이티드에서 웬지 모를 압박감을 느끼니까요. 승리가 의무처럼 여겨지는 맨체스터 유나이티드에서는 많은 사람들이 저에게 '한국', '아시아'라는 시선을 가지고 있다는 것을 더욱 뼈저리게 느낍니다. 저 하나의 성공과 실패가 제 자신뿐만 아니라 한국은 물론 아시아 선수 전체의 이미지에 영향을 미칠 수도 있다고 생각하면 엄청난 부담을 느끼지 않을 수 없습니다.

그래도 더 많은 일상을 보내는 맨체스터 유나이티드에서 플레이 하는 것이 편하게 느껴

지는 부분도 있을 것 같은데요. 국가대표팀에 오면 패스의 질이나 속도에서 차이가 있어 어려움을 겪는 다는지 하는 경우는 없는지요?

기술 수준이나 감각 면에서 차이가 있을 리는 없습니다. 물론 맨체스터 유나이티드는 유럽 우승팀이고, 세계 최강의 팀입니다. 하지만 대표팀 역시 월드컵 4강을 경험한 팀이고, 아시아에서도 절대적인 강자의 자리를 지키고 있습니다. 국가대표로 뛰는 사실에 혼란을 느낀다거나 감각적인 차이로 스트레스, 불만을 갖는 경우는 없어요. 저는 한국 축구에서 태어난 선수이고, 국가대표팀에 복귀했을 때에는 '맨체스터 유나이티드의 박지성'이 아니라 "한국 국가대표 박지성"이기 때문입니다. "맨체스터 유나이티드에서는 이런데…", "맨체스터 유나이티드에서 그러니까…"라는 생각만 갖고 있다면 그것은 이기심에 지나지 않는다고 생각합니다. 한국에 돌아오면 대표팀과 함께 기쁨도, 괴로움도 함께 나누고 싶습니다. 맨체스터 유나이티드에서의 경험을 대표팀에도 도움이 되는 쪽으로 활용하고 싶으니까요.

맨체스터 유나이티드의 박지성을 대표팀에 녹인다는 건가요?

그렇습니다. 일본에서도 그런 경향이 있었습니다만, 한국의 경우 실수가 있거나 문제가 발생하면 상황을 얼버무리고, 책임소재를 분명히 하지 않는 분위기가 있습니다. 하지만 유럽에서는 직접적입니다. 상대방에게 요구나 불만이 있으면 감추지 않고 모든 것을 털어 놓고 이야기합니다. 때로는 감정이 격해져 논쟁을 벌이기도 할 정도고요. 처음에는 문화충격에 가까웠지만 이런 방식이 서로 오해도 줄이고, 하나의 결론을 도출해 내는데 시간도 적게 걸립니다. 왜 그런 일이 있었는지 문제의 원인을 무마하고, 떠넘기는 것보다 합리적이고요. 국가대표팀은 함께 하는 시간도 적은 만큼 제한된 시간 내에서 최대한 자신의 생각을 여과 없이 전달하려고 노력하고 있습니다.

그런 태도의 일환으로 주장을 맡고 난 뒤 "경기를 즐기라"는 말을 하게 됐던 거군요. 진검승부, 그것도 나라 전체의 시선이 월드컵 아시아 최종예선이라는 중요한 일정에 집중되어 있을 때 그런 발언을 한 것은 확실히 인상적이었습니다.

월드컵 예선이라고 해서 특별히 부담을 가질 필요는 없다고 생각합니다. 중요하지 않다는 의미가 아니에요. 다만 한국 선수들은 필요 이상으로 너무 긴장한 탓에 스스로를 경직시키는 경우가 있습니다. 그리고 그런 심리적 부담 때문에 원래 가지고 있던 능력의 절반도 발휘하지 못하는 경우도 많고요. 하지만 맨체스터 유나이티드에서 경험한 것은 달랐습니다. 얼핏 생각하면 맨체스터 유나이티드에서는 국가대표팀에서 느끼는 것보다 더 큰 승리에 대한 부담, 압박감에 시달릴 때도 많아요. 그런데도 선수들은 심각할 정도로 긴장하지 않습니다. 어떤 타이틀이 걸려 있는 대회에서도 축구를 즐긴다는, 일종의 편안한 분위기에서 평소처럼 경기를 준비하죠. 이상한 스트레스나 강박관념을 갖기 보다는 그저 경기 자체에만 집중한다고 할 수 있습니다. 그런 팀 분위기와 멘털리티를 국가대표팀에도 전하고 싶다는 의미에서 경기를 즐기자는 말을 했던 것입니다.

그런데 지금 한국에서 국가대표팀을 바라보는 시선이나 위기 의식이 상당합니다.

한국 축구 자체가 약해졌다는 의미는 절대로 아니라고 생각합니다. 한국 대표팀은 지금 일종의 터닝 포인트에 있다고 보여집니다. 이제는 대표팀에 소집되는 선수들 중 해외에서 뛰는 선수들도 크게 늘어났습니다. 단적으로 더 이상 장기합숙 같은 형태의 소집은 불가능 한 상황이 됐죠. 하지만 대표팀이 충분히 시간을 갖고 손발을 맞춰보지 못하는 것은 한국에만 국한된 일은 아닙니다. 일본도 그렇죠? 잉글랜드나 네덜란드도 분위기는 비슷합니다. 하지만 그럼에도 불구하고 유럽 각국의 대표팀들은 비교적 안정적인 전력을 유지하죠. 그렇게 생각하면 이제는 한국도 제한된 소집 기간 내에 팀의 강점을 최대한 극대화 할 수 있는 노하우를 선수, 감독, 축구협회가 모두 모색하고 공유해야 합니다. 그런 상황이 가능해진다면 대표팀 전력도 기복을 겪지 않고, 점점 세계 최고의 수준에도 접근할 수 있을 거라 생각합니다. 대표팀은 지금까지 몇 번이고 위기를 헤쳐 왔습니다. 그리고 대표팀에는 맨체스터 유나이티드와 비교해도 결코 뒤쳐지지 않는 무기가 있습니다. 바로 끝까지 포기하지 않는 투쟁심과 팀에 대한 희생정신입니다. 이는 큰 경쟁력이 됩니다.

일본 대표팀에 대해서는 어떻게 생각하고 있습니까? 장점은 어디에 있다고 보는지 궁금합니다.

교토 상가에 소속되어 있던 시절 느낀 점을 바탕으로 말하자면 J리그도 그렇지만 일본 대표팀 역시 패스워크를 활용한 축구에 강하다는 인상이 있습니다. 브라질처럼 선이 가늘고, 공을 소유하는 기술이 뛰어난 축구에 가깝다고 할까요? 팬들도, 선수도 깔끔히 공을 돌리는 스타일의 축구를 선호하는 경향이 강하다고 느꼈습니다. 다만 좀 더 격렬하고, 강하게 밀어 부치는 면이 있어도 좋지 않을까요? 브라질 대표팀이라고 해도 언제나 화려하기만 한 것은 아니니까요. 공격 전개도 격렬하고, 문전 앞에서는 앞뒤 가리지 않고 달려들기도 합니다. 그런 무모함이 때로는 팀을 더 강하게 만들 수도 있다고 생각합니다.

일본 대표팀 중에 특별히 주목하는 선수가 있습니까?

아무래도 역시 제가 알고 있는 선수들을 주목하게 됩니다. 나카무라 순스케나 나카자와 유지, 이나모토 준이치, 오노 신지 같은 선수들이죠. 그리고 엔도 야스히토와 마츠이 다이스케도 궁금하고요. 두 선수 모두 교토 상가에 있던 시절 함께 뛰었는데 저는 이 선수들이 일본 대표팀의 주축이 되는 것은 당연하다는 생각을 갖고 있습니다. 아니, 오히려 너무 늦은 감이 있다고 할까요. 엔도와 마츠이는 모두 축구 센스가 있고, 능력이 뛰어난 선수들입니다.

엔도 선수는 곧 만날 수도 있지요?

클럽월드컵[34]에서요. 제가 얼마나 성장했는지 일본 분들에게도 보여드릴 수 있는 기회가 되지 않을까 싶어서 내심 기대하고 있습니다.

J리그에서 성장한 '아시아의 자랑'이 일본에 개선한다는 인상이네요.

그건 너무 과장된 이야기네요. 저는 그저 유럽에서 뛰고 있는 한 명의 아시아 선수

NOTE

34 클럽월드컵(FIFA Club World Cup). FIFA가 2000년부터 매년 12월에 개최하는 대륙별 클럽 우승팀간에 최강팀을 뽑는 토너먼트 대회. 박지성은 맨체스터 유나이티드가 2007/2008시즌 UEFA 챔피언스리그 우승을 하면서 그 해 12월 클럽월드컵에 출전했다.

라고 생각하고 있으니까요. 너무 감투를 씌우지는 말아 주세요.

처음 만났을 때의 박지성은 선이 가늘고, 아직은 여드름 자국이 남아 있는 앳된 얼굴의 젊은 J리거였다. 그러나 이제는 어느덧 강인함 그리고 남자다움까지 갖추고 모국과 아시아의 주목을 한 몸에 받고 있는 아이콘이 되어 있다.

그럼에도 불구하고 여전히 겸손함을 잃지 않고 필요 이상으로 튀는 것을 꺼려하는 그 모습은 여전히 박지성답다. 아시아의 미덕과 가치관을 잊지 않으면서도 동시에 유럽 문화의 합리적인 면과 멘털리티를 모국 대표팀에 접목시키고자 하는 시도에는 어딘가 공감이 갔다. 기대하고 싶은 선수. 박지성이 '아시아의 별'로 신뢰를 얻게 된 가장 큰 이유는 이런 그 자신만의 '개성'에 있지 않았을까. 나는 맨체스터의 이 인터뷰에서 그렇게 느꼈다.

박지성 is		
	생년월일	1981년 2월 25일
	학력	세류초-안용중-수원공고-명지대
	선수경력	교토 상가(2000~2003)
		-PSV 에인트호번(2003~2005)
		-맨체스터 유나이티드(2005~2012)
		-퀸즈 파크 레인저스(2012~2013)
		-PSV 에인트호번(2013~2014)
	대표경력	A매치 100경기 13득점
		월드컵(2002, 2006, 2010),
		아시안컵(2000, 2004, 2011),
		컨페더레이션스컵(2001), 올림픽(2000),
		아시안게임(2002), 골드컵(2002)
	우승경력	일왕배(2002), J2리그(2001),
		에레디비지(2003, 2005), KNVB컵(2005),
		요한 크루이프 실드(2003), 프리미어리그(2007, 2008, 2009, 2011), 프리미어리그컵(2006, 2009, 2010),
		커뮤니티 실드(2007, 2008, 2009, 2011),
		UEFA 챔피언스리그(2008), FIFA 클럽월드컵(2008)
	수상경력	대한축구협회 올해의 선수상(2010),
		체육훈장 맹호장(2002), 아시안게임 동메달(2002),
		KNVB컵 MVP(2005)

안효연

일본의 기술과 창조적인 플레이 배워야 한다

교토 상가에서 활약한 한국의 스피드 스타

2001년부터 2002년까지 2시즌 동안 교토 상가에서 뛴 안효연. 동국대 졸업 후 J리그에 뛰어든 그는 빠른 발을 무기로 삼아, 박지성과 함께 교토 상가의 J1리그 승격에 공헌했다. 2시즌 동안 기록한 J리그에서의 기록은 J1리그 7경기 출전 1득점, J2리그 39경기 출전 8득점이었다.

이후 한국으로 돌아온 그는 부산 아이파크에서 2004년 FA컵 우승을 차지했고 대회 MVP에 올랐다. 2006년에는 성남 일화(현 성남FC)에서 K리그 우승도 경험했다. 또한 2008년 수원 삼성에서도 다시 한 번 K리그 우승과 함께 K리그컵 트로피도 들어올리며 시즌 2관왕의 영광을 누렸다.

그 뒤 안효연은 싱가포르와 인도네시아의 프로리그에서 선수 생활을 한 뒤 현역 생활을 마쳤다. 현재는 지도자로 변신, 창원에 위치한 용호고에서 코치를 맡으며 제2의 축구인생을 보내고 있다.

안효연을 만난 것은 2008년이었다. 한국을 대표하는 스피드 스타였던 그는 2년의 시간을 보내며 느낀 점을 털어놨다.

> **교토 상가의 가족 같은
> 분위기가 기억 남아**

J리그에서의 2년은 어떤 날들이었습니까?

　매우 귀중한 시간이었습니다. 잊지 못할 시간이죠. 일본에서 경험한 것을 지금도 활용하고 있습니다. 일본에서는 정말 재미있고 진지하게 축구에 임했죠. 당시 알게 된 분들과 지금도 가끔 연락하며 지내고 있습니다. 기무라 분지 감독님, 팀 동료였던 아츠다 마코토, 마츠이 다이스케 등과 연락합니다. 평생의 친구를 알게 된 것처럼 정말 행복한 일이라고 생각합니다.

일본에서 뛰고 느낀 것은 무엇일까요?

　저는 대학을 졸업하고 일본에 갔습니다. 도전하려는 마음이 컸죠. 처음 외국 생활을 하기 때문에 불안한 마음도 있었습니다. 그래도 일본은 한국과 문화적으로 가까워서 적응이 쉬울 것이라는 확신이 있었죠. 또 교토 상가에는 이미 지성이가 있어서 다양한 이야기도 들었습니다. 그래서 '기필코 성공하겠다'는 마음도 있었습니다. 자신감도 있었습니다. 당시 저는 한국의 젊은 선수들 가운데서 기술이 뛰어나다는 평가가 있었으니까요. (웃음) 그러나 일본에 온 뒤 기술은 아직 부족하다는 것이 느껴졌습니다. 그만큼 일본 선수들은 기술이 우수했고, 창조적이었습니다. 특히 마츠이는 축구 만화에 등장 할 것 같은 환상적인 플레이를 연습, 경기 때 보여줬습니다. 지성이랑 둘이서 '이 선수 대단하다'라고 말했을 정도죠. 일본 선수들의 기술과 창조적인 플레이는 배워야 합니다.

반대로 자신의 플레이가 통한다고 느낀 적도 있나요?

　있었어요. 드리블로 측면 돌파하는 겁니다. 측면 돌파를 하면서 느꼈고, 자신감이 붙었습니다. 감독님도 그런 제 특징을 발휘할 수 있도록 해주셨고요. 무엇보다 서포터스가 제 플레이에 기뻐하고 응원한 것도 큰 힘이 됐습니다. 그러면서 이것이 제 무기이자 스타일이라고 확고히 할 수 있었습니다.

교토 상가에서 뛰면서 잊지 못할 추억을 하나 꼽는다면 무엇일까요?

역시 J1리그 승격입니다. 정말 힘들고 빡빡했던 J2리그 일정을 이겨 승격했을 때 정말 기뻤습니다. 프로 선수로서 첫 해였지만 엄청나게 큰 일을 해냈다는 성취감이 있었죠. 무엇보다 그 과정을 잊을 수 없습니다. 프런트, 동료를 포함해 그 때의 교토 상가는 정말 하나가 되었습니다. 마치 가족 같은 분위기였죠. 구분 없이 대해줘 지금도 감사한 마음이 가득합니다.

빗셀 고베에서 뛰는 김남일 선수에게 일본에서의 경험도 알려줬나요?

남일 형과는 고교 때부터 절친한 친구죠. 수원 삼성에서도 같이 뛰었고요. 남일 형에게 "빗셀 고베는 젊은 선수가 많아서 형의 경험과 리더십이 반드시 필요할 것"이라고 말했죠. 또 "일본에서는 밝고 친절하게 행동해라"라고요. (웃음) 남일 형은 좋은 사람인데 언뜻 보면 무뚝뚝하고 접근하기 어려운 분위기가 있어요. 한국에서는 그래도 좋지만, 일본에서는 선수들에게 흡수될 것을 조언했죠.

예전에 박지성 선수가 "효연 형 덕분에 일본에서의 생활이 즐거웠다"라고 했습니다.

아부하는 거에요. 지성이에게 밥을 잘 사줘서 그 보답을 하려고 제 칭찬을 한 것 같네요. (웃음) 농담이고 교토 상가에서 저와 지성이는 정말 사이 좋고, 즐겁게 보냈어요. 마치 형제처럼요.

일본에서 생활하면서 즐거운 추억을 많이 쌓았군요.

많죠. 미팅도 했고요. (웃음) 동료들과 바다나 온천을 당일치기 여행으로 다녀오기도 했고요. 저보다 나이 많은 일본 선수들은 저와 지성이가 불편한 것이 없도록 잘 봐줬고, 식사 자리도 초대해줬죠. 음식은 기온[35]에 있는 일식 음식점이 너무 맛있어서 자주 발길을 옮겼어요. 왠지 그리워지네요. (웃음)

NOTE

35 기온(祇園). 교토에서 가장 유명한 게이샤 지역으로 극장, 식당 등이 밀집해있다.

안효연 is

생년월일	1978년 4월 16일
학력	부평초-부평동중-부평고-동국대
선수경력	교토 상가(2001~2002)-부산 아이파크(2003~2004) -수원 삼성(2005)-성남 일화(2006) -수원 삼성(2007~2008)-전남 드래곤즈(2009) -요코하마 FC(2009)-홈 유나이티드(2010) -페르셀라 라몽간(2010)-빈탕 메단(2011~2012) -PSMS메단(2012-2023)
지도자경력	용호고 코치(2013~현재)
대표경력	A매치 14경기 6득점 컨페더레이션스컵(2002),아시안게임(1998), 골드컵(2002), U-20 월드컵(1997)
우승경력	K리그(2006, 2008), K리그컵(2005, 2008), K리그 슈퍼컵(2005), FA컵(2004), A3 챔피언스컵(2005), 일왕배(2002), J2리그(2001)
수상경력	FA컵 MVP(2004)

쿨하고 터프한
또 다른 한국의 카리스마

 2002년 한일 월드컵에서는 공수의 중심으로 한국의 4강 신화를 만들었고, 2006년 독일 월드컵에서도 출전한 미드필더. 국가대표팀 주장도 맡으면서 강한 리더십으로 선수들을 이끌었던 인물. 바로 김남일이다.
 그는 쿨하고 터프한 이미지 때문에 홍명보의 뒤를 잇는 '한국의 카리스마'로 불렸다. 또한 5년 연속 K리그 올스타 팬 투표에서 미드필더 1위를 차지했을 만큼 한국 축구의 인기 스타다.
 독보적인 존재감을 보이던 김남일이 일본에 간 것은 2008년이다. 그는 그 해 빗셀 고베에 입단했다. 2009년까지 빗셀 고베에서 뛴 뒤 러시아리그로 떠난 김남일은 K리그에 복귀해 인천 유나이티드, 전북 현대에서 활약했다.
 하지만 2015년 다시 일본으로 건너갔고 교토 상가 유니폼을 입었다. 1년간 교토 상가에서 뛴 그는 2016년 초 현역 선수 생활을 마무리하는 결정을 내렸다.
 이제부터 시작하는 인터뷰는 김남일이 빗셀 고베에 입단한 초기에 진행했다. 한국의 스타 선수가 일본에 와서 느끼는 일본 축구관이 드러나 인터뷰 내내 흥미로웠던 기억이 난다.

❝ 박강조 덕분에 빠르게 빗셀 고베에 적응 ❞

고베 생활은 적응을 했습니까?

네. 무척 마음에 들어요. 고베는 항구와 바다가 가까이 있어요. 마치 제가 태어난 인천에 있는 듯한 착각을 일으킬 정도로 편합니다. 거리도 깨끗하고 세련됐고, 특히 교통 시스템이 매우 잘 되어 있어서 놀랐습니다. 교통 체증도 별로 없고요. 차에서 경적을 울리는 사람들도 없어서 심리적으로 안정이 됩니다. 그리고 음식도 맛있어요. 쇠고기부터 라멘, 오코노미야키 등요.

동료들과 관계는 어떨까요?

아주 좋은 관계가 가능하다고 생각합니다. 감독님, 스태프와 잘하고 있습니다. 고베에 와서 아직 한 것이 없지만 그런 관계를 유지하는 것은 박강조[36] 덕분입니다. 강조는 정말 (일본어로) 스바라시이(すばらしい. 멋지다). 강조의 존재는 정말 엄청 큽니다. 2000년 시드니 올림픽 대표 시절에도 함께 플레이한 사이입니다만 말도 통하고 여러 가지로 친절하게 도움을 줍니다. 그래서 제가 항상 "네가 빗셀 고베에 있어서 내가 여기 왔어"라고 말합니다. 농담이 아닐 정도로 제게는 강조가 있는 것과 없는 것의 차이가 크다고 생각합니다.

동료들이 김남일 선수를 형이라고 부른다면서요?

일본 사람들에게는 제 이름이 발음하기 어려워요. 그리고 빗셀 고베에는 어린 선수들이 많아요. 그래서 입단 초에 뭐라고 부르는게 좋겠냐고 하길래 "형"으로 부르라고

NOTE

36 박강조. 1981년생으로 재일교포 3세 축구선수. 교토 상가, 성남 일화, 빗셀 고베에서 뛰었다. 김남일과는 올림픽대표팀에서 처음 호흡을 맞춘 바 있다.

했죠. 근데 뭐가 잘못된 건지 마츠다 히로시 감독님까지 저를 "형"으로 부릅니다. (웃음)

팀 분위기에 녹아 든 모습이네요.
 동료들과 자주 함께 다닙니다. 여기 와서 놀란 것 중 하나가 동료의 생일을 축하하는 식사 자리나 모임이 많아요. 그런 교류 시간도 있어서 빠르게 가까운 관계가 된다고 생각합니다.

팬들과의 관계도 좋다고 들었어요. 연습 후에 사인을 하거나 사진을 같이 찍는다고요. 한국에서는 쿨하면서도 과묵해서 가까이 다가갈 수 없는 이미지였는데 여기 와서 달라지게 된 이유라도?
 확실히 한국에 있을 때는 팬 서비스에 소극적이었고, 인터뷰도 별로 하지 않았습니다. 사람들 앞에 나가서 뭔가를 하기가 그랬어요. 여기 왔을 때도 연습이 끝나면 허겁지겁 라커룸으로 돌아갓었죠. 근데 J리그에서는 팬 서비스도 선수의 의무라고 배웠고, 팬의 모습을 보고 있으면 이상하게도 제 자신의 기분이 좋아지더라고요.

그러한 변화는 스스로 마음을 다르게 먹어서일까요? 아니면 환경적인 요인일까요?
 둘 다 입니다. 스스로 변하려 했고, 주위 분들이 저를 바꾸게 한 부분도 있습니다. 한국에 있을 때보다 부드러워져야 한다고 생각하고 있고요. 새로운 환경에 적응하지 않으면 안 되고, 그러려면 무엇보다 동료와 친밀한 관계가 되어야 합니다. 평소의 관계가 경기 때 영향을 주니까요. 주위 분들이 저를 대하는 모습도 저를 달라지게 했습니다. 빗셀 고베 동료, 프런트, 스태프, 팬 등 모든 분들께서 너무 친절하게 대해주셔서 그에 대한 보답이랄까? 주위 사람들이 저를 변화하게 하는 것은 확실합니다.

❝ 선배들 덕분에 빗셀 고베에 올 수 있었다 ❞

빗셀 고베 관계자나 팬들이 거는 기대가 큽니다. 그것이 부담 되지 않나요?

마츠다 감독님, 프런트, 스태프 모두 "빗셀 고베에 젊은 선수가 많으니까 네가 이끌어달라"고 합니다. 또 "한국 국가대표에서 보여주는 리더십을 발휘하기 바란다. 한국 국가대표처럼 다녀도 상관 없다"고도 하시고요. 하지만 제가 갑자기 리더가 될 수는 없습니다. (웃음) 어디까지나 여기서는 신입이니까요. 일단 선수들과 친해질 시간이 필요해요. 그래서 "신뢰를 쌓고 싶다"고 말하면 "사양할 필요 없다. 네 색깔을 내라"고 부추깁니다. 그때마다 제게 거는 기대를 느낍니다만, 조금 압박감도 있네요. (웃음)

그래도 김남일 선수의 리더십을 기대하지 않을 수 없을 겁니다. 게다가 J리그 데뷔전 때 주장 완장도 찼으니까요.

그때는 주장인 오쿠보 요시토가 빠져서 제가 대신 했습니다만, 솔직히 놀랐습니다. 라커룸에 가면 유니폼과 함께 주장 완장이 있었어요. 주장 완장을 차면 그만큼 책임도 커지므로, 하고 싶지 않았습니다. 그러나 마츠다 감독이 "명령이다!"라고 해서. (웃음).

J리그를 뛰어보니 어떤가요?

아직은 적응 중이라 'J리그는 이렇다'고 정의하기는 어렵습니다. 예를 들면 일본의 잔디는 생각했던 것보다 짧고 공이 잘 튀어 잘 간수해야 한다고 생각합니다. 또 J리그는 K리그에 비해 경고도 더 많이 나오고요. 그러한 J리그의 특성을 빨리 몸에 배도록 해야 한다고 생각하고 있습니다.

K리그와 J리그의 차이를 느끼나요?

특히 수비 때 자리를 잡는 것에서의 차이에 당황했습니다. 왜냐하면, 저는 대인방어에 익숙해서 상대 수비수를 쫓아가는 버릇이 있거든요. 하지만 J리그는 지역방어가 기본 아닙니까? 머리는 이해하고 있는데도 눈과 발은 사람을 쫓아가버리죠. 결과적으로 저 때문에 쓸데없는 공간을 만들어 버리고 팀에 폐를 끼치는 것이 몇 번 있었습니다. 그런 실패를 되풀이하지 않도록 매 번 주위와의 연계를 의식하고 있고 제 위치를 자주 확인하고 있습니다.

빗셀 고베에서의 목표는 무엇인가요?

　지금은 결과를 남기는 것입니다. 모든 팀을 이기고 싶지만 J리그의 강팀은 꼭 이기고 싶네요. 주위를 놀라게 하고 싶고, 팬들을 기쁘게 하고 싶습니다. 그리고 J리그에서 뛴 선배들처럼 한국 선수의 이미지 향상에 도움이 되고 싶네요. 저보다 앞서 빗셀 고베에서 뛴 하석주, 김도훈, 최성용 선배님께서 열심히 하시고, 좋은 이미지를 쌓으신 덕분에 제가 여기에 있다고 생각합니다. 실제 구단 관계자들도 선배님들 얘기를 자주 합니다. 그런 말을 들으면 저도 후배들 때문에 더욱 열심히 해야 한다고 생각합니다.

김남일 is

생년월일	1977년 3월 14일
학력	송월초-부평동중-부평고-한양대
선수경력	전남 드래곤즈(2000~2002)
	-엑셀시오르(2002~2003)
	-전남 드래곤즈(2003~2004)
	-수원 삼성(2005~2007)-빗셀 고베(2008~2009)
	-톰 톰스크(2010~2011)
	-인천 유나이티드(2012~2013)-전북 현대(2014)
	-교토 상가(2015)
대표경력	A매치 98경기 2득점
	월드컵(2002, 2006, 2010), 아시안컵(2004),
	이시안게임(1998), 골드컵(2002), 동아시안컵(2008)
우승경력	K리그 클래식(2014), K리그컵(2005),
	K리그 슈퍼컵(2005), A3 챔피언스컵(2005),
	동아시안컵(2008)
수상경력	K리그 베스트11(2003), 체육훈장 맹호장(2002),
	골드컵 베스트11(2002), 동아시안컵 MVP(2008)

감바 오사카를 움직인 코리언 듀오

각급 대표팀을 거치며 한국 축구를 대표했던 조재진과 박동혁. 조재진은 공격수로 박동혁은 수비수로서 소속팀과 대표팀에서 빼어난 활약을 펼쳤다.

둘은 2009년 감바 오사카에서 함께 뛰었다. 시미즈 에스펄스에서 활약했던 조재진은 2008년 전북 현대에서 뛴 뒤 1년 여만에 다시 J리그 무대에 섰다. 울산 현대에서 활약했던 박동혁은 자신의 첫 해외 무대로 일본을 택했다.

조재진은 2010년까지 감바 오사카에서 활약했으나 고질적인 부상으로 인해 2011년 3월 은퇴했다. 박동혁은 감바 오사카를 거쳐 가시와 레이솔, 다롄 스더에서 뛴 뒤 2014년 울산 현대에서 현역 생활을 마쳤다.

감바 오사카는 2008년 AFC 챔피언스리그를 제패하며 아시아 정상에 올랐던 강호다. 이 팀에서 두 한국인 선수는 무엇을 느끼고 있었을까? 2009년 4월 중순 감바 오사카의 클럽 하우스에서 조재진, 박동혁이 가슴 속에 안고 있던 이야기를 들었다.

> **환경은 K리그보다 J리그가 낫다**

시즌이 시작부터 1개월이 지났습니다. 어떤 생각이 들고 있나요?

　조재진(이하 조) : 일본에서 뛰는 것은 1년 만입니다. J리그에 돌아온 것을 기쁘게 생각합니다. 감바 오사카 이적이 정해졌을 때부터 J리그에서 뛰는 것을 기대했습니다. 오사카에서의 생활에 아주 만족하고 있습니다. 무엇보다 감바 오사카란 강호에 이적한 것이 좋았고요.

박동혁 선수는 어떤가요? J리그에서 뛰는 것이 처음인데요.

　박동혁(이하 박) : 예전부터 한번은 J리그에서 뛰고 싶다고 생각했습니다. 그래서 솔직히 기쁘게 생각합니다. 재진이와 마찬가지로 AFC 챔피언스리그를 제패한 감바 오사카란 강호에서 뛸 수 있어 만족합니다. 수준 높은 선수가 많아 많은 경험이 되어 너무 기쁘네요.

감바 오사카는 J리그 경기 뿐만 아니라 AFC 챔피언스리그도 출전해 일정이 빡빡합니다. 그런 부분이 힘들지 않나요?

　박 : K리그에서도 AFC 챔피언스리그에 출전해봤습니다. 빡빡한 일정은 경험했기에 문제되지 않습니다. 시간이 지나면 컨디션 조절이 어려워질 수 있지만, 제대로 준비하면 문제는 없습니다.

　조 : 경기가 많으면 출전수당이나 승리수당이 많아서 좋아요. (웃음) 농담이고요. 경기가 많으면 그만큼 경기 감각을 유지할 수 있습니다. 그래서 선수들에게도 좋습니다. 물론 원정경기는 이동 거리가 길어 피로가 쌓이거나 컨디션 조절에 어려울 수도 있죠. 그러나 그것만 조절하면 좋은 경기력을 유지할 수 있습니다.

J리그행을 결정한 이유는 무엇인가요? 특히 조재진 선수는 J리그에서 전북 현대에 가자

마자 1년 만에 다시 J리그로 왔거든요.

조 : 오랜만에 한국에 왔는데 1년 만에 떠나 전북 현대 팬들에게 죄송했고 아쉬운 마음도 있었습니다. 일부 팬들은 제가 다시 J리그로 가는 것에 호의적이지도 않았고요. 한국 팬 중에는 K리그보다 J리그의 수준이 낮다고 보는 분도 있습니다. 그러나 가장 안타까웠던 것은 "돈 때문에 J리그에 갔다"는 말을 들은 것입니다. 저는 프로라서 돈도 중요합니다. 하지만 결코 돈으로 이적을 정한 것은 아니에요. 제게 돈 이상으로 소중한 것은 환경이에요. 많은 응원단과 팬 등 많은 사람들의 성원으로 뒤덮인 경기장, 축구에 전념할 수 있는 시설과 운영 체제 등. 환경적인 부분에서 더 나아 다시 J리그행을 정했습니다. 축구를 하는 환경은 K리그보다 J리그가 더 낫다고 느낍니다. 물론 J리그나 K리그 모두 좋은 면과 나쁜 면을 다 갖고 있다고 생각합니다. 즉, 양국을 단순 비교해서 일본이 좋아 J리그로 온 것은 아니에요. 포괄적으로 생각하다 고민 끝에 결정했습니다.

J리그에서 다시 한번 뛰고 싶다는 마음도 강했을까요?

조 : 다시 J리그에서 뛰고 싶은 마음도 있었습니다. K리그는 관중이 적을 때도 있어 뛰고 있어도 즐거운 기분이 되지 않을 때가 있었습니다. 축구 선수라면 누구나 관중이 많은 경기장에서 큰 응원을 받고 싶다고 생각하지 않을까요? 그런 환경에서 다시 뛰고 싶다고 생각할 때 감바 오사카에서 제안이 왔습니다. J리그에서는 팬이 선수에게 거는 기대가 크고 그 기대에 보답하기 위해 선수도 노력합니다. 그러한 과정을 거쳐서 나감으로써 자신이 성장하는 것이라고 생각합니다.

박동혁 선수는 어떤가요? 감바 오사카로부터 제의가 왔을 때 고민이 있지 않았나요?

박 : 물론 고민도 있었습니다. 울산 현대의 계약 조건이 좋았거든요. 일본에 오면 말 그대로 처음부터 다시 시작해야 했기에 불안과 걱정이 없었다면 거짓말이죠. 한국에서는 K리그 시즌 베스트 일레븐도 선정되는 등 결과를 남기고, 어느 정도 지위도 구축했죠. 그래서 더욱 결과를 쌓아가는 것도 개인적으로도 지난 시즌 베스트 일레븐에 선정되는 등 결과를 남기고 어느 정도의 지위를 구축했으니 나쁘지 않은 선택이라는

생각도 했고요. 다만 이전부터 기회가 있다면 해외에서 뛰고 싶은 마음이 강했고요. 그 기회가 오게 된 거죠. 그래서 고민 끝에 J리그 진출을 결정했습니다.

> **" J리그 공격수들은
> 수비수 뒷공간을 노린다 "**

J리그에서 실제 뛰어 보니 어떻던가요?

박 : 아직 완전히 적응했다고 생각하지는 않습니다. 지금은 J리그 스타일에 익숙해지려고 노력하는 단계에요. 굳이 말하자면 제 장점을 살린 플레이를 하지 못한 것이 아쉽네요. 감바 오사카의 팀 컬러에 제 플레이를 맞출 부분이 많아요. 다만 좀 더 연습이나 시합을 하면 팀 컬러에 제 장점을 발휘할 것이라 생각합니다.

조재진 선수가 볼 때 1년 사이에 J리그에 바뀐 것이 있나요?

조 : 크게 달라진 것은 모르겠어요. 1년이었으니까요. (웃음)

그래도 팀이 바뀌었습니다. 시미즈 에스펄스와 감바 오사카는 축구 스타일도 다르지 않을까요. 그리고 감바 오사카는 우승 후보라 상대팀의 경계가 심할 텐데요.

조 : 저는 공격수라 상대가 경계하는 것은 당연합니다. 그것은 제가 넘어야 할 부분입니다. 그리고 제가 감바 오사카를 선택한 이유는 우승을 노려볼 만한 팀이고 좋은 선수가 많다는 점입니다. 감바 오사카는 지난해 AFC 챔피언스리그를 우승했고 올해도 우승을 노리고 있습니다. 그런 팀에서 제 실력을 테스트할 수 있는 것 그리고 아시아와 세계 무대에서 싸울 수 있다는 것이 감바 오사카를 선택한 요인이 됐습니다. J리그에서는 아직 우승 경험이 없기 때문에 우승을 차지하고 싶다는 마음이 큽니다.

우승을 하겠다는 조재진 선수의 마음이 잘 전해집니다. 그럼 시미즈 에스펄스와 감바 오사카의 축구 스타일의 차이는?

조 : 시미즈 에스펄스는 그라운드를 크게 쓰고 롱 패스와 크로스를 활용하는 축구였습니다. 반면 감바 오사카는 짧은 패스로 축구를 하는 스타일입니다. 미드필드를 축으로 상대를 무너뜨리기 때문에 크로스보다 중앙에서 세세한 패스로 전개하는 패턴이 많아요. 미드필드에 뛰어난 선수가 많아 시미즈 에스펄스에서 뛸 때보다 득점 기회가 많은 것도 특징입니다.

박동혁 선수는 오랫동안 K리그에서 뛰고 감바 오사카에 왔습니다. K리그와의 차이가 어디에 있다고 느껴지나요?

박 : K리그에서는 내려서서 수비하고 역습을 많이 하지만 감바 오사카는 라인을 점점 올리는 스타일이에요. 수비라인의 위치가 높아서 더 공격적인 수비로 볼 수도 있지만, 그만큼 수비라인의 뒤가 비어버리기 때문에 그곳을 잘 신경 써야 합니다. 수비라인을 올리면 뒷공간이 비는데 이건 수비수에게 가장 무서운 일이 됩니다. 만약 수비라인을 올렸을 때 공을 상대에게 뺏기면 단번에 수비수 뒤로 연결되면 위기 상황이 되어버립니다.

확실히 수비수 입장에서 보면 앞으로 나오는 것은 무서운 일이죠.

박 : 네. 그것이 가장 걱정이에요. 지금까지 뛴 경기는 모두 어려운 경기였습니다. J리그의 공격수들은 빠르고 수비라인 뒤를 노리고 들어와 무섭다니까요. 이 차이를 빨리 익히고 동료와 호흡을 맞추는 것이 숙제에요. 훈련을 하고 있고, 경기를 뛰면서 경험을 쌓고 있으니 문제는 없습니다. 여러 상황의 축구를 경험하는 것도 제게는 좋은 것이니까요.

J리그는 수비수의 압박이 덜해 공격수에게 플레이하기 쉽다는 말이 있습니다. 조재진 선수가 볼때 실제로 K리그보다 J리그가 뛰기 쉽게 느껴지나요?

조 : 그것은 보는 사람마다 다릅니다. 한국에서는 대인 방어를 주로 하고 일본에서

는 지역 방어를 주로 한다는 생각은 틀렸다고 봅니다. 대인 방어는 자신을 맡은 수비수만 제치면 되지만 지역 방어는 한 명을 제치더라도 다른 수비수가 커버합니다. 지역 방어가 공격수에게는 더 어려울 수도 있습니다. 많은 분들에 저를 보고 K리그에서는 골을 넣지 못했고, J리그에서는 왜 많이 득점하냐고 말합니다. 반대로 생각하면 J리그에서는 우수한 미드필더와 측면 공격수가 있어 득점할 수 있다고 봅니다. 예를 들어 좋은 크로스와 패스가 최전방으로 연결되는 거죠. 그렇게 되면 공격수는 더 많은 기회가 생기고 골을 넣게 되니까요. 그러나 K리그에서는 수비에 중점을 두고 축구를 하다 보니 아무리 우수한 미드필더가 있더라도, 공이 넘어가지 않거나 패스의 정확도가 떨어지고 기회도 좀처럼 만들어지지 않습니다. 그래도 J리그는 K리그만큼 부담 없이 뛸 수 있다고 여겨지기 마련입니다. 실제로 뛰고 있는 제가 말해서가 아니라 K리그와 J리그의 수비 부담 차이는 없다고 생각해요.

> **일본에서는 나이 차가 나도 친구처럼 대한다**

오사카라는 도시의 이미지는 어떤가요?

조 : 시즈오카 사람들과는 어딘가 분위기가 달라요. 오사카 사람들을 보면 조금 거칠다고 할까? 한국인을 닮은 것도 있습니다. (웃음)

박 : 저는 아직 잘 모르겠네요. 일본에 온 지 몇 개월 되지 않았고 경기를 하는데 집중하고 있거든요. (웃음)

문화의 차이를 느낀 적이 있나요? J리그에서 뛰었던 유상철 씨는 선후배 관계에서 한국과 차이를 얘기했었는데요.

박 : 선후배 관계에서의 차이가 느껴져요. 일본에서는 나이에 관계없이 친구처럼 지

내요. 그렇지만 한국에서 선배는 후배에게 절대적인 존재라 그 관계를 철저히 해요. 선배를 보면 반드시 인사를 하는 것처럼요. 저는 그런 한국 스타일에 익숙하지만, 일본에 와서는 어린 선수들에게도 제가 먼저 인사를 하죠. 아직 익숙하지는 않아요. (웃음)

해외 생활로 인한 스트레스는 없나요?

조 : 이제 일본에 익숙하니까요. 문화의 차이와 생활로 인한 스트레스는 없습니다. 단지 스트레스를 느끼는 것은 좋은 플레이가 되지 않거나 골을 넣지 못했을 때에요.

한국 선수 2명이 함께 있는 것에 대해 어떻게 생각하십니까? 외국인 선수가 2명 있으므로 결과를 내지 않으면 책임도 묻게 된다는 압박은 느끼지 않나요?

조 : 한국 선수가 같은 팀에 있으면 생활은 매우 편하죠. 시미즈 에스펄스에서 뛸 때도 최태욱이 같은 팀이어서 심리적으로 편한 부분도 있었습니다. 그러나 결과가 좋지 않으면 비판의 대상이 되는 것은 외국인 선수입니다. 시미즈 에스펄스 때도 성적이 좋지 않으면 제가 비판의 대상이 됐습니다. 골을 못 넣고 지면 제 책임이니까요. 다만 선수로서 그런 압박은 경험하는 것도 좋습니다. 다음에는 골을 넣겠다고 강하게 생각하게 되니까요.

박 : 제가 K리그에서 뛰고 있을 때도 그랬지만 외국인 선수가 결과를 남기지 못하면 동료들로부터 신뢰를 받지 못합니다. 제가 그런 입장이고 모두에서 신뢰를 얻도록 노력하고 있는 중입니다.

감바 오사카는 수준 높은 미드필더가 많기로 유명합니다. 일본 국가대표인 엔도 야스히토는 어떻습니까? 함께 플레이 해 보면 역시 잘한다고 느끼십니까?

조 : 확실히 믿음직한 존재입니다. 경험이 풍부하고 팀을 좋은 흐름으로 가지고 가기 위해 어떻게 움직여야 할 지 알아요. 감바 오사카는 볼 점유율이 높기 때문에 공격수 입장에서 보면 수비를 의식하지 않고 공격에만 전념 할 수 있습니다.

박동혁 선수는 수비수들과 어떻게 커뮤니케이션을 하고 있습니까?

박 : 일본어와 영어를 섞어가며 합니다. '앞', '뒤', '오른쪽', '왼쪽' 같은 간단한 일본어는 기억했습니다. (웃음) 축구 용어는 한국어와 비슷해서 문제 없고요. 앞으로 더 일본어 공부를 해서 제대로 의사 소통을 하고 싶네요.

선수뿐만 아니라 감독과의 커뮤니케이션도 중요하다고 봅니다. 니시노 아키라 감독과는 어떻습니까?

박 : 홍명보, 유상철, 황선홍 선배님과 개인적으로 연락하고 사이 좋게 지내는 것은 알고 있습니다.

조 : 저는 홍명보 선배님, 유상철 선배님에게 니시노 감독의 이야기를 들었습니다. 홍명보 선배님은 "조금 무서운 면이 있다"고 했습니다. (웃음) 유상철 선배님은 "경기에 지는 것을 매우 싫어하는 사람"이라고 했고요. 어느 쪽이냐고 말한다면 한국인에 가까운 성격이라 하겠네요.

박 : 그럴 수도 있겠습니다. 니시노 감독님은 김치와 한국 문화를 좋아하시거든요. (웃음) 의외였어요.

> ❝ **선수층이 두꺼운 것도**
> **J리그의 특징** ❞

한국 팀과 경기를 하게 되면 평소 이상으로 강한 마음이 되나요?

조 : 저는 그런 기분이 강합니다. 한국 축구 팬들 중 일부는 K리그보다 J리그의 수준이 낮다고 생각하는데 결코 그런 일은 없다. J리그도 레벨이 높고 자칫하면 K리그보다 실력이 있다는 것을 증명해 일부 팬들이 갖고있는 생각을 바꾸고 싶습니다.

J리그에서 뛰는 입장에서 볼 때 K리그의 문제점은 있습니까?

박 : K리그가 정신력, 투쟁심에서 일본보다 뛰어난 것은 사실입니다. 그러나 기술이나 경기 템포 등은 일본 선수의 수준이 높다고 생각합니다. 선수층이 두꺼운 것도 J리그의 특징이죠. K리그는 삼성, FC서울 등에 좋은 선수가 모이지만 다른 팀의 선수층은 좋다고 할 수가 없어요.

J리그에서 상대하기 어렵다고 느낀 공격수가 있습니까?

박 : 사토 히사토[37] 선수입니다. 개인기보다 뛰는 양이 많아요. 한국 스타일의 수비라면 무섭지 않지만, 감바 오사카처럼 수비라인을 올리고 공격적으로 나가면 뒤에 많은 공간이 생깁니다. 그래서 경계하게 됩니다.

조재진 선수는 싫어하는 수비수가 있습니까?

조 : 모두 벅찹니다. 특히 안정적인 수비를 하는 선수는 어렵죠. 모든 수비수에게 지고 싶지 않다고 생각하는 것이 공격수 입니다.

조재진 선수의 목표는 무엇입니까?

조 : J리그와 AFC 챔피언스리그 우승입니다. 감바 오사카는 두 가지를 모두 달성할 팀이라고 확신합니다.

득점왕도 노리는 것 아닌가요?

조 : 물론 득점왕도 노리고 싶지만 쉽게 달성할 수 없습니다. 자기 욕심만 내세우면 팀에 나쁜 영향을 끼칠 수 있습니다. 팀에 기여하면 결과는 자연스럽게 따라올 것입니다.

유럽 진출은 생각하지 않아요?

NOTE

37 사토 히사토(佐藤寿人). 1982년생으로 현재 산프레체 히로시마에서 뛰고 있다. J리그 통산 최다득점 기록을 갖고 있는 공격수.

조 : 전혀 생각하지 않아요. 그 꿈은 접어 버렸습니다. (웃음) 지금은 감바 오사카에서 결과를 남기는 것에 집중하고 싶어요.

박동혁 선수의 목표는?

박 : 많은 경기를 뛰어 모두에게 인정 받지 않으면 안됩니다. 한 경기라도 더 뛰어 팀에 기여하고, 우승하고 싶습니다.

조재진 is	생년월일	1981년 7월 9일
	학력	숭신초-대신중-대신고
	선수경력	수원 삼성(2000~2001)-광주 상무(2002~2003) -수원 삼성(2004)-시미즈 에스펄스(2004~2007) -전북 현대(2008)-감바 오사카(2009~2010)
	대표경력	A매치 40경기 10득점 월드컵(2006), 아시안컵(2007), 올림픽(2004)
	우승경력	K리그컵(2000, 2001), K리그 슈퍼컵(2000), AFC 챔피언스리그(2001), 아시안 슈퍼컵(2001)

박동혁 is	생년월일	1979년 4월 18일
	학력	숭실초-경희중-경희고-고려대
	선수경력	전북 현대(2002~2005)-울산 현대(2006~2008) -감바 오사카(2009)-가시와 레이솔(2009~2011) -다롄 스더(2012~2013)-울산 현대(2013~2014)
	대표경력	A매치 18경기 0득점 올림픽(2000), 아시안게임(1998, 2002), U-20 월드컵(1999)
	우승경력	K리그컵(2007), K리그 슈퍼컵(2004, 2006), FA컵(2003, 2005), A3 챔피언스컵(2006), J1리그(2011), J2리그(2010)
	수상경력	K리그 베스트 일레븐(2008)

김진규

한국과 일본은 미묘하게 달라 배우는 것도 많다

J리그에서 활약한 한국 축구
신세대 수비의 선봉장

　김진규는 2008년 베이징 올림픽에 출전한 한국 올림픽대표팀 주장을 지냈다. 19세에 이미 국가대표로 데뷔했고 2006년 독일 월드컵에도 주전 수비수로 활약했다.

　전남 드래곤즈에서 프로 데뷔한 그는 20~21세 때였던 2005~2006년 2년 동안 주빌로 이와타에 소속돼 J리그 무대를 누볐다. 또한 2011년에는 반포레 고후 유니폼 입고 J리그 생활을 했다. 그 외에도 김진규는 FC서울, 다롄 스더 등에서 주전 수비수로 활약했다. 올해부터 태국 파타야 유나이티드에서 활약 중이다.

　그런 그와 주빌로 이와타의 추억 그리고 한국, 일본 국가대표에 대한 생각을 들은 적이 있다. 당시는 2008년 8월, FC서울 소속이었을 때다. 지금으로부터 8년 전이었지만, 지금 다시 그의 말을 보다 많은 생각을 갖게 한다.

" TV 중계를 본 뒤
J리그 진출 마음이 생겼다 "

김진규 선수가 일본에 왔을 때는 스무 살 밖에 되지 않을 때였습니다. 이듬해까지 2년을 지냈는데 어떤 시간으로 기억되나요?

지금까지 축구를 하면서 가장 좋은 시기에 일본에서 2년을 보냈습니다. 많은 것을 배웠고 말할 수 없을 정도로 좋은 일도 많았습니다. 예를 들면 J리그에서 뛰고 있는 사이에 국가대표가 되어 독일 월드컵에 출전했죠.

2003~2004년에 전남 드래곤즈에서 뛴 뒤 주빌로 이와타로 이적했습니다. 일본에 가겠다고 결심한 이유나 계기는 무엇입니까?

저는 고등학생 때부터 프로에서 뛸 생각만 했습니다. 프로 선수가 되는 것을 목표로 연습했습니다. 그러던 어느 날 J리그 경기를 볼 기회가 생겼고, 경기를 본 뒤 "J리그에 가지 않으면 안 된다. J리그에서 뛰고 싶다"라고 생각했어요. 사실 고등학교 때도 일본에 갈 기회는 있었지만 이루어지지 않았고 졸업 후 전남 드래곤즈에 입단했죠. 그 뒤 주빌로 이와타의 야마모토 마사쿠니 감독님의 요청으로 이적하게 됐죠.

어린 나이에 해외에서 선수 생활을 하는 것에 대한 걱정은 없었나요?

그런 걱정은 없더라고요. 불안하지도, 두렵지도 않았어요. 해외 전지훈련 가는 기분으로 있었어요. (웃음) 하지만 팀에 들어가면 그런 기분은 없어졌어요. 한국과 일본은 문화가 비슷하면서도 비슷하지 않은 부분이 있었거든요.

어떤 부분에서 문화의 차이를 느꼈나요?

한국 선수는 바로 친하게 대하는데 일본 선수는 처음에는 차갑다고 해야 할까? 거리를 둔다는 생각이었어요. 그래서 팀에 녹아 들기 어렵다고 느꼈지만, 당시 주빌로 이와타에 최용수 선배님께서도 계셔서 여러모로 도움을 받았습니다. 물론 제가 적극적으로 다가갔고, 특히 비슷한 나이의 선수들과 함께 식사하거나 목욕도 같이 했죠. 그러면서 모두가 마음을 열어주었습니다.

일본에서 생활하면서 그리운 곳이 있나요?
　이와타 시내에 있는 한국 식당이요. 거기 아주머니께서 여러모로 돌봐주셨어요. 그리고 온천을 좋아해서 여러 곳을 다녔는데 또 가보고 싶습니다.

일본어는 어떻게 배웠습니까?
　한국인 여선생님께 배웠습니다. 그 선생님께서는 일본인에게 한국어를 가르치는 분이셔서 쉽게 배울 수 있었습니다.

지금도 기억하는 일본어는 있습니까?
　여러 가지가 있어요. 일본 아이들과 충분히 대화할 수준입니다. (웃음) 지금도 일본의 지인들과 전화로 얘기해요. 주빌로 이와타 팀 스태프와도 종종 전화통화를 하죠.

> **❝ 일본 축구도
> 압박 플레이가 강했다 ❞**

한국 축구와 일본 축구의 차이를 느낀 것이 있었습니까?
　일본을 가기 전 선배들로부터 일본 축구의 특징을 다양하게 들었습니다. 일본 축구는 압박 플레이가 한국만큼 강하지 않아서 플레이가 쉽다고 했죠. 그런데 정작 뛰어보니 많이 달라졌다고 느꼈습니다. 제가 요코하마 F.마리노스를 상대로 J리그 데뷔전을 치렀는데 한국 팀을 상대한다는 느낌이 들 정도로 압박 플레이가 강했습니다. 당시 저는 장거리 패스를 자주 했는데 압박이 강해서 좀처럼 패스를 하지 못했죠. 그래서 플레이 스타일을 바꿔야겠다고 생각했고, 실제로 바꾸었습니다. 일본 선수들은 짧은 패스를 받으려는 성향이 커서 그것에 맞추려 했죠.

주빌로 이와타 입단 첫 해부터 주전 수비수로 활약했습니다. 당시 주빌로 이와타는 시즌 도중 스리백에서 포백으로 바뀌었는데, 그 변화에 유연하게 대처한 모습이었습니다.

고등학교 때나 프로에 데뷔했을 때 스리백이어서 어떻게 해야 할지 잘 알고 있었습니다. 그리고 대표팀에서는 포백이어서 시스템이 바뀌어도 충분히 자신이 있었고요.

김진규 선수는 프리킥 찰 때 강렬한 모습이 유명합니다. 프리킥을 하면서 영향을 준 선수가 있었나요?

나나미 히로시[38] 씨로부턴 정말 여러 가지를 배웠습니다. 나나미 씨가 평소에서는 말이 없었는데, 제 프리킥을 조용히 바라본 뒤 알려줬습니다. "무작정 세게 찬다고 다 되는 건 아니다"라고요. 당시 전 6~7보 정도 도움 닫기를 한 뒤 프리킥을 했는데, 나나미 씨는 "너는 3보만 도움닫기를 해도 충분하다"고 해줬고요. 다만 아쉬운 점은 나나미 씨 도움을 받으며 연습했지만 경기 때는 프리킥으로 골을 하나도 넣지 못했어요. (웃음) 아쉽네요.

그 외에도 영향을 주거나 큰 인상이 남아있는 선수가 있나요?

주빌로 이와타에 와서 후쿠니시 다카시라는 선수를 처음 알았는데, 그때나 지금이나 후쿠니시 씨가 아시아 최고의 미드필더라고 생각합니다. 나카무라 순스케도 있지만, 후쿠니시 씨는 그 이상입니다. 패스 전개, 공수 균형 감각 등을 보면서 전 "왜 이렇게 잘하는 선수가 일본에서 뛰고 있어요? 좀 더 수준 높은 리그나 팀에서 뛰어야 하는데"라고 말할 정도였죠.

NOTE

38 나나미 히로시(名波浩). 주빌로 이와타와 일본 축구의 레전드로 왼발킥의 달인으로 유명했다. 2014년부터 주빌로 이와타 감독으로 팀을 이끌고 있다.

일본에서 생활하면 잊을 수 없는 추억은 무엇입니까?

　일본에서 혼자 생활했는데 밤에 자고 있으면 이상한 소리가 들리는 거에요. 사람의 발소리였죠. 그게 너무 싫고 기분 나빠서 부적을 붙였을 정도 입니다. 이제서야 얘기하지만 그 소리가 너무 무서워서 6~7개월은 잠도 못 이뤘어요. (웃음)

전혀 겁이 많을 거라고 보이지 않는데요? (웃음)

　제가 의외로 민감해요. 소리가 나면 바로 깨는 성격이에요. 게다가 일본은 지진도 많잖아요. 다행히 큰 지진을 겪진 않았지만 작은 지진이 많았고 조금 무서웠어요. 이와타가 있는 시즈오카 일대에 큰 지진이 온다는 말도 있었잖아요. 제가 이와타를 떠난 이유 중 하나일지도 모릅니다. (웃음)

J리그와 K리그의 차이와 공통되는 부분은 있습니까?

　스타일이 완전히 다르죠. K리그는 파워풀하고 터프한 플레이를 하는데, J리그는 어떤 곳이라도 패스를 연결해서 공격을 전개하죠.

한국 언론에서 K리그와 J리그가 경기하면 J리그가 우세하다는 말을 합니다. 그것에 대해서는 어떻게 생각하세요?

　최근의 성적만으로 한다면 그럴 수도 있지만, 그것만으로 일본이 위, 한국이 아래라고 가리기는 어렵습니다. 프로팀 간의 경기에서 J리그가 앞서도, 대표팀 경기에서는 다른 결과가 나올 것이라 생각합니다.

> ## 일본은 내 자신의 장점을 이끌어 낼 상대

홍명보 코치가 "국내에서 가장 경험이 있고, 최고의 수비수는 김진규"라고 한 적이 있습니다. 이러한 평가와 함께 그 동안의 경험에서 얻은 것은 무엇입니까?

　A매치 출전? (웃음) 농담이고요. 자신감인 것 같습니다. 경기를 풀어가기 위한 넓은 시야도 자신감에서 나오거든요. 그리고 자신감의 뒷받침이 되는 것은 역시 경험입니다. 특히 수비수에게는 경험이 중요하죠. 실점의 쓰라린 경험도 성장의 밑거름이 되요.

일본과 한국의 수비 훈련에서 차이가 있나요?

　일본은 수비 조직 훈련을 많이 해요. 한국도 같습니다. 훈련 프로그램은 양국 모두 비슷하다고 생각합니다. 다만 일본은 어린 시절부터 패스를 이용한 축구를 했고, 한국은 결과를 요구하는 축구를 했습니다. 지금은 많이 달라졌지만 예전에는 결과를 중시하는 축구를 했으니 기본기와 의식의 차이가 나온다고 느껴지네요.

2007년 아시안컵에서 한국과 일본이 3위 결정전에서 맞대결을 벌였습니다. 그 때의 일본 축구 인상은 어땠습니까?

　패스 플레이가 너무 좋았습니다. 우리도 나쁘지 않았지만, 기술은 역시 일본이라고 느꼈습니다. 하지만 승부차기 끝에 이긴 건 우리였습니다. 한국의 힘과 집중력이 일본을 넘어섰다는 느낌입니다. 그때 우리는 한 명 퇴장 당해서 10명에서 했습니다. 그럼에도 경기에 임하는 자세와 집중력으로 우리가 일본을 이겼다고 생각합니다.

2010 남아프리카공화국 월드컵 최종예선에서 한국과 일본은 다른 조가 됐습니다. 어떻게 보시나요?

　아쉽습니다. 일본과는 언제든 경기를 하고 싶으니까요. 전 일본과 경기하면 언제나 좋은 플레이를 할 수 있거든요. 아시안컵도 그렇지만, 항상 경기 내용이 좋아요. 제게 일본은 제 장점을 이끌어 낼 상대입니다.

마지막으로 한국과 일본의 축구 교류가 어떤 형태로 되어야 한다고 생각하나요?
　한국과 일본은 축구 스타일이 미묘하게 다릅니다. 그래서 경기가 재미 있고, 한국 선수들이 배우는 것도 많아요. 그래서 교류를 통해 서로 좋은 부분을 배우고 성장할 수 있는 환경을 만들었으면 합니다. 그렇게 해서 아시아 축구 발전을 위해 한일 양국이 힘을 모으면 좋겠습니다.

김진규 is		
	생년월일	1985년 2월 16일
	학력	강구중-안동고
	선수경력	전남 드래곤즈(2003~2004)
		-주빌로 이와타(2005~2006)-전남 드래곤즈(2007)
		-FC서울(2007~2010)-다롄 스더(2011)
		-반포레 고후(2011)-FC서울(2012~2015)
		-파타야 유나이티드(2016~현재)
	대표경력	A매치 42경기 3득점
		월드컵(2006), 아시안컵(2004, 2007), 올림픽(2008),
		아시안게임(2006), U-20 월드컵(2003, 2005),
		동아시안컵(2005)
	우승경력	K리그(2010, 2012), FA컵(2015)

칼럼

한국이 바라 본 J리그

"선수 입장에서 J리그 매력은 10년 전의 절반 수준"

    J리그는 2012년 출범 20주년을 맞았다. 한국은 그런 J리그를 어떻게 보고 있을까. 중앙일보의 박린 기자는 이렇게 말한다.
    "솔직히 J리그에 대한 관심은 최근 몇 년 동안 크게 감소하고 있습니다. 한국 선수의 활약이 TV 뉴스나 신문 지면에서 소개되는 일도 거의 없습니다. 스포츠 신문이나 인터넷 뉴스 등을 통해서도 단신 정도로 다뤄지는 분위기입니다. 한국 축구팬들의 관심은 국가대표팀과 유럽에서 활약 중인 한국 선수들에게 집중되어 있어 J리그에 대한 관심은 상대적으로 낮아졌습니다. 단적인 예로 요즘에는 J리그 소식보다 유럽에서 활약하고 있는 일본 선수인 카가와 신지에 대한 기사가 더 높은 반응을 얻을 정도입니다."
    더욱이 이제는 팬들도 예전처럼 J리그를 위협적인 존재로 인식하지 않는다고 K리그 우승 타이틀을 보유한 전북 현대의 서포터 이해철 씨도 이렇게 이야기 하고 있다.
    "예전에는 AFC 챔피언스리그 무대에서 가장 큰 라이벌로 팬들 역시 일본을 크게 의식했습니다. J리그의 실력도 실력이지만 2007년에 우라와 레즈의 서포터스가 남긴 인

| 칼럼

상도 강렬했거든요. 하지만 최근에는 중동 팀들이나 중국슈퍼리그 팀들이 더 위협적인 존재로 느껴지는 것이 사실입니다. 이유요? 한국 팀들은 중요한 순간에는 절대로 일본 팀들에게는 지지 않기 때문입니다. AFC 챔피언스리그 무대에서 J리그는 더 이상 K리그의 앞길을 막는 존재가 아니라는 인식이 강합니다."

그렇다면 실제로 싸우는 현장에서는 어떻게 느끼고 있을까. 2010년 AFC 챔피언스리그에서 가와사키 프론탈레, 감바 오사카와 대결했고 2012년에는 나고야 그램퍼스와 만나 본 적이 있던 신태용 감독의 분석은 이렇다.

"오해 없이 들어주시길 바랍니다만, 최근 J리그 팀들의 수준은 발전하고 있다기 보다는 다소 정체하는 듯한 느낌을 받습니다. 현역으로 뛰던 시절에도 J리그 팀들과는 몇 번이고 경기를 치른 적이 있지만, 개인적인 생각으로는 오히려 퇴보하는 듯한 인상까지 받고 있고요. 예전의 일본 축구는 체계적이고 빈틈 없는 축구를 한다는 인상을 줬습니다. 그런데 최근에는 일본 축구 특유의 섬세함, 주도면밀한 전술적 강점이 사라진 것 같다는 생각을 했습니다. 단지 그렇다고 해서 J리그가 두렵지 않다는 생각을 하는 것은 아닙니다. 경기력은 조금 정체됐어도 J리그는 여전히 수준급 외국인 선수들을 보유하고 있습니다. 또 젊고 재능 있는 선수들이 꾸준히 두각을 나타내고 있고요. 클럽 운영이나 경기장 분위기, 전반적인 환경이 훌륭한 것은 물론이고요. 리그 전체의 수준을 놓고 본다면 분명히 아시아 최고 수준이라고 생각합니다."

기량은 차치하고라도 리그 전체적인 수준이나 각 클럽의 운영상태에 대해 높은 평가를 전한 것은 단지 신태용 감독만은 아니다. K리그에서 굴지의 인기와 운영규모를 자랑하는 FC서울의 김태주 운영홍보팀장도 비슷한 의견을 제시했다. 특히 그는 J리그 팀들의 클럽 운영 방식과 마케팅 능력에 칭찬을 아끼지 않는다.

"K리그에는 J리그의 클럽 운영 사례를 참고하는 팀들이 많습니다. K리그 팀들이 특히 주목하고 있는 것은 지방 도시에서 지역과 밀착하며 클럽을 운영하는데 성공한 사례입니다. 이번 시즌의 경우 K리그에서는 구단들이 주도해 J리그의 지방팀들을 직접 찾아가는 연수도 계획되어 있습니다. 우리 팀만 해도 이미 우라와 레즈, FC 도쿄, 시미즈 에스펄스, 감바 오사카 등을 방문해 클럽 운영 방식을 보고 온 상태입니다. 요즘은 J리그 팀들뿐만 아니라 한신 타이거즈 같은 야구단까지 참고하고 있습니다."

　기성용의 에이전트인 추연구 C2글로벌 이사도 비슷한 목소리를 냈다. 이 의견은 J리그에 시사하는 바가 큰 대목이다.

　"10년 전과 비교하면 J리그의 매력은 반감했습니다. 몇년 전만 하더라도 한국 선수에게 J리그는 연봉이나 환경 등에서 여러 가지 장점을 가진 곳이었습니다. 하지만 최근에는 K리그 팀들도 일본과 비슷한 예산, 환경을 갖추어 하고 있기 때문에 한일 클럽 간의 격차는 더욱 줄어든 셈입니다. 또 얼마 전부터 J리그 팀들은 K리그 선수를 연봉 4,000만엔 이하 선수로 이적료 없이 데려가거나 C급 계약선수 로 주로 영입하는 추세를 보이고 있습니다. 같은 조건이라면 선수들은 K리그 팀에서도 충분히 만족할만한 대우를 받을 수 있습니다. 과거에는 K리그 드래프트를 피해 일본으로 건너가는 젊은 선수들이 있었고 지금도 여전히 존재하지만, 그 중에 크게 성공하는 선수는 드뭅니다. 그저 평범한 선수가 되어 다시 한국으로 돌아오는 선수들도 있고요. 이런 악순환을 끊기 위해 K리그는 2016년부터 드래프트 제도도 폐지하기로 결정했습니다. 극단적인 가정이 될 수 있겠지만 이렇게 되면 언젠가는 J리그를 더 이상 크게 의식하지 않는 날이 올지도 모릅니다."

PART 3

한국인 J리거 4세대
(2009년~현재)

오재석 김민우 조영철

한국인 J리거 4세대의 초상

새로운 세대가 시작한 한국인 J리거

잊을 수 없는 말이 있다. J리그의 첫 한국인 선수인 노정윤이 했던 말이다. 지쿠나 개리 리네커 등 세계적인 선수들과 맞대결을 펼쳤던 그가 1993년 일본에 왔을 때 이렇게 말했다.

"실패하면 다시 한국에 돌아갈 수 없다. 그런 각오로 일본 땅을 밟았다. 한국에서는 배신자라고 욕을 하고 있기 때문이다."

당시는 한일 관계가 지금보다 심각했다. 게다가 한국에서는 일본 축구를 한 수 아래로 보던 시절이었다. J리그에 온 노정윤의 첫 연봉은 유명 외국인 선수들과 비교하면 매우 적었다. 결혼 직후 아내와 히로시마에 온 그는 슈퍼마켓의 마감 세일 등을 이용해 생활비를 아꼈다. 그리고 연봉의 대부분은 부모에게 송금했다. 그럼에도 국내에서는 '돈 때문에 일본에게 아첨하는 것인가'라며 매도했다.

노정윤이 한국인 J리거의 첫 세대였다면 1996년 이후 일본에 온 고정운, 홍명보, 황선홍, 하석주, 유상철, 최용수 등은 두 번째 세대라 하겠다. K리그에서 실적을 쌓고 국가대표팀의 주축 선수이기도 했던 그들은 고액 연봉과 전담 통역, 집, 고급차 등을 좋은 대우를 받았다. 2002년 한일 월드컵을 앞두고 한일 양국의 우호적인 분위기도 있었다. 이러한 분위기로 이들의 동향은 한국에서도 상세히 보도됐다.

특히 팀에 미치는 영향이 막강했다. 대표적인 것이 가시와 레이솔에서 주장을 맡았던 홍명보다.

"일본 선수는 승패에 집착하지 않고 개인주의로 남에게 떠넘기는 경우가 있다"고 말하던 그는 철저한 승부 근성과 자기 희생 정신을 강조했다. 중요한 경기 전에는 동료들을 단골 고깃집에 모아 자기 돈으로 단합 대회를 갖기도 했다. 본인은 "더치 페이 문화에 적응하지 못했다"고 했을 뿐이지만, 홍명보는 한국 선수가 그 존재감으로 팀에 영향을 주는 최초의 성공 사례이기도 했다.

그리고 제3세대의 박지성이 새로운 성공 사례를 나타낸다. 1999년 9월 한일 올림픽대표팀 평가전에서 대패에 충격을 받은 뒤 "한국과 일본 축구의 차이를 경험하고 싶었다"는 호기심과 함께 명지대를 휴학하고 2000년 교토 상가 유니폼을 입었다. 그는 J리그에서 성장하고 PSV 에인트호번, 맨체스터 유나이티드로 이적하며 한 단계씩 올라갔다. 이 성공이 있은 뒤 J리그 팀들은 한국의 유망주들을 경쟁적으로 영입했다. 2009년 이후에는 국가대표 경력은 고사하고 프로 경력도 없는 선수들이 대거 J리그에 진출했다.

바로 한국인 J리거 제4세대의 등장이다. 2013년에는 J1리그 24명, J2리그 32명 등 총 56명의 한국 선수가 일본에서 뛰었다. 이는 브라질 출신에 이은 2번째로 많은 숫자다. 이들은 무엇을 위해 일본에 왔고 일본을 어떻게 바라보고 있을까?

> **" 사간 토스의 권유가 아니면
> 지금도 팀이 없었을 것 "**

"한국의 젊은 선수들이 일본에 오는 이유요? J리그는 관중이 많고 훈련 환경과 리그 시스템도 잘 되어 있어요. 무엇보다도 선수가 클럽과 팬, 언론으로부터 존중 받는 이미지가 있습니다. 그것이 매력적으로 비치기 때문이라고 생각합니다."

2010년부터 사간 토스에 뛰고 있는 김민우의 말이다. 처음에는 한국과 다른 우측통행에 당황했지만 이제는 자유자재로 운전을 하며 다닌다. 시내에 한국 식당은 한 군데밖에 없어 휴일이나 연습 후에는 기숙사 방에 틀어박혀 인터넷만 하는 일이 많지만, 축구를 전념할 수 있는 마을이라고 생각하며 토스는 제2의 고향이라고도 말한다.

"제가 일본에 올 것이라 생각도 못했어요. 2009년 이집트 U-20 월드컵에서 8강에 오른 뒤 PSV 에인트호번 입단 테스트를 받았는데 불합격했어요. 게다가 무단으로 입단 테스트를 받아 대학도 퇴학 당해 K리그를 가기도 어려운 상황이었어요. K리그도 갈 수 없어 불안하던 그때 제게 말을 건넨 팀이 사간 토스입니다. 사간 토스가 아니었다면 전 지금도 팀이 없었을지도 몰라요. 그렇게 생각하면 토스는 제게 제2의 고향이라고 할 수 있을 겁니다."

하지만 김민우는 힘든 첫 해를 보냈다. 말이 통하지 않고 주위에 지인이나 친구도 없었다. 그라운드 위에서는 결과를 내지 못하고 초조함, 스트레스와 싸우다 갑상선 기능이 저하되는 병을 앓았다. '작은 거인'이라 불릴 만큼 뛰어난 기량을 가졌지만 고독과 처음 경험하는 프로의 어려움에 시달렸다. 그런 자신이 지금도 J리그에서 뛸 수 있는 것은 같은 한국인인 윤정환 감독의 존재가 크다고 생각한다.

"생활하면서 윤정환 감독님께 고민 상담 등을 했습니다. 그러나 그라운드에서는 한국인이라고 특별 대우를 받지 않았어요. 오히려 더 열심히 하도록 엄격하게 대하셨습니다. 그리고 감독님께서는 제가 외국인 선수이니까 일본 선수들보다 2배 이상은 뛰어야 한다고 말씀하셨고요."

그것은 자신도 J리거였던 윤정환 나름의 조언일 것이다. 프로 경험의 유무나 나이는 관계 없었다. 일본에서는 김민우도 외국인 선수였다. 외국인 선수는 결과와 존재감을 보여야 생존할 수 있다. 김민우도 말한다.

"일본 선수들은 지더라도 담담한데 저는 그게 어려워요. 말을 하는 것 조차 꺼려지죠. 외국인 선수이기에 결과에 대한 책임을 가져야 한다고 생각하니까요."

그 말은 이미 J리그에 온 한국 선수들의 공통된 발언이기도 하다. 10여 년이 지나도 한국인 J리거의 생각은 바뀌지 않았다.

> **" 약해진 채 K리그로 돌아온
> 한국 선수들을 많이 봤다 "**

하지만 요즘은 일본에 온 모든 한국인 선수가 존재감을 발휘하는 것도 아니다. J리그에서 결과를 제대로 남기지 못하고 한국으로 다시 돌아갔으나 지지부진한 선수들도 여럿 있다. 세레소 오사카, 가시와 레이솔에서 뛰었던 황선홍은 그런 현상을 우려하면서 "J리그가 한국의 새싹을 따다 말리고 있다"고 지적했다. 2013년부터 감바 오사카에서 뛰고 있는 오재석도 동의한다.

"요즘은 젊은 선수들의 J리그행을 부정적으로 보는 경향이 커요. 저도 실력이 약해진 채 K리그로 돌아온 전 J리거들을 많이 봤습니다. 다만 일본에서 얻고 잃을 게 무엇인지 제 눈으로 직접 확인하고 싶었습니다."

오재석은 2012년 런던 올림픽 동메달 획득 멤버다. K리그에서는 강원FC에서 뛰었고 팀의 기둥이었다. 그런 그였기에 감바 오사카 이적을 결정했을 때 "유럽이라면 모를까, 왜 일본인가 그것도 J2리그에 갈 이유도 명분도 보이지 않는다"는 말을 많이 들었다. 지금도 이 물음은 계속되고 있다. 하지만 본인은 신경 쓰지 않고 있다.

"팬과 언론은 유럽 진출이 선수의 성공이라고 단정하겠지만, 그것은 안이한 생각이에요. 유럽에서 아무것도 하지 못하고 돌아온 선수들도 있거든요. 감바 오사카가 J2리그로 강등됐지만 오히려 팀의 재건에 일조가 될 수 있다는 것에 보람을 느끼고 왔습니다."

그는 감바 오사카에서 제안을 받았을 때 지인들에게 의견을 구했다. 오재석의 지인들은 "일본은 대우가 좋고 한국보다 돈을 더 벌 수 있다"고 말할 뿐이었다. 그러나 올림픽대표팀에서 동고동락한 이케다 세이고 피지컬 코치만은 달랐다고 한다.

"말이 통하지 않고 한국과는 상황이 다르니 틀림없이 고생한다고 하셨어요. 고생하지 않으려면 가지 않으면 되지만, 지금보다 성장을 하려면 가라고 하셨죠. 그 한마디로 결심이 굳어졌고 이케다 코치님 같은 지도자를 배출한 일본이 대단하다는 생각도 들었습니다. 일본이 부럽다고 생각한 것은 난생 처음이었어요."

일본에 온 뒤에는 일본에 대한 이미지도 바뀌었다. J리그를 경험한 선배들은 "왕따도 있다"고 했지만 그런 일은 없었다. 오자마자 동료들과 식사를 함께하고 훈련 때도 패스를 주고 받았다. 오른쪽 측면 수비수 경쟁자인 카지 아키라는 자신을 경계하고 멀리할 것이라는 생각과 달리 DVD 플레이어를 선물로 줬다. 또한 오재석의 가족이 오사카에 오면 식사 자리에 초대를 하는 등 배려와 친절을 보였다. 오재석은 그런 모습에 강한 인상을 받았다.

"일본에 오기 전까지 일본인은 겉과 속이 다르고 한국인에게는 차갑다는 선입견이 있었어요. 하지만 모두 친절하고 상냥해요. 전에 슈퍼에서 지갑을 잃어버렸다가 다음날 찾았는데 신용카드나 현금이 그대로 있었죠. 한국에서는 절대 있을 수 없는 일이 겠죠."

오재석은 직접 소통을 위해 드라마나 영화를 보면서 일본어를 공부하고 있다. 물론 생활하면서 어려운 점도 있다. 한국에서는 학생 때부터 단체 숙소 생활을 해 아침부터 밤까지 스케줄이 관리되고 훈련이나 사생활에서도 감독과 코치의 지도가 있었다. 하지만 일본에서는 자유로운 시간이 많고 아무도 간섭하지 않는다. 오재석은 아파트에서 클럽 하우스까지 자전거로 다닌다.

"한국에서는 기숙사와 연습장이 붙어 있어 출퇴근을 하는 건 첫 경험입니다. 스스로 밥을 하고 빨래를 하는 것도 처음이고요. 연습이 끝나면 특별히 할 일 없어 조용히 시간을 보냅니다. 철저하게 관리가 됐던 한국 선수들로서는 엄청난 자유죠. 그래서 고등학교 졸업을 하자마자 J리그로 간 선수들이 결과를 내지 못하고 K리그에 돌아온 뒤에도 적응하지 못한 이유를 알 것 같아요. 하지만 그렇게 생각하면 (조)영철이는 정말 대단한 것 같아요. 고등학교를 중퇴 하고 일본으로 바로 와서 뛰고 있으니까요."

〝 한국은 과거를 먼저 생각하고 일본은 미래만 생각했다 〞

오재석이 말한 영철이는 조영철이다. 조영철은 2007년부터 요코하마 FC, 알비렉스 니가타, 오미야 아르디자 등에서 뛴 한국인 J리거 4세대의 선두 주자다. 2014년 여름까지 J리그에서 활약한 조영철은 카타르 SC, 울산 현대를 거쳐 현재는 병역 해결을 위해 상주 상무에서 뛰고 있다.

"확실히 일본에서는 누구도 간섭하지 않고 자유로워서 여러 가지 유혹도 많아요. 그러나 이는 일본 선수들도 마찬가지에요. 축구도 사생활도 스스로 관리를 하지 못하면 한국인이든 일본인이든 J리그에서는 성공할 수 없습니다."

조영철은 2014년까지 일본에서만 7년을 보냈다. 지금은 일본 생활에 익숙하지만 처음에는 일본 생활에 익숙하지 않아 창피를 당하는 일도 있었다. 그러나 지금은 회화는 물론 일본어로 블로그, 트위터도 할 만큼 능숙하다.

물론 일본에서 남몰래 흘린 땀과 눈물은 수 없이 많다. 일본에 처음 온 뒤 2년 동안은 매일 집과 훈련장만 다녔고 집에서 독학으로 일본어 공부를 했다. 훈련이 끝난 뒤에는 헬스장에 가서 혼자 근력 운동만 했다고 한다.

"노는 것에 크게 관심이 없었고, 한국도 그립지 않았어요. 경기에 출전해야 했고, 여기서 성공하지 못하면 한국에 돌아가게 된다는 절박함이 자극이 되었습니다."

요코하마 FC에서는 교체 선수로도 들어가지 못할 만큼 설움을 겪기도 했다. 설움을 참지 못해 훈련장 구석에서 눈물을 흘릴 정도였다. 보다 못한 코치가 위로하러 올 정도로 통곡했다.

한편, 감독과 동료들로부터 납득할 수 없는 주문이나 대우를 받으면, 강하게 반박했다. 동료가 장난으로 머리를 쳐서 싸운 적도 있다. 한국에서는 애정표현이나 장난으로도 머리를 치는 것은 모욕적인 행위이기 때문이다. 젊지만 용병의 자각을 가지고 한국인의 자존심을 지켜야 한다. 조영철은 그렇게 생각했다.

"최근 한국 선수 중 일부는 포기하거나 말이 통하지 않아 위축된 경우가 있어요. 시합이나 연습 때 필사적으로 해야 합니다. 동료나 감독과 부딪히는 걸 두려워해서는 안 되죠. 우리는 일본 선수가 아니잖아요. 마음에서 지면 안 됩니다."

다만 일본 선수가 부러운 경우도 있다고 한다. "예를 들면 일본 선수는 언제 해외에 가서 언제 지도자가 되겠다는 자신의 인생 플랜을 세웠어요. 그것이 부럽더라고요. 한국 선수는 병역 문제가 있어 그걸 해결하기 전까지는 계획을 세울 수 없어요. 병역을 위해 한국에 들어가야 하니까요."

일본 선수들과 맞서기만 하는 것은 아니다. 서로 고민을 털어놓고 솔직하게 대화를 나누기도 한다. 축구만이 아닌 정치, 역사 등 민감한 사안에 대해서도 허심탄회하게 대화를 나눈다. 이는 홍명보 등이 뛸 때의 과거와는 전혀 다른 모습이다.

"한국과 일본 양쪽을 알기에 가끔 한일 관계에 안타까움을 느끼는 것도 있습니다. 한국은 과거를 먼저 생각하고 일본은 앞만 생각하죠. 일본이 지금보다 한국을 생각하고 한국도 일본을 이해하면 양국 관계는 더 가깝게 되겠죠. 립 서비스가 아니라 정말 그렇게 되길 바라고 있습니다."

한국과 일본은 축구에서 완전한 경쟁 관계다. 그 동안 치열한 경쟁은 서로 이해하고 양국을 한층 가깝게 했다. 그리고 이것에 가장 앞장선 이들이 한국인 J리거들이다. 때때로 민감한 상황에 노출되기도 하지만, 제4세대는 그것을 극복할 수 있는 유연한 균형 감각을 갖고 있다.

강함과 격렬함과 유연함. 그것이야말로 한국인 J리거 제4세대의 강점이자 최대의 매력인지도 모른다.

오재석 is

생년월일	1990년 1월 4일
학력	신갈고-경희대
선수경력	수원 삼성(2010~2011)-강원FC(2011~2012) -감바 오사카(2013~현재)
대표경력	올림픽(2012), 아시안게임(2010), U-20 월드컵(2009), U-17 월드컵(2007)
수상경력	올림픽 동메달(2012), 아시안게임 동메달(2010)

김민우 is

생년월일	1990년 2월 25일
학력	언남고-연세대
선수경력	사간 토스(2010~현재)
대표경력	A매치 11경기 1득점 아시안컵(2015), 아시안게임(2010), U-20 월드컵(2009), 동아시안컵(2013, 2015)
수상경력	아시안게임 동메달(2010), 챔피언십(2013)

조영철 is

생년월일	1989년 5월 31일
학력	학성중-학성고
선수경력	요코하마 FC(2007~2008) -알비렉스 니가타(2009~2011) -오미야 아르디자(2012~2014) -카타르 SC(2014~2015)-울산 현대(2015) -상주 상무(2016~현재)
대표경력	A매치 12경기 1득점 아시안컵(2015), 올림픽(2008), 아시안게임(2010), U-20 월드컵(2009), 동아시안컵(2013)
수상경력	아시안게임 동메달(2010))

이근호

한일전 정기 개최는 한국, 일본 모두 득

J리그에 충격적인 데뷔를 한 '태양의 아들'

 2014년 브라질 월드컵 조별리그 러시아전에서 중거리슛으로 골을 터뜨린 이근호. 이제는 한국 축구 있어 빼놓을 수 없는 공격수로 확실한 자리매김을 했다.
 올해부터 제주 유나이티드에서 활약 중인 이근호는 과거 주빌로 이와타, 감바 오사카 등 J리그의 명문팀에서 뛰며 일본 무대를 누볐다.
 특히 J리그 데뷔 시즌이었던 2009년의 활약은 압도적이었다. 주빌로 이와타 데뷔전에서 2골을 넣은 것을 시작으로 초반 8경기에서 6골이라는 경이적인 득점력을 과시했다. 당시에 강렬한 인상을 남겼기에 지금도 J리그에서는 이근호를 기억하고 있다.
 이근호와 만난 것은 2009년 6월이었다. 그의 목소리를 통해 일본에서의 생활, J리그에 대한 느낌 등을 들었다.

〝 빨리 경기를 뛰기 위해 J리그 선택 〞

주빌로 이와타에 입단하고 치른 8경기에서 6골을 넣었습니다. 자신의 플레이를 어떻게 평가하고 있습니까?

생각했던 것보다 빨리 팀에 적응할 수 있었습니다. 하지만 더 열심히 하지 않으면 안 된다고 생각합니다. 부담이 없다면 거짓말이 되겠지만, 그것은 어디에 있어도 느끼는 것이므로 신경 쓰지 않을 겁니다. 정신적인 부분에 관해서는 항상 마음을 진정시키려 노력하고 있습니다.

해외에서는 처음 뛰고 있습니다. 불안한 마음도 있었을 텐데 팀에 적응한 요인은 무엇입니까?

주빌로 이와타에 오기 전에는 이적할 팀이 정해지지 않아서 빨리 팀을 정하고 뛰고 싶었습니다. 주빌로 이와타에 입단한 뒤 연습을 열심히 했고, 경기에서도 100% 이상의 힘을 발휘하려고 노력했습니다. 그 결과 동료들이 저를 믿어주게 됐습니다.

유럽 이적도 생각한 것 같지만 J리그에 온 이유는?

유럽 진출이 잘 되지 않아 힘들었습니다. 빨리 경기에서 뛰고 싶었는데 마침 주빌로 이와타에서 제안이 왔습니다. 저도 빨리 뛰고 싶었고, 잘 맞아 떨어져서 J리그에 왔습니다. J리그에 관해서는 좋은 이야기를 들었습니다. 환경이나 클럽 운영 등이 제대로 정비되어 있다는 것을 들었어요.

구체적으로 누구에게서 들었습니까?

이름을 대면 너무 많아서. (웃음) J리그에서 뛴 적이 있는 대부분의 한국인 선수들에게서 들었어요. 모두 좋은 경험이었다고 말해 어떤 리그일지 관심이 있었습니다.

주빌로 이와타가 어떤 팀인지 알고 있었습니까?

(최)용수 형, (김)진규 형이 뛰었던 팀이라는 것은 알아요. 그 이외의 자세한 것은 몰랐습니다. 어디서 누가 뛰고 있느냐는 것은 좀 알고 있는데 J리그 팀에 대한 자세한 정보는 거의 몰랐죠.

주빌로 이와타에서 아는 선수는 있었습니까?

골키퍼인 가와구치 요시카츠 선수와 공격수인 나카야마 마사시 선수 입니다. 일본 국가대표로 한일전에서 자주 싸웠거든요.

나카야마, 가와구치 두 선수와 만나면서 느낀 점이 있나요?

둘 다 베테랑 선수여서 훈련이나 경기 내내 앞으로 배울 게 많다고 생각합니다. 동료들에서 가장 사이가 좋은 것은 골키퍼를 맡고 있는 요시하라 신야 입니다. 밖에 다니거나 밥 먹을 때 거의 같이 지냅니다.

요시하라 선수가 일곱 살 정도 위인데 같이 다니는 특별한 이유가 있습니까?

요시하라 씨가 한국어를 하거든요. 제가 아직 일본어를 못하기 때문에 어디에 가더라도 큰 도움이 됩니다. 팀에 빠르게 녹아 든 것도 요시하라 씨의 도움이 크다고 느낍니다.

> *" 능력이 뛰어난*
> *일본 수비수들이 많다 "*

일본에서 생활이 처음일 텐데 문화의 차이를 경험한 것이 있나요?

차선이 한국과 반대라서 정신 없었네요. 일본인들이 정말 만화를 좋아한다는 것도 다시 느꼈고요. 나이에 상관 없이 주빌로 이와타 선수들 모두 만화를 좋아합니다. 클럽하우스 책장에도 만화가 꽂혀있고요. 하긴 저도 어렸을 때는 만화를 많이 읽었었네요.

일본 만화였나요?
네. 슬램덩크, 드래곤볼 등 일본의 인기 만화는 거의 다 읽었습니다. (웃음)

이와타라는 도시의 분위기는 어떻습니까?
너무 조용하고 여유가 있어요. 아주 좋은 곳입니다. 공기가 좋고 축구에 집중하는데 안성맞춤의 환경이라고 생각합니다.

J리그가 해외에서 뛰는 첫 무대인데 그라운드에 섰을 때 소감은 어땠습니까?
오랜만에 섰는데 아주 기분이 좋았고, 즐거웠어요. 지난 시즌이 끝난 뒤 오랫동안 뛸 수 없었는데 열심히 뛰려던 각오가 플레이에서 나온 것 같습니다. 데뷔전은 운도 있었다고 생각합니다. 긴장은 하지 않았고 2골을 넣을 거라고 스스로 생각하지도 않았으니까요.

J리그에서 뛰면서 무엇을 제일 많이 느끼나요? K리그와 차이가 있으면 말해 주세요.
J리그 팀은 공을 확실히 연결하고 전개하면서 경기를 만들어 가더군요. 패스 플레이를 중시하면서 경기 흐름을 잡으려고 한다는 인상을 받았습니다. 지금은 주빌로 이와타의 축구가 저에게 맞는다기보다는 오히려 반대로 팀의 축구 스타일이나 전술에 제가 맞추고 있습니다. 그렇게 하지 않으면 팀에 융화될 수 없죠. 무엇보다 주빌로 이와타의 축구에 맞추는 것에 저항감이나 어려움은 없었어요. 장소는 달라도 축구를 하는 것에는 큰 차이가 없으니까요. 한국에서 해온 축구와 큰 차이는 없기 때문에 익숙해지는데 시간은 걸리지 않았습니다.

그래도 역시 K리그와 다른 부분이 있죠?
제가 실제로 플레이하고 느끼기에는 그렇게 큰 차이는 없었습니다. 넓은 범위에서 차이를 말한다면 J리그는 패스 플레이로 축구를 만든다는 점 그리고 K리그는 카운터 어택을 통해 민첩한 스피드로 골을 노리거나 공수의 전환이 빠르고 프레스가 강하다는 점 정도입니다.

예를 들어 한국 수비는 대인 방어지만 일본 수비는 지역 방어라 공격수 입장에서 차이가 있지는 않나요?

K리그 수비는 피지컬이 강하다는 이유로 대인 방어가 많고 위협적이라고 생각하기 쉽지만 지금은 그런 일은 없습니다. 최근에는 포백을 사용하는 팀이 많기 때문에 라인을 맞춰서 지키는 스타일이 많아요. 지금은 J리그와 비슷한 점이 많다고 생각해요. 일본의 수비수들도 능력이 높은 선수가 많다고 느꼈어요.

강한 인상이 남은 일본 선수가 있습니까?

팀 동료로는 나스 다이스케 입니다. 연습이나 경기에서 투지가 강해서 좋아요. 중앙 수비수로서 팀 분위기나 사기를 높여주는 등 배워야 할 것이 많은 선수입니다. 그리고 가와사키 프론탈레의 나카무라 켄고 선수. 5월 16일 12라운드에서 대결했는데 아주 능력이 뛰어난 선수라고 느꼈습니다. 동료에게 몇 번이나 좋은 패스를 연결해줬어요. 일본에 있는 선수 중에서도 손가락 안에 꼽히는 미드필더가 아닐까 생각해요.

주빌로 이와타는 이근호 선수에게 어떤 것을 요구하고 있습니까?

공격적인 부분에서 공헌하는 것은 당연하지만 수비를 먼저 요구했어요. 어느 팀에서도 수비가 제일 중요하다고 생각합니다. 공격수부터 수비를 체크하는 것을 중요시하고 있습니다. 공격의 경우에는 항상 상대의 배후를 노리고 상대가 싫어하는 움직임을 하기 위해 주의하고 있습니다.

한국 선수가 J리그에서 결과를 남겼으면 좋겠다

주빌로 이와타의 야나기시타 마사아키 감독에게는 어떠한 인상을 가지고 있습니까?

제가 감독을 평가하는 것은 어렵지요. (웃음) 다만 감독님은 냉정하시며 화내시는 것을 본 적이 없습니다. 저는 아직 합류한 지 얼마 되지 않았지만 그런 인상입니다. 팀 동료들은 감독님의 진짜 모습을 알고 있을지도 모르겠지만 말이죠. (웃음)

자신의 플레이 스타일의 특징은 어디에 있다고 생각합니까? 일반적으로는 스피드와 파워가 있는 스트라이커라는 인상입니다.

운동장을 많이 돌아다니는 것이 특징입니다. 플레이를 보면 아시겠지만 그라운드 위에서는 상대가 싫어할 정도로 움직이고 수비수들을 혼란 시키려고 노력하고 있습니다. 특별히 팬들을 의식했던 적은 없습니다만, 굳이 말한다면 앞으로 앞으로 돌진하고 골을 노리는 플레이를 보이고 싶어요.

주빌로 이와타 공격진에는 마에다 료이치, 지우시뉴 등 수준 높은 선수들이 많지요. 그들과 어울리기 위해서 어떻게 커뮤니케이션을 취하고 있습니까?

서로 수정해야 할 점에 대해서 많이 이야기하고 있습니다. 특히 마에다 선수가 공격을 리드해 주므로 "지금 느낌은 좋았다"라든지 "지금의 플레이로 좋은가?" 등의 이야기를 많이 해주고, 제가 플레이하기 쉽게 신경을 써줍니다. 시합 중에는 정말 많이 도와주고 있습니다. 개인적으로 느끼기에는 팀의 밸런스를 유지하도록 마에다 선수가 희생적인 플레이를 많이 하고 있는 것 같아요. 그러니까 더욱 팀을 위해서 골을 넣고 승리해야 한다고 강하게 느끼고 있습니다.

J리그에서 많은 한국인 선수가 플레이하고 있습니다. 의식은 하고 있습니까?

전혀 의식하지 않고, 의식할 필요도 없어요. 오히려 한국인 선수가 활약하는 것을

바라고 있어요. 경기장에서 만나면 매우 기쁘니까요. 한국에 있었을 때가 오히려 의식하고 있었어요. (웃음)

J리그에 오고 나서 벌써 6골을 기록하고 있습니다. 다른 한국인 선수들은 어떤 반응인가요?

당연히 여러 말을 듣고 있어요. "미쳤냐?"고요. (웃음). 물론 농담이에요.

반대로 한국인 J리거에게 말하고 싶은 것이 있습니까?

그것을 이야기하면 더 큰일이에요. (웃음) 어쨌든 한국인 선수가 J리그에서 좀 더 노력하고 결과를 남겨주길 바랍니다. 저도 첫 해외 생활입니다만 일본이 가깝다고는 해도 익숙하지 않은 환경에 있는 것이니까요. 같은 경험을 하고 있는 선수들이므로 모두가 인정받을 수 있다면 기쁠 겁니다.

K리그에서의 프로 데뷔는 인천 유나이티드였습니다. 당시 감독은 현재 J리그 오미야 아르디자의 장외룡 감독인데요.

감독님께 기본적인 것을 많이 배웠습니다. 프로에 입단하고 얼마 되지 않았을 때인데 기본 기술이 매우 떨어졌으니까요. 기술적인 것이나 축구에 대한 자세나 대처까지 프로 선수로서 필요한 것들을 가르쳐 주셨습니다. 공격수로서 결정력을 몸에 익히기 위한 지도도 해주셨고요. 옛날에는 문전에서 당황하는 장면이 많았기 때문에 더 침착하게 뛰는 것이나 팀 플레이의 중요성에 대해서도 가르쳐 주셨어요.

지금도 골 결정력을 더 높이기 위한 노력을 하고 있다고 생각합니다만, 구체적으로 어떠한 것을 하고 있습니까?

90분 동안 슛 찬스가 분명 있습니다. 그 기회를 놓치지 않도록 집중하고 있습니다. 골을 결정하기 위해서는 높은 집중력이 필요합니다. 저는 한 경기에 적어도 한번은 반드시 골 기회가 온다고 생각하고 있기 때문에 집중력을 높이고 경기장에 들어갑니다. 기회가 오면 골을 넣는 것을 머리 속에서 이미지 트레이닝을 하고 있어요.

일본 대표팀에 대해서는 어떻게 생각합니까? 실제로 대전해 보고 싶습니까?

만약 일본과 경기를 한다면 질 생각은 없습니다. 한국과 일본은 라이벌이기 때문에 중압감도 있어요. 국민의 관심도 높으니까요. 만약 다음에 경기할 기회가 있으면 이기고 싶네요.

2007년 아시안컵 3위 결정전에서 일본대표팀과 경기를 했죠?

네. 그 때는 국가대표로 데뷔한 지 얼마 되지 않은 시점이었어요. 그 경기에서는 전체적으로 일본에 밀리고 있었습니다. 일본이 경기를 장악하고 있었지만, 최종적으로는 우리가 승부차기에서 이겼습니다. 내용으로 지고 있어도 마지막은 이긴다는, 첫 경험이었지만 한국이 승부에 강하다는 것을 실감한 경기였습니다. 역시 경기는 이기지 않으면 의미가 없으니까요.

한일전을 정기적으로 개최하는 것에 대해서는 어떻게 생각합니까?

양국의 축구계에 있어서는 좋은 일이라고 생각합니다. 팬들의 입장에서도 관심이 갈 것이고 흥행적인 면에서는 확실히 주목을 받겠죠. 그렇지만 감독이나 선수들에게 있어서는 신경을 많이 써야 하기 때문에 힘들지도 모릅니다. (웃음)

이근호 is	생년월일	1985년 4월 11일
	학력	동막초-부평동중-부평고
	선수경력	인천 유나이티드(2005~2006)-대구FC(2007~2008) -주빌로 이와타(2009~2010) -감바 오사카(2010~2011)-울산 현대(2012) -상주 상무(2013~2014)-엘 자이시 SC(2014~2015) -전북 현대(2015)-제주 유나이티드(2016~현재)
	대표경력	A매치 75경기 19득점 월드컵(2014), 아시안컵(2007, 2015), 올림픽(2008), 동아시안컵(2008, 2010)
	우승경력	K리그 클래식(2015), K리그 챌린지(2013), AFC 챔피언스리그(2012)
	수상경력	K리그 베스트 11(2007, 2008, 2012), K리그 챌린지 MVP(2013), K리그 챌린지 베스트 11(2013), K리그 챌린지 득점상(2013), AFC 챔피언스리그 MVP(2012), AFC 올해의 선수(2012)

이정수

경기의 컨트롤은 일본이 능숙하다

K리그서 J리그, 카타르까지
실력을 인정 받은 수비의 기둥

　2010년 남아프리카공화국 월드컵에서 활약하고 일본, 카타르 무대에서도 활약한 이정수. 오랜 해외 생활을 마치고 올 시즌 친정팀 수원 삼성 유니폼을 다시 입고 선수 생활의 황혼기를 불태우고 있다.

　이정수는 경희대 재학 중 U-19 대표팀 공격수로 선발되면서 잠재력을 인정받았다. 그리고 2002년 안양 LG(현 FC서울)에 입단했다. 그러나 주전 자리는 쉽게 오지 않았다. 하지만 이듬해 수비수로 변신하면서 두각을 나타내기 시작했다. 그리고 2004년에 인천 유나이티드로 이적하면서 수비수로서 인정 받았다.

　2005년 인천 유나이티드의 K리그 준우승에 기여한 것을 인정 받아 2006년 수원 삼성으로 이적했다. 2008년 3월에는 남아프리카공화국 월드컵 3차예선 북한전을 통해 A매치 데뷔를 이루었다.

　이후 185cm의 건장한 체격을 살린 강력한 대인방어와 공중전을 압도하는 힘, 스피드를 살린 수비 커버로 소속팀의 최후방 수비를 도맡았다. 한국 국가대표팀에서는 주전 수비수로서 중용됐다.

　이정수는 2009년에 새로운 도약을 추구, J리그 교토 상가에 왔다. 그런 그를 인터뷰한 것은 일본에 온 지 몇 개월 밖에 지나지 않은 2009년 4월이었다. 교토 상가의 클럽하우스에서 만나 다양한 이야기를 들었다.

> **❝ J리그는 팀 수가 많고
> 인프라도 뛰어나다 ❞**

J리그가 개막한 지 2개월이 지났습니다. 팀에 적응하셨습니까?

적응했는지 아닌지 판단하는 건 제가 아닙니다. 그건 주위 사람들이 저를 보고 나서 판단하는 것입니다. 제 스스로는 아직 모릅니다. 단지 꾸준히 경기에 출전하기에 큰 문제 없이 소화한다고 생각합니다. 나쁜 평가가 있다면 문제가 되겠지만요. (웃음)

국가대표 경기 때문에 교토 상가 합류가 늦어졌는데, 빠르게 J리그에 적응한 비결이 있다면요?

교토 상가 훈련에 늦어져 걱정했지만 한국이나 일본이나 축구는 같습니다. 한국에서 한 것을 그대로 일본에서도 한다면 적응이 오래 걸리지 않을 것이라 생각했죠.

J리그 진출을 결정한 계기는 무엇인가요?

예전부터 J리그에서 한 번 플레이 해보고 싶다고 생각했습니다. J리그는 팀 숫자가 많고, 환경도 우수하다고 느끼고 있었으니까요. 고민했고 이번 기회를 놓치면 해외에서 뛰는 꿈을 이루지 못할 것이라 생각해 이적을 결정했습니다. 다른 나라에서 뛰는 것도 저를 성장시키는 좋은 경험이 될 것이라 생각했죠.

J리그에 대해 어떤 이미지를 가지고 있었습니까?

한국에서 뛸 때는 체격이나 체력이 한국 선수들이 뛰어나다고 생각했습니다. 반면에 패스나 세밀한 기술은 일본 선수들이 더 낫다고 느꼈고요.

국가대표로 한일전을 치른 경력은 아직 없는데요?

대표팀 선수로 일본과 경기를 한 적은 없습니다. 다만 제가 수원 삼성에 입단했던 해에 A3 챔피언스컵에서 가시마 앤틀러스를 한 번 상대한 적은 있습니다.

교토 상가에 대해서는 얼마나 알고 있었습니까?

제안 받기 전까지는 교토 상가에 대한 정보가 전혀 없었습니다. (웃음) 팀과 계약한 뒤 교토에 오고 나서 관심을 갖게 되었습니다. 인터넷 검색 등으로 선수 정보를 얻고, DVD로 과거의 경기 영상을 보면서 준비했습니다.

> **" 조용한 분위기의 교토,
> 내가 선호하는 도시 스타일 "**

교토 상가는 박지성 선수가 뛰었습니다. 고종수 선수 등 많은 한국인 선수들이 뛰었고요. 핌 베어벡 감독도 지휘한 적도 있었습니다. 팀에 대해 들은 것이 있나요?

제가 수원 삼성에서 뛸 때 팀 동료였던 (안)효연 형이 교토 상가에서 뛸 때의 이야기를 많이 해줬습니다. 그래서 J리그 정보와 팀에 얽힌 이야기를 많이 들었네요.

안효연 선수는 어떤 정보를 전해줬나요?

연습이나 경기 등 J리그는 축구에 집중할 수 있는 환경이 매우 좋다고 얘기했습니다. 일본에서 플레이하는 것은 매우 좋은 경험이 되기 때문에 "정수도 꼭 일본에서 뛰어봐"라고 했네요. 그런 영향도 받아 여기로 오게 됐죠. (웃음)

실제 지내보니 교토라는 도시는 어떻습니까? 인상 깊은 것이나 뭔가 느끼는 것이 있습니까?

교토는 경주와 비슷하다고 들었는데 실제 지내보니 매우 살기 좋은 곳입니다. 교토 시내는 다양한 것들이 있고 도시 분위기는 조용합니다. 제가 선호하는 스타일입니다.

한국과 달리 정체도 적고, 운전을 편하게 할 수 있고요? (웃음)

그러네요. (웃음). 서울은 항상 차량 정체가 있으니까요. 그에 비하면 교토는 원활

합니다.

일본 문화는 어떻습니까?

맛있는 것을 많이 먹고 있어요. 초밥, 전골, 우동 등 여러 음식을 접하고 있습니다. 비율로 따지면 아직은 한국 음식을 더 많이 먹고 있죠. 맛집이 어디에 있는지 잘 모르기 때문에 조금씩 알아가고 있습니다.

한국과 일본이 아무리 가까워도 해외입니다. 일본에서 문화적 차이나 재미있는 경험 혹은 뜻밖의 일을 겪은 적이 있나요?

그런 경험도 하고 싶지만 지금은 아침에 일어나면 연습을 가고, 연습이 끝나면 바로 집에 돌아 오는 생활을 합니다. 그래서 밖에 돌아 다니는 시간이 많지 않죠. 연습장이 집에서 차로 5분 거리에 있습니다. 집에 돌아가서는 일본어 공부를 하고 있습니다. 그렇다 보니 아직 어디를 다니는 일은 적습니다.

한국에서도 평소 그런 생활이었나요?

한국에서는 숙소 생활을 했어요. 컨디션 관리에 신경을 썼죠. 밖에 나가지 않으니 연습과 경기에 집중할 수 있습니다. 밖을 나가면 불필요하게 피로가 오고, 경기 때 최고의 상태를 유지할 수 없으니까요. 그런 생활이 익숙해져서 일본에서도 생활이 비슷한 것 같습니다.

일본어는 어떤가요?

아직 공부 중이고, 조금씩 단어를 기억하는 단계입니다. 그라운드 안에서는 어느 정도의 대화는 할 수 있었습니다. 수비수들과 말할 기회가 많은데 앞, 뒤, 오른쪽, 왼쪽이라던지 간단한 말은 괜찮습니다.

팀에 브라질 선수도 많은데 어떻게 대화를 나누나요?

솔직히 브라질 선수들과는 그렇게 얘기를 나누지는 않아요. 경기 때는 축구선수이기에 무엇을 해야 할 지 압니다. 그 선수들의 움직임을 보면 어느 타이밍에 어떤 패스를 원하는 지, 다음에 어떤 플레이를 할 지 알죠. 그래서 걱정하지 않습니다. 말이 아닌 눈으로 대화하고 있어요. (웃음)

> **J리그의 외국인 공격수들은
> 위협적이다**

원래는 공격수였다고 들었습니다. 왜 공격수에서 수비수로 포지션을 바꿨나요?
　대학 때까지 공격수였고 안양 LG에 입단했을 때도 공격수였습니다. 그러나 당시 안양 LG에는 브라질 선수들이 많아 공격수로 뛸 기회가 없었습니다. 그 때 팀을 이끌던 조광래 감독님이 수비수도 괜찮지 않겠냐고 해서 수비수로 경기를 나선 것이 바꾸게 된 계기죠. 그리고 인천 유나이티드로 이적한 뒤 장외룡 감독님께 수비에 대해 여러 가지를 배웠고요.

포지션을 바꿀 때 망설이거나 불안하지 않았나요?
　처음에는 정말 싫었어요. 공격수로서의 자존심이 있었으니까요. 단지 포지션을 고집해서 벤치에 앉아있는 것보다는 경기에 뛰고 싶은 마음이 더 컸어요. 축구선수로서 경기에 뛰어야 하니까요. 그리고 경기를 하면서 수비수의 매력을 알았습니다.

공격수 경험이 수비수로 뛰면서 활용되고 있나요?
　그럴 수도 있습니다. 공격수의 입장이나 마음을 알기 때문에 그것을 역이용하거나 대처하죠. 경기에 뛸 때 머릿속으로 그런 상황을 그리면서 공격수의 움직임을 예측하기도 했고요.

중앙 수비수말고도 측면 수비수로도 뛸 수 있습니다. 각각 차이가 있을 텐데 어렵지는 않나요?

포지션에 따라 역할이 다르기 때문에 하나 하나 익숙해지고 적응해야 합니다. 어떤 일이든 제가 경험을 쌓으면 잘 적응할 수 있다고 생각합니다.

팀에 빨리 적응하기 위해 전술적인 부분을 연구하나요?

영상을 많이 보는 편입니다. 출전한 경기에서 어떤 실수를 했는지 알고 다음 경기에 보완하는 거죠. 예를 들어 가시마 앤틀러스전에서는 수비라인 컨트롤을 조금 늦게 내린다던지 알비렉스 니가타전에서는 조금 빠르게 라인을 올리는 것처럼요. 미리 머릿속에서 그리면서 경기에 임하고 있습니다.

K리그와 J리그의 수비는 차이가 있습니까?

큰 차이는 없다고 생각 합니다만, 피지컬은 한국 선수들이 낫다고 봅니다. 하지만 팀 동료들을 보면 한국 선수에 뒤지지 않아요.

한국은 대인방어, 일본은 지역방어를 주로 합니다. 김남일 선수가 빗셀 고베에 왔을 때 적응 못한 부분도 한국과 일본의 수비 인식 차이라고 하더군요. 자신의 스타일에 익숙해져서 팀 전술에 적응하는데 힘들었다고 하는데 이정수 선수는 어떤가요?

확실히 한국은 대인방어 수비를 잘합니다. 그러나 4-4-2 포메이션에서는 수비라인을 움직여야 하기 때문에 지역방어도 같이 했죠. 그래서 적응하는데 오래 걸리진 않았습니다.

목표로 하는 수비수가 있나요?

스페인의 카를레스 푸욜입니다. 파워가 있으니까요. 킥은 그렇지 않지만. (웃음) 푸욜의 수비는 누구보다 뛰어납니다.

J리그의 공격수들은 어떻게 보고 있나요?

J리그 공격수 중에는 FC 도쿄의 까보레와 감바 오사카의 조재진 등 K리그에서 뛰고 일본에 온 선수가 있지요. 외국인 선수에 대해서는 역시 위협을 느낍니다. 감바 오사카의 레안드로도 뛰어난 것 같아요. 일본인 공격수와 한국인 공격수의 차이는 아직 모르겠습니다. 좀 더 경기를 하면 알게 될 것이라 생각합니다.

어떤 공격수가 어려운 상대인가요?

스피드가 있고 민첩한 선수가 까다롭습니다. 뒷공간을 파고들거나 라인 뒤의 아슬아슬한 곳을 노리는 선수들이 어렵죠. 벗어나거나 라인 뒤의 아슬아슬한 곳을 노리고 오는 선수는 어렵습니다. 정대세가 그렇습니다.

> ❝ *K리그는 경기를 움직일*
> *중심 선수가 적다* ❞

지난해 국가대표로 선발 돼 A매치에 데뷔했고, J리그에서는 주전 수비수로 활약 중입니다. 올해 29세인데도 최근 몇 년 사이에 급성장한 이미지가 있습니다. 본인은 어떻게 생각합니까?

제가 성장할 수 있었던 가장 큰 요인은 큰 부상을 당하지 않았기 때문이라고 생각합니다. 부상당하면 성장을 바랄 수 없죠. 그것이 가장 중요하다고 보네요.

유상철은 29~30세기 됐을 때 축구에 눈이 뜬다고 말했습니다. 그런 느낌인가요?

저는 지난해 발가락을 다치기 전까지가 그랬습니다. K리그에서 잘 뛰고 있었고 컨디션이 좋았습니다. 좋은 플레이가 됐고, 시야가 넓어지는 느낌도 들었습니다. 시야가 넓어지는 것은 체력적으로 안정됐다는 것이라고 생각합니다. 그렇게 되면 편안한 마음으로 좋은 경기를 할 수 있게 되죠. 역시 체력적인 부분이 제대로 갖춰져야 마음에도 여유를 가질 수 있다고 봅니다.

해외에 와서 보는 한국 축구는 어떻게 느껴지나요?

한국 축구는 공격수도 수비수도 체력적으로 격렬함을 요구합니다. 지금은 J리그에서 결과를 남기는 것에 필사적이기 때문에 그런 것을 별로 생각해보지 않았습니다. (쓴웃음)

K리그 팀들이 AFC 챔피언스리그에서 J리그에 패하는 경기가 많습니다. 이에 대해 어떤 생각이 듭니까?

전 K리그 팀이 이길 것이라 생각했습니다. 그래서 패하는 모습을 보고 놀라기도 했습니다. 한국 선수들은 힘이 있지만 중요한 상황에서의 결정력이 없습니다. 그것이 패인이라고 보겠네요. 기술이 있는 젊은 선수들이 많지만 경기를 움직이는 중심 선수가 없지요. 경기가 과열되면 진정시킬 선수가 필요한데 J리그 팀에 그런 선수가 더 많은 것 같습니다.

등번호로 14번을 주로 답니다. 특별한 애착이 있나요?

저는 초등학교 때부터 14번을 달면 왠지 컨디션이 너무 좋았죠. 그래서 대회도 몇 번씩 우승하기도 했습니다. 지난해에는 수원 삼성에서 14번을 달고 우승도 했습니다. 그래서 교토 상가에 올 때도 14번을 달라고 했습니다.

그럼 교토 상가가 우승하겠네요?

우승하면 제 등번호 징크스가 진짜였다는 것을 보여주게 되죠. (웃음). 꼭 그것을 증명하고 싶습니다.

이정수 is

생년월일	1980년 1월 8일
학력	이천실업고-경희대
선수경력	안양 LG(2002~2003)-FC서울(2004)
	-인천 유나이티드(2004~2005)
	-수원 삼성(2006~2008)-교토 상가(2009)
	-가시마 앤틀러스(2010)-알 사드(2010~2016)
	-수원 삼성(2016 현재)
대표경력	A매치 54경기 5득점
	월드컵(2010), 아시안컵(2011), 동아시안컵(2010)
우승경력	K리그(2008), K리그컵(2008), J리그 슈퍼컵(2010),
	카타르 스타즈리그(2013), 카타르 아미르컵(2014),
	AFC 챔피언스리그(2011), FIFA 클럽월드컵 3위(2011)

박주호

결과를 내지 못하고 한국에 돌아갈 수 없다

일본에서 유럽으로 진출한 왼쪽 측면의 지배자

축구팬들은 박주호를 '한국의 로번'이라 부른다. 네덜란드를 대표하는 왼쪽 측면 공격수 아르연 로번에 빗댄 표현이다. 그런 말을 들을 만큼 박주호는 왼쪽 측면의 지배자로 불렸다.

박주호는 2011년 6월 유럽 무대에 섰다. 스위스 명문팀 FC 바젤에 입단한 그는 독일 분데스리가 마인츠 05로 이적했고, 2015년 여름에는 분데스리가 명문팀 중 하나인 보루시아 도르트문트 유니폼을 입고 활약 중이다.

유럽 무대에서 맹활약 중인 박주호지만, 프로축구 선수로서의 경력은 일본에서 시작됐다. 숭실대 재학 중이던 2008년 5월 J2리그 미토 홀리호크에 입단했다. 이듬해에는 J1리그 명문팀 가시마 앤틀러스로 이적했고 2010년부터 1년 반 동안은 주빌로 이와타에서 활약했다.

박주호와는 2009년에 만났다. 그는 일본과 J리그에 대한 많은 생각을 갖고 있었다. 그에 눈에 비친 일본, J리그는 과연 어땠을까?

> **몇 번씩 영상을 보며**
> **좋은 플레이를 몸에 익힌다**

J2리그 미토 홀리호크에서 J1리그 가시마 앤틀러스로 이적했습니다. 팀 환경을 비롯해 여러 면에서 차이가 있다고 생각합니다. 어떤 부분에서 무엇이 다르다고 느끼고 있습니까?

각각 차이가 있습니다. 우선 팀 운영입니다. 가시마가 전통 있는 팀이기에 J2리그와 비교하기 어렵지만, 역시 J1리그는 클럽하우스와 연습 환경이 갖춰있습니다. 스폰서도 크기 때문에 선수가 연습에 전념 할 수 있는 환경이 훌륭하다고 느꼈습니다. 그렇다고 미토 홀리호크나 J2리그 팀의 환경이 나쁘다는 건 아닙니다. J2리그 팀은 성장하려는 팀이 대부분이라고 생각하고, 선수 및 프런트 서포터가 하나가 되어 나가려는 의지가 큽니다.

실력에서 차이에는 느낄 수 있나요?

미토 홀리호크에서 뛰어 J2리그 선수들을 잘 압니다. 그 중에 J1리그에도 뒤지지 않을 정도로 잘하는 선수가 많습니다. 그렇다고 뛰고 있는 모든 선수가 그렇다고 말할 수는 없죠. J1리그는 선수 개개인의 장점이 확실합니다. 항상 최선을 다해야 살아남을 수 있다고 생각할 정도로요. J2리그에서도 그렇게 생각하며 뛰었지만, 가시마에서는 포지션 경쟁이 더 어렵다고 느낍니다. 가시마 앤틀러스는 다른 J1리그 팀보다도 실력이 좋다고 보거든요.

가시마 앤틀러스에 와서 가장 인상적인 부분은 무엇입니까?

오스왈도 올리베이라 감독님은 매우 관록이 있고, 직원과 선수들이 항상 최선을 다하는 좋은 팀입니다. 물론 선수들끼리 보이지 않는 곳에서의 경쟁은 있지만, 어떤 축구 팀이나 그런 분위기는 있죠.

그 경쟁을 이기고 선발로 나서는 선수가 본인이네요?

지금은 경기에 나가고 있지만, 안심할 수 없습니다. 항상 노력하고 있어요.

팀 내에서 친한 선수는 누구입니까?

모두가 잘 대해줘요. 그 중에서도 오사코 유야나 이노하 마사히코 씨와 식사도 하러 갑니다. 이와마사 다이키 씨도 잘 챙겨줍니다. 그리고 일본에서 인기가 많은 우치다 아츠토와도 사이가 좋아 자주 밥 먹으러 가요. 원정경기가 끝난 뒤에는 호텔에서 식사를 할 수 없기 때문에 동료들과 외식이 자연스럽게 늘어나고 있어요.

훈련을 통해서도 서로 커뮤니케이션을 하지 않나요?

저는 (가시마 앤틀러스에 오기 전까지) 측면 수비수로 뛰어본 적이 없었습니다. 그래서 시즌 시작 후에 아라이바 토루 씨가 수비에 대해 여러 가지를 가르쳐줬습니다. 이노하 씨와 오이와 고 씨도 다양한 장면을 예로 들면서 "이때는 이렇게 한다"는 것을 가르쳐줬고요. 코치의 말도 하나씩 들으면서 팀의 수비를 이해하려고 했죠. 지금은 익숙해졌고 의사 소통도 이루어지고 있습니다.

지금은 왼쪽 측면 수비수지만 미토 홀리호크에서는 중앙 미드필더로도 뛰었습니다. 처음에는 불만이나 어려움은 없었나요?

일본에 막 왔을 때는 고생했어요. 제가 한번도 뛰어본 적이 없는 위치여서 불안했죠. 경기 중에는 어떻게든 뛰었어요. 낯선 위치여서 자신감이 없었는데 그래도 키야마 타카시 감독님이 "좋은 움직임이었다"고 자신감을 심어주는 말씀을 하셨어요. 그러면서 중앙에서도 좋은 플레이를 하게 됐다고 생각합니다.

중앙에서 뛰어 배운 것도 많지 않나요?

네. 저는 출전했던 경기 영상을 자주 봐요. 안 좋았던 플레이를 했을 때는 조금만 본 뒤 수정하려고 하고, 잘 된 플레이는 2~3번씩 봅니다. 좋은 부분을 몇 번씩 보면 그 다음에도 똑같이 할 수 있고, 자신감도 생기니까요. 자신 없는 포지션에서 뛸 때는 반드시 그러고 있어요.

💬 일본에 가려고 했을 때 성공하겠다고 생각했다 💬

일본에서 프로 생활을 시작했습니다. 왜 K리그를 가리지 않고 J리그를 결정했나요?

거만하게 들릴지 모르겠지만, K리그 팀이었다면 어느 팀이라도 드래프트 상위 지명으로 입단했을 겁니다. 저는 어렸을 때부터 엘리트 코스를 밟았으니까요. 다만 J리그에 도전하고 싶다는 생각이 있었습니다. 그러다 2006년 말 다치고, 반 년 간 축구를 하지 못했어요. 복귀 했을 때는 부상 후유증도 겪었습니다. 그래서 고민을 하다 해외에서 도전을 해보기로 했고 J리그행을 결정했습니다. 그러면서 K리그는 머릿속에서 지웠습니다. 저는 한번 마음먹으면 절대로 굽히기 싫은 성격이에요. (웃음)

외모와는 전혀 다르네요. (웃음)

일본에 가겠다고 했을 때 성공만 생각했어요. 일본에서 안 돼 K리그로 돌아왔다는 말을 듣는게 싫어서요. (웃음) 냉정하게 생각해서 몸 상태가 안 좋은데 J1리그에는 통하지 않을 것이라 생각했어요. 그래서 J2리그라면 경기 수도 많고, 경기 감각이나 컨디션도 빨리 찾을 것이라 봤습니다. 그렇다고 J2리그를 얕본 것은 아닙니다. 뛰어보니 J1리그 팀도 J2리그 팀을 쉽게 이길 수 없다고 느꼈거든요. 어쨌든 프로로서의 첫발을 J리그로 내딛는 것이니까 신중해야 했고, 우선은 J2리그에서 토대를 만들기도 햇습니다. J1리그 선수들에게 지지 않는 실력을 보이고 싶었고, 원점에서 시작이라는 생각도 하면서 일본으로 왔죠.

미토 홀리호크를 선택한 이유는 무엇이었나요?

몇몇 팀에 입단할 가능성을 살피고 있었는데, 가장 빨리 연락이 온 곳이 미토 홀리호크였어요. 빨리 팀에 합류하고, 익숙해지길 바랐기에 망설이지 않고 결정했죠. 팀 정보나 순위, 실력은 신경 쓰지 않았어요.

2008년 5월 18일 J2리그 14라운드 에히메 FC전이 프로 데뷔전이었습니다. 프로 무대에 처음 섰는데 어떤 기분이었습니까?

데뷔전은 지금도 눈에 선합니다. 시즌 중에 합류했고, 합류한 지 얼마 안 돼 낯설었지만 긴장하지는 않았습니다. 대학 때 U-20 대표팀에 속해 국제대회에 출전했지만 머릿속이 새하얗게 된 적은 없습니다. 자신감을 가지고 플레이 했는데 일본어를 잘하지 못했고 동료의 장점도 제대로 파악하지 못해서 팀에 녹아 들지 못했던 기억이 납니다.

J2리그는 경기 수가 많고 지금까지 경험하지 못한 빡빡한 스케줄도 경험했습니다. 일본에 오기 전에 부상으로 고생했다고 말했지만, 낯선 환경에서 체력적으로나 정신적으로 고생한 부분이 있었을 것 같은 생각이 드는데요.

확실히 일본에 왔을 당시에는 고생했습니다. 특히 원정경기 이동이 익숙하지 않아 컨디션 조절의 어려움도 알았고요. 시즌 막판인 10~11월이 돼서야 그럭저럭 익숙해질 수 있더라고요.

U-20 대표팀에서 함께 뛰었던 동료들이 K리그에서 활약하고 있습니다. 본인은 K리그 무대에 서지 않은 것에 후회하지는 않습니까?

전혀 후회하고 있지 않습니다. 그 선수들은 나름의 생각과 꿈이 있다고 생각합니다. 저는 제 목표와 꿈, 도전한다는 강한 마음이 있습니다. 방금 말했지만, 한번 결정하면 꼭 해내고 싶고 결과를 남기지 못하고 한국에 돌아갈 수는 없어요. 사실은 매일 일기를 쓰고 있거든요.

일기장에 주로 어떤 내용을 쓰나요?

축구 일기를 매일 빠짐없이 쓰고 있습니다. 하루에 무슨 훈련을 했고, 그것에 대한 제 생각을 기록하죠. 경기에 출전한 뒤 느낀 것도 꼭 남기고요. 미토 홀리호크에서 뛸 때부터 계속 하고 있습니다. 축구만 아니라 그때 그때 마음을 정리하거나 자신을 되돌아보기도 합니다. 도움이 될 것 같아 계속 할 생각입니다.

〝 축구는 혼자서 할 수 있는 스포츠가 아니다 〞

박주호 선수는 U-20 대표팀에서 주장으로 팀을 이끌었습니다. 당시 멤버로는 기성용, 이청용, 이상호, 박현범, 신영록 등이 있었고 이제는 한국 국가대표가 될 정도로 성장했습니다 그것이 자극이 되지 않습니까?

저는 누가 어떤 결과를 남기고 있다고 해서 자극을 받지 않습니다. 다만 그 선수들이 국가대표로 뛰다 보니 저도 노력하면 기회는 있다고 생각합니다. 그래서 지금 할 일을 제대로 할 수 있도록 노력하지 않으면 안 됩니다. 지금은 국가대표에 대한 욕심보다는 가시마 앤틀러스에서 최선을 다하는 것이 최우선입니다.

한국 축구팬들은 로번과 플레이 스타일이 닮았다고 해서, '한국의 로번'이라고 부르는데 일본 팬들은 그 애칭을 알고 있나요?

아마 일본 팬들은 그 애칭을 모를 겁니다. (웃음) 한국에서는 왼쪽 측면 미드필더로 뛰었고, 앞으로 나가면서 드리블 돌파하는 스타일이 되면서 그런 애칭이 생긴 것 같습니다. 하지만 가시마 앤틀러스에서는 수비수로 뛰고 있기에 그런 이미지는 연상할 수 없다고 생각합니다. 저는 제 장점을 알아주길 바라는 것보다 감독이 원하는 플레이를 하는 선수가 되어야 한다고 봅니다.

원래는 공격적인 스타일이지만 가시마 앤틀러스에서는 수비수로 뛰고 있습니다. 솔직히 망설임은 없었습니까?

팀 전술에 맞게 최선을 다하는 것이 중요하다고 생각합니다. 측면에서 드리블을 펼치는 건 별로 없어도, 팀이나 감독님이 원하는 플레이를 얼마나 하느냐가 가장 중요하죠. 축구라는 스포츠는 제가 하고 싶은 것만 하고, 혼자 하는 스포츠가 아니니까요.

주전 자리를 잡기 위해 어떤 부분을 더 강화해야 한다고 생각합니까?

제가 부족하다고 느끼는 것이 헤딩 경합과 포백 라인 컨트롤입니다. 조금씩 나아지고 있다고 생각하지만, 가끔 실수할 때가 있어서 주의하고 있죠. 공격적인 부분은 크로스와 패스의 정확도를 높이는 거고요.

꾸준히 선발 출전하고 있습니다. 팀에 적응한 것 같은데 자신에게 점수를 매긴다면?

자신을 평가하는 것은 어렵죠. (웃음). 그래도 평균은 하지 않을까요? 아주 좋은 플레이를 하는 것은 아니지만, 전혀 통하지 않는 것도 아닙니다. 점수로는 70~80점은 주고 싶네요. 나름 노력한 것도 있고 팀이 이기고 있으니까요.

올리베이라 감독과는 주로 어떤 얘기를 나눕니까? 감독은 경기에서 어떤 요구를 하나요?

기회가 있으면 오버래핑을 하고 자꾸 앞으로 나가라고 합니다. 나머지는 경기 때마다 달라집니다. 이기고 있을 때는 수비 위주의 플레이를 하라는 것처럼요. 축구에 대해서는 열정을 가지신 분이세요.

물론 감독과의 미팅은 모두 일본어죠?

네. 감독님께서 포르투갈어로 말씀하시면 통역이 일본어로 말하고, 제가 그걸 듣고 이해합니다.

한국어 통역이 없어서 힘들겠네요.

지금은 대부분 알아들으니 괜찮아요. 축구 용어는 어려울 것 없어서 연습이나 시합 때 커뮤니케이션은 걱정은 없습니다.

J1리그에서 뛰면서 인상이 남은 선수가 있습니까?

특별하게 그런 선수는 없습니다. 왼쪽 측면 수비수로 맞대결을 펼치는 선수 외에는요. 가시마 앤틀러스가 안정적으로 이기고 있어 생각이 나지 않는다는 생각도 듭니다.

그럼 팀 동료 중에서는요?

가시마 앤틀러스는 모두 특징이 있고, 잘하는 선수들입니다. 한 선수만 꼽기는 어렵네요. (웃음)

> ❝ *상대가 K리그 팀이라도*
> *신경 쓰지 않는다* ❞

AFC 챔피언스리그에서 수원 삼성과 맞붙었습니다. K리그 팀과 만날 때 복잡한 느낌이 들지 않나요?

그런 것은 전혀 느끼지 않았습니다. 항상 경기에만 집중하므로 상대가 누구라도 신경 쓰지는 않아요. 다만 수원 삼성 공격수 이상호는 U-20 대표팀과 올림픽대표팀에서 같이 뛰었어요. 경기 전에 잠시 얘기를 나눴었죠. 저희 또래 선수들이 정말 사이가 좋아서 오랜만에 만난 느낌이 안 들더라고요.

일본에 처음 왔을 때 적응은 괜찮았나요?

고교 시절부터 축구 경기 때문에 자주 일본에 와 문화는 친숙했어요. 프로가 되기 전까지 20회 정도 일본에 왔어요. 그래서 생활이나 식사에 문제가 없었고 미토 홀리호크에서도 빨리 적응할 수 있었죠.

국가대표를 목표로 하는 만큼 일본에서 결과를 남겨야 한다는 압박감이 있습니까?

해외에서 뛰고 있기 때문에 부담은 항상 따라다닙니다. 당연히 결과에 연연하지만, 그 전에 우선 경기에 출전하는 것이 가장 중요하다고 생각합니다. 포지션은 수비수이지만 공격의 핵심이 될 기회도 만들었습니다. 수비 집중력을 높이고 특유의 공격적인 플레이를 하면 팀에 활기를 주고 평가로 이어진다고 생각합니다.

장래 목표는 무엇입니까? 유럽 진출, 월드컵 출전 등 여러 가지가 있을 것 같은데요?

물론 빅 클럽에서 뛰는 것 그리고 국가대표로 월드컵에 출전하는 겁니다. 어릴 때부터 꿈에 그리던 것이니까요. 꼭 실현하고 싶습니다.

박주호 is		
	생년월일	1987년 1월 16일
	학력	광운전자공고-숭실대
	선수경력	미토 홀리호크(2008)-가시마 앤틀러스(2009) -주빌로 이와타(2010~2011)-FC 바젤(2011~2013) -마인츠 05(2013~2015) -보루시아 도르트문트(2015~현재)
	대표경력	A매치 29경기 0득점 아시안컵(2015), 아시안게임(2014), 동아시안컵(2010), U-20 월드컵(2007)
	우승경력	J리그(2009), J리그 슈퍼컵(2009), J리그컵(2010), 스위스 슈퍼리그(2012, 2013), 스위스컵(2012), 아시안게임 금메달(2014)

김진현 김보경
일본의 시스템은 한국이 본받아야 한다

세레소 오사카를 이끄는
젊은 코리언 콤비

　세레소 오사카는 한국 축구팬들에게 익숙한 팀이다. 1997년 고정운을 시작으로 하석주, 황선홍, 노정윤, 김도근, 윤정환 등 역대 한국 대표 선수들이 세레소 오사카 유니폼을 입고 일본 무대를 누볐다.

　그리고 현재 세레소 오사카에서 뛰고 있는 선수는 한국 국가대표 골키퍼 김진현이다. 해외 생활을 마치고 올해부터 전북 현대에서 활약 중인 미드필더 김보경은 2011년에는 세레소 오사카에서 활약했다. 두 선수는 세레소 오사카의 허리와 골문을 책임지는 핵심적인 역할을 맡았다.

　두 선수를 함께 만난 건 2011년 5월 초였다. 오사카 미나미츠모리 벚꽃공원 내 세레소 오사카 클럽하우스에서 만나 J리그와 AFC 챔피언스리그, 한국 대표팀에 대한 이야기를 나누었다.

" K리그는 자신이 원하는 팀에 입단할 수 없다 "

김진현 선수는 일본 생활이 3년째, 김보경 선수는 2년째 입니다. J리그나 일본에서의 생활에 익숙해졌습니까?

진현 : 저는 같은 팀에서 3년째가 되기 때문에 팀이나 J리그에 완벽하게 적응했다고 생각합니다.

보경 : 저는 이번 시즌부터 세레소 오사카에서 뛰고 있지만, 이미 오이타 트리니타에서 J리그를 1년 경험했기 때문에 아무런 문제없이 지내고 있습니다. 세레소 오사카에서는 첫 해지만 진현 형이 여러 가지 챙겨주기 때문에 팀 분위기도 잘 적응할 수 있다고 생각합니다.

두 사람 다 한국에서 프로무대를 경험하지 않고 일본으로 왔습니다. 오기 전에 걱정은 없었나요?

진현 : 있었습니다. 저는 골키퍼라 언어나 축구 스타일에 대한 불안감이 있었습니다. 무엇보다도 한국에서는 골키퍼가 해외 진출을 한 사례가 별로 없었고, 경기에 출전 할 수 있는 보장도 없었기 때문에 불안이랄까, '할 수 있을까'라는 걱정은 있었습니다. 그러나 그것보다 더 컸던 것은 도전 정신이었습니다. 도전하겠다는 마음이 불안과 걱정을 잊게 했어요.

처음부터 해외 진출 의향이 컸었나요?

진현 : 글쎄요. 꿈이라고 할까? 욕심이랄까? 해외에서 뛰고 싶은 마음이 있었습니다. J리그든 유럽이든 골키퍼라는 포지션은 한 자리고, 자리를 잡지 못하면 좀처럼 경기에 출전하기 힘들잖아요. 게다가 골키퍼는 경기에 출전하지 못하면 실전 경험도 쌓을 수 없고요. 그런 면에서 해외 진출은 골키퍼에게 위험한 분도 있습니다. 하지만 아무도 도전하지 않기에 자부심이 있었고, 일본에 오는 것을 결심했습니다.

김보경 선수의 경우 홍익대 재학 중 일본에 왔습니다. 너무 빨리 왔다거나 망설임은 없었나요?

보경 : K리그는 드래프트가 있어 자신이 원하는 팀에 갈 수 없습니다. J리그는 고교 때부터 관심이 있었습니다. 기회가 된다면 일본에서 뛰고 싶다고 생각했는데, 대학 재학 중에 실제로 J리그 팀에서 권유가 있었어요. 처음 들었을 때는 망설였지만 지금은 J리그에 오기 정말 잘했다고 생각해요.

J리그에 대해 어떤 이미지를 가지고 있었습니까?

보경 : 고교 때였던 것 같은데 J리그 경기를 보고 패스 축구가 매우 인상적이었습니다. 너무나 깔끔하게 패스가 이어진다고 할까? 팬들의 열기가 뜨겁고 우승 다툼만 하지 않고 강등 싸움이나 승격 싸움도 있고요. 매우 환경이 잘 갖춰진 리그라는 인상을 받았습니다.

진현 : 오기 전에는 해외 리그라는 인식이 없었으나 일본에 와보니 한국에 비해 리그 시스템이 제대로 정비되어있었습니다. J1, J2 외에도 JFL, 대학 축구, 고등학교, 중학교, 유소년 등 피라미드 형의 시스템이 제대로 완성되어 있어요. 한국이 본받아야 할 것도 많다는 생각이 듭니다.

보경 선수는 세레소 오사카와 계약하자마자 오이타 트리니타에서 1년간 임대 생활을 했습니다. 그 때는 어떤 심경이었나요?

보경 : 세레소 오사카와 계약할 때 1년 임대로 나오는 것은 정해져 있었습니다. 특별한 생각은 없었습니다. 오히려 벤치에 앉아 경기에 나오는 것보다는 J2리그에서 많은 경험을 쌓은 뒤, J1리그로 레벨 업 할 수 있어 좋았습니다.

김진현 선수로서는 한국인 선수가 오자마자 다른 팀으로 이적한 것 때문에 섭섭할 수도 있었겠네요?

진현 : 매우 유감이었습니다. (웃음) 1년간 혼자 고생했기 때문에 보경이가 온다고 들었을 때 너무 기뻤고 든든했습니다. 그런데 곧바로 오이타 트리니타로 가서 기쁨이 끝나 버렸죠. (웃음). 그렇지만 1년 뒤에 돌아올 것을 알고 있었기 때문에 실망 할 정

도까지는 아니었어요.

> **" J2도 능력 있지만 전체적으로는
> J1의 수준이 높다 "**

김진현 선수는 입단 첫 해부터 주전 골키퍼로 활약했습니다. 외국인 선수에다 프로 경험이 없는대졸 신인이었다는 점을 보면 매우 놀라운 일이었다고 생각하는데요?

   진현 : 제게 매우 의미 있는 해였습니다. 감독님이 제게 보내는 신뢰가 제게 자신감이 됐고 더 나은 플레이를 펼치게 해주었습니다. 한 경기, 한 경기를 치르면서 프로가 무엇이고 J리그가 무엇인지 생각하고 일본 축구가 무엇인지 배우고 받아들인 1년이었던 것 같습니다. J리그 공격수들은 센스와 골 결정력이 있습니다. 그러한 환경이 스스로 성장을 할 수 있게 해줬다고 생각합니다.

김보경 선수가 오이타 트리니타에서 뛸 때 황보관 감독이 팀을 이끌어서 마음이 편했던 부분도 있었을 것 같습니다.

   보경 : 그렇습니다. 감독님과 말이 통하고 또래의 한국 선수도 있었기에 J리그 팀보다는 한국 팀에서 뛰고 있는 것 같았습니다. 또 한국어를 말할 수 있는 (일본) 선수들도 있어서 마음이 편했습니다.

두 선수는 J리그의 첫 해를 J2리그에서 보냈습니다. J2리그에서 얻은 것이 있나요? 한국 축구팬들은 J2리그가 2부리그여서 낮춰 보는 경향이 있는데요?

   보경 : J2리그에 있을 때는 J1리그의 수준을 너무 알 수 없었습니다. 확실히 J2와 J1과는 실력의 차이가 있다고 생각합니다. 단지, J2의 상위 팀과 J1의 팀과 실력은 그다지 차이는 없다고 생각합니다. 지금 생각하면 J2리그를 경험해서 일본 축구에 빨리 적응할 수

있는 면역이 생겼던 것 같습니다. 첫 해에 경기를 많이 뛴 것도 좋은 경험이 되었고요.

J1리그와 J2리그의 차이를 구체적으로 한다면?

　보경 : 솔직히 J1리그와 J2리그가 큰 차이는 없을 것이라고 생각했습니다. 그런데 이번 시즌부터 J1리그를 경험하면서 차이를 느끼게 되었어요. 예를 들어 개개인의 기술은 J2리그가 J1리그에 비해 떨어진다고 생각합니다. 물론 J2리그 선수들 중에도 능력 있는 선수는 많지만, 전체적으로 보면 역시 J1리그 선수들의 수준이 높아요. 기술이나 경기를 풀어가는 능력 등은 J1리그 선수들이 뛰어나다고 봅니다. 단지, 기동력과 운동량은 J2리그 선수도 J1리그 못지 않아요. 오히려 기동력은 J1리그보다 J2리그 쪽이 나을 수도 있겠네요.

골키퍼 입장에서는 어떤 차이가 있나요?

　진현 : 저도 J2리그를 경험했지만, 보경이가 말한 대로 기동력은 J2리그 입니다. 그리고 J2리그가 공을 더 빨리 돌려요. 자기 진영에서 적진으로 보냈다가 다시 적진에서 자기 진영으로 볼을 보냅니다. 그래서 속도와 기동력이 있어 보이죠. 그런데 경기를 안정적으로 풀어가는 선수는 적어 보여요. J1리그는 각자 기술이 뛰어나기에 공을 잘 소유하고 돌리면서 경기를 풀어갑니다.

> **66** *K리그와 J리그는*
> *크게 다르지 않으면서 차이가 있다* **99**

AFC 챔피언스리그에서 전북 현대와 맞붙었습니다. 프로 데뷔 후 처음으로 상대한 K리그 팀인데요. J리그 팀 소속으로 바라본 K리그는 어땠나요?

　보경 : K리그 팀과의 경기를 기대했습니다. 실제로 붙어보고 느낀 것은 K리그와 J리

그의 개인 능력은 크게 다르지 않지만 스타일은 약간 다릅니다. J리그는 패스 위주의 축구지만 K리그는 개인의 돌파가 많고 힘이 있습니다. 전북을 상대하고 나서 언젠가 저도 K리그에서 뛰고 싶다고 생각했어요.

진현 : J리그와 K리그의 차이는 거의 없다고 생각합니다. 다만 J리그에 비해 K리그는 파워와 피지컬이 뛰어나다고 봅니다. J리그는 K리그에 비해 패스 플레이와 경기를 만들어가는 플레이가 더 낫다고 보고요.

J리그에서 뛴 한국 선수들이 AFC 챔피언스리그에서 K리그 팀을 상대할 때 승리에 대한 집념이 강해 보입니다. 두 선수도 마찬가지인가요?

보경 : 한국에서 J리그에 대한 인식은 긍정적이지는 않은 것이 사실이에요. 그래서 K리그 팀과의 경기에서 승리해 J리그에서도 좋은 축구를 할 수 있다는 것을 보여주고 싶은 마음도 더 큽니다.

진현 : 반대로 J리그에서 뛸 때는 한국 축구의 힘을 일본 축구팬들에게 보여 싶은 마음도 있습니다. 저희는 외국인 선수고 팀을 강하게 하기 위해 존재하는 '용병'이니까요. 팀에 도움이 되지 않으면 안 된다는 사명감도 갖고 있습니다.

J리그에서 큰 인상을 받은 공격수가 있나요?

진현 : J리그는 외국인 공격수가 많죠. 그래서 브라질 선수들에 대한 인상이 커요. 일본 선수로는 마에다 료이치 선수고요. 다만 그 선수들이 상대하기 어려운 선수냐고 묻는다면 그런 건 아닙니다. 저는 실점을 안 하도록 지켜야 하는 마음으로 그라운드에 설 뿐이니까요. 상대하기 어렵다거나 두려운 선수는 없습니다. (웃음)

보경 : 저도 상대하기 어렵거나 싫은 선수는 없습니다. 전체적으로 각 팀마다 외국인 선수의 수준이 높아요. 일본 선수들은 패스와 개인기에서 강한 인상을 받았고요.

진현 : 제가 볼 때 보경이도 일본 선수들에게 뒤지지 않아요. 한국 선수 특유의 체력과 힘에 일본 스타일에 맞는 패스 축구도 하거든요. 세레소 오사카의 스타일은 패스 축구지만 보경이는 템포를 조절하면서 패스를 하죠. 그러면서 자신도 움직이고요. 좋은 타이밍에 다시 패스를 받기도 하고요. 돌파력도 있어서 1대1 상황에서도 밀리지

않아요. 좋은 것을 갖고 있죠.

그렇다면 김보경 선수가 본 김진현 선수는 어떤가요?
　보경 : 진현 형은 골문을 지키기 때문에 든든해요. 공격진이 상대에게 볼을 뺏겨도 진현 형이 지켜주기 때문에 괜찮아요. 그라운드 위에서는 멀리 떨어져 있지만 항상 믿죠. 또 여러 가지로 조언도 해주고 항상 함께 합니다. 바늘과 실 같은 관계에요.

팀 동료들과의 관계는 어떻습니까?
　진현 : 모두 잘 해주고 사이 좋게 지냅니다.
　보경 : 저는 아직 세레소 오사카에 온 지 얼마 안 돼 같이 놀러 가거나 하진 않았지만, 동갑인 키요타케 히로시나 쿠로키 마사토와 자주 얘기를 나누고 있어요.

물론 대화는 일본어입니까? 김진현 선수는 일본어가 능숙하겠지요.
　진현 : 요즘은 공부하지 않지만, 일본에 온지 얼마 안됐을 때는 1주일에 2번 정도 과외를 했습니다. 시즌 중에는 과외 선생님이 숙제를 내줘 숙제를 풀면서 공부하기도 했고요.
　보경 : 저는 오이타 트리니타에 있을 때 배웠지만 세레소 오사카로 온 뒤에는 경기가 많고 바빠서 좀처럼 공부를 하지 못하고 있습니다. 그렇지만 지금 수준에서 생활하는데 큰 지장은 없어요. (웃음) 게다가 최근에는 오히려 일본 선수들이 한국어에 흥미를 갖고 있어요. 카라나 소녀시대는 저보다 일본 선수들이 더 자세히 알 정도에요.

> ❝ 언젠가 새로운 무대에
> 도전하고 싶다 ❞

두 선수는 국가대표로도 활약 중입니다. 대표팀 선수로서의 어떤 느낌이 듭니까?

진현 : 선배들의 경기를 보면서 새삼 골키퍼의 안정감이 중요하다고 느꼈습니다. 그것도 100%가 아닌 120%의 안정감요. 확실한 안정감이 신뢰로 이어지기에 더욱 캐칭, 포지셔닝, 킥, 스로잉 등의 정확도를 높여야겠다고 생각했습니다.

김보경 선수는 경기에 출전하지 않았지만 2010년에 남아프리카공화국 월드컵도 경험했습니다.
보경 : 남아프리카공화국 월드컵은 매우 신선한 충격이었습니다. 역시 월드컵은 TV에서 보는 것과 실제 현장에서 체험하는 것이 다릅니다. 경기에 출전하지 못해 아쉽기도 했지만, 한편으로는 아직 제가 월드컵 무대에 설 수준이 아니라는 것도 느꼈습니다. 오히려 경기에 출전하지 못해 더 많이 배울 수 있었고, 더 성장해야 한다고 다시 한번 생각했습니다.

김보경 선수는 박지성이 꼽은 '박지성의 후계자'가 되기도 했습니다.
보경 : 매우 영광이지만 솔직히 부담감도 있습니다. 단지 그 덕분에 제 미래에 기대하는 사람이 늘어났고, 이미지도 좋아졌다고 생각합니다. 아직 후계자로 불리는 수준이 되려면 멀었습니다. 더 열심히 노력해서 더 많은 사람들에게 '박지성의 후계자'로 인정받도록 노력하겠습니다.

박지성 선수는 어떤 조언을 해줬나요?
보경 : 대표팀 합숙 등을 할 때 여러 가지 조언을 해주셨습니다. 선배가 노력하는 모습을 보는 것만으로도 하나의 배움이 되고 마음의 버팀목이 됩니다.

김진현 선수는 대표팀에서 주전 자리를 잡기 위해서 선배인 정성룡 선수와 경쟁해야 합니다.
진현 : 넘어서지 않으면 안 된다고 봅니다. 계속 벤치에 앉아있는 것은 싫습니다. 경기에도 나가고 싶고 또 다른 경험을 해보고 싶어요. 그래서 꾸준히 노력해 좋은 플레이를 계속한다면 기회가 오리라 믿습니다. 반드시 성공한다는 마음으로 일본에 왔습니다. 일본 축구 관계자들이 한국의 골키퍼가 여기서 얼마나 잘할지 주목할 것입니다. 제가 좋은 활약을 하면 J리그에 한국 골키퍼들이 활약할 수 있는 길이 열린다는 생각

도 있습니다. 그렇게 결과를 내 대표팀 경기에 나가고 싶습니다.

김보경 선수의 꿈이 FC 바르셀로나에서 뛰는 것이라고 들었습니다. 두 선수 모두 유럽에서 뛰고 싶은 마음이 큰가요?

보경 : FC 바르셀로나에서 뛰는 꿈은 변함없지만 현재 제게 맞는 곳에서 열심히 노력한다면 언젠가 기회가 올 것이라고 생각합니다. 지금은 세레소 오사카에서 좋은 결과를 내도록 노력하는 것뿐입니다.

진현 : J리그는 첫 해외 도전이었고, 순조롭게 경험을 쌓아 큰 자신감이 됐습니다. 이 자신감이 더욱 커졌을 때 또 다른 곳으로 도전하고 싶은 욕심은 있습니다. 하지만 꿈은 욕심만으로 이루어지지 않습니다. 섣부르게 욕심을 내지 않고, 맡은 일을 충실히 하겠다는 생각입니다.

김진현 is

생년월일	1987년 7월 6일
학력	동대부고-동국대
선수경력	세레소 오사카(2009~현재)
대표경력	A매치 11경기 아시안컵(2011, 2015), U-20 월드컵(2007)

김보경 is

생년월일	1989년 10월 6일
학력	오류초-원삼중-신갈고-홍익대
선수경력	오이타 트리니타(2010)-세레소 오사카(2011~2012) -카디프 시티(2012~2014)-위건(2015) -마츠모토 야마가(2015)-전북 현대(2016~현재)
대표경력	A매치 32경기 3득점 월드컵(2014), 아시안컵(2011), 올림픽(2012), 아시안게임(2010), U-20 월드컵(2009), 동아시안컵(2010)
수상경력	올림픽 동메달(2012), 아시안게임 동메달(2010), 잉글랜드 챔피언십(2013)

김영권

J리그는 외국인 공격수 수준이 높다

J리그에서 꽃핀
한국의 멀티 수비수

  2012년 런던 올림픽과 2014년 브라질 월드컵에 출전하면서 한국 대표팀 부동의 중앙 수비수가 된 김영권. 현재 중국슈퍼리그 광저우 에버그란데에서 뛰고 있지만, 그의 프로 데뷔 무대는 일본이었다. 2010년 FC 도쿄에서 J리그에 데뷔했고, 2011년부터 2년 반 동안 오미야 아르디자에서 활약했다.
  김영권을 만나 대화를 나눈 것은 오미야 아르디자 이적 첫 해인 2011년 여름이었다. 미래가 기대되던 유망주에서 점차 국가대표팀의 입지를 다져가던 때였다.

" 한국 선수는 힘 있는 플레이, 일본 선수는 세밀한 패스 "

일본에서의 생활은 어떻습니까?

J리그에 와서 2년째이므로 일본 생활에 잘 적응하고 있다고 생각합니다. 일본 축구와 J리그 스타일도 문제 없습니다. 한국에 있을 때부터 J리그는 세세한 패스 플레이가 특징적이라는 이미지를 가지고 있었고, 실제로 그랬습니다. 한국 축구는 피지컬이 강하고 파워풀하고 스피디한 면이 특징이지만, 일본 선수는 세밀하다고 생각합니다. 그런 차이를 느끼고 있지만 큰 틀에서는 같은 축구입니다. 축구를 하는 것에 대해 특별한 어려움은 느끼지 않습니다.

이전에 어떤 인터뷰에서 "J리그에서 가장 강력한 공격수는 나고야 그램퍼스의 케네디 선수"라고 말했습니다. 지금은 어떻습니까? 상대하기 싫은 선수가 있나요?

상대하기 힘든 선수는 없지만 굳이 든다면 감바 오사카의 아드리아누 선수입니다. 기량이 매우 뛰어나다는 걸 느꼈습니다. 그렇지만 카타르 리그 팀으로 이적했죠. 그 외에도 J리그에는 공격수에 외국인 선수가 많고, 그 선수들의 기량이 매우 높다고 느낍니다. 물론 그 선수들을 막아야 하는 저도 외국인 선수지만. (웃음)

반대로 참고가 되는 선수가 있나요?

일본 선수 중에는 지난 시즌까지 FC 도쿄에서 함께 플레이 한 콘노 야스유키 입니다. 측면 수비수로 본받을 점이 많다고 느꼈습니다. 1년을 같이 지내면서 여러 신세도 졌습니다.

FC 도쿄를 떠나 오미야 아르디자에서 뛰고 있습니다. 이적을 결정하기 전까지 여러 가지 고민을 한 것이 있나요?

확실히 마음 어딘가 걸리는 것은 있었습니다. FC 도쿄의 동료와 서포터스 여러분들은 정말 저를 가족처럼 대해주었습니다. 때문에 팀이 J2리그로 강등될 때는 제 책임도 느꼈습니다. 그런 만큼 잔류와 이적을 놓고 고민도 했습니다. 그대로 FC 도쿄에 남으면 J2리그에서 뛰는데 그것이 과연 제게 도움이 될 지 등 정말 여러 고민 끝에 결론을 내렸습니다. 그래도 FC 도쿄 관계자나 동료들이 기분 좋게 흔쾌히 보내준 것에 감사하고 있습니다. FC 도쿄가 J2리그로 강등되면서 오미야 아르디자로 왔기 때문에 지금도 사람들의 눈이 신경 쓰입니다. FC 도쿄 팬 중에는 저를 좋게 생각하지 않는 분도 계실 겁니다. 그래도 제가 오미야 아르디자에서 잘 해 "보내서 다행이다"라고 인정받도록 노력할 뿐입니다.

오미야 아르디자의 팀 분위기는 적응했습니까?

처음에는 낯을 가리기도 했지만, 선수들이 말을 걸어주고 팀 스태프도 적응을 도와줬습니다. 또 이천수 선배도 있습니다. 이천수 선배는 저보다 먼저 오미야 아르디자에서 뛰고 있었기 때문에 여러 가지 면에서 도와주고 있습니다. 그래서 자연스럽게 팀에 녹아들 수 있었습니다.

팀 내에서 친한 선수는?

많이 있어요. 와타나베 다이스케, 히가시 케이고, 아오키 타쿠야 등 또래 선수와 사이가 좋네요. 이 선수들과 여러 가지 이야기를 하고, 일본어도 배우고 있습니다. 욕도 조금 배웠습니다. (웃음)

스즈키 준 감독은 어떻습니까?

특별한 요구나 주문을 하시진 않지만 감독님께 신뢰 받고 있다고 느낍니다. 자신이 해야 할 일이나 팀 전술을 제대로 하는 것이 그러한 신뢰와 기대에 부응하는 방법이라 생각합니다.

휴일은 어떻게 보냅니까?

한국에서 가족이 왔기에 집에서 휴식을 취하는 일이 많습니다. 아니면 가족과 함께 외식을 하거나 쇼핑도 하고요. 그럴 때는 대개 오미야역 쪽으로 갑니다. 오미야역 주위에 맛집이 많고, 백화점이 있어 편합니다. (웃음)

일본에서 생활하면서 벌어진 재미난 에피소드가 있나요?
놀랐다고 해야 할까? 부끄러웠다고 해야 할까? 당황했던 일이 있습니다. 대중목욕탕을 가서 탈의실에서 옷을 벗고 있는데 한 여성이 들어온 거죠. 알고 보니 청소하시는 분이었습니다. 그전에도 비슷한 일이 있었는데 그때는 저와 비슷한 또래의 여성이었어요. 아르바이트인 것 같은데 그 앞에서 옷을 벗을 수도 없고 매우 당황했었습니다. 생각만해도 부끄러워져요. (웃음)

> " 포지션은 묻지 않는다.
> 팀에 맞추는 것이 중요 "

최근 1년 사이에 상황이 확 달라졌습니다. 지금은 한국 대표팀의 주전 선수로 자리매김 했습니다. 이렇게 빨리 자신이 대표팀에서 주전이 될 것이라 생각했나요?
전혀 예상하지 못한 일입니다. 지난해 7월 첫 발탁 될 때 놀랐습니다. 빨리 발탁됐다고 말한다면 그렇다고 생각하지만, 아직 주전 선수로서 대표팀 선수가 됐다고 할 수 없습니다. 지금은 국가대표팀의 조광래 감독님께서 경기에 많이 뛰게 해주십니다. 이전에 (이)영표 형이 저와 같은 포지션에서 오랫동안 활약하셨기 때문에 부담이 되기도 합니다. 영표 형을 조금이라도 따라잡을 수 있도록 더 성장해야 합니다.

2010년 8월 나이지리아전은 A매치 데뷔전이었습니다. 당시 어떤 느낌이 들었나요?
모두가 같겠지만, 대표팀은 동경이고 꿈입니다. 대표팀에 뽑혀 처음으로 A매치를 뛰는 것이어서 시합 전부터 긴장했습니다. 너무 긴장해 심장과 맥박이 엄청 뛸 정도였어요. 하지만 부담감을 느낀 게 아닌 기분 좋은 긴장이었다고 생각합니다. 경기가 시작되고 나서는 긴장이 풀리고, 나름대로 좋은 플레이 할 수 있었습니다. (웃음)

올해(2011년) 6월 치른 세르비아전은 고향인 전주에서 열렸습니다. 어떤 기분이었나요?

　전주에서 오랜만에 대표팀 경기가 열려 다들 주목했어요. 학창 시절의 은사와 동료들도 경기장에 온 것을 알고 있었기에 열심히 해야 한다고 생각했습니다. 그런 가운데에서 제가 A매치 첫 득점까지 해서 경기 후 많은 분들로부터 칭찬을 받았습니다. 제가 골을 넣었고, 대표팀이 승리해 기분이 매우 좋았어요. 그래서 세르비아전이 가장 기억에 남고 있습니다.

조광래 감독은 "김영권의 수비력이 좋다. 1대1에서 쉽게 밀리지 않는다. 앞으로 경험을 쌓으면 더 좋은 선수가 될 것"이라고 칭찬했습니다. 조광래 감독이 본인의 어떤 부분을 높이 평가한다고 생각하나요?

　수비력 입니다. 저는 중앙 수비수지만 대표팀에서는 측면 수비수로 기용되는 일이 많습니다. 감독님은 제게 공격보다 수비에 관해서 여러 가지 중요한 역할을 맡기시는데 그것은 제 수비력을 좋게 보시기 때문이라고 생각합니다. 세르비아전에서도 중요한 것은 수비라고 지시하셨습니다. 기회가 있으면 공격에 가세하라고 하셨지만, 수비에 집중하면서 기회를 노렸습니다. 그것이 골로 이어졌다고 봅니다.

오미야 아르디자에서는 중앙 수비수, 대표팀에서는 왼쪽 측면 수비수입니다. 포지션의 차이로 어려움이 있지는 않나요?

　확실히 중앙 수비수와 측면 수비수의 역할은 다릅니다. 그러나 대표팀이든 소속팀이든, 어떤 팀이라도 같겠지만 선수는 팀 전술과 팀이 원하는 포지션에 맞추는 것이 가장 중요하다고 생각합니다.

포지션에 따라서 자신의 플레이 스타일을 바꾸는 건가요?

물론이죠. 같은 수비라도 포지션마다 특성이 있기 때문에 전환해야 합니다. 요구되는 역할과 포지션이 바뀌었는데 항상 같은 스타일로 경기에 임하면 본래 자신이 가진 힘을 발휘하지 못한 채 끝나 버리는 경우도 많이 있으니까요. 주어진 역할에서 수비라인의 연계, 미드필드와의 협력, 경기 상황과 흐름에 맞는 플레이를 하도록 노력하고 있습니다.

중앙 수비수와 측면 수비수의 차이를 한 마디로 말하면?
측면 수비수는 중앙 수비수보다 공격 가담이 늘어납니다. (웃음)

대표팀에서 오른쪽 측면 수비수인 차두리 선수에 비해 김영권 선수는 수비적이라는 인상이 있습니다.
차두리 선배는 공격적으로 뛰어나기 때문에 앞으로 잘 나옵니다. 저는 균형을 맞춥니다. 선배가 오버래핑을 할 때 뒤를 받치거나 수비를 안정시키는 역할입니다. 다양한 수비가 요구되고 있습니다.

조광래 감독과 홍명보 감독의 스타일에서 다른 점은 있습니까?
조광래 감독님은 패스 축구, 그것도 빠른 플레이를 요구합니다. 매우 공격적이고 수비적으로 경기를 진행하는 것이 아니라, 수비 시에도 점점 앞으로 나와 압박하는 것을 요구합니다. 패스도 한 번에 하는 것을 원합니다. 빠른 축구, 빠른 플레이를 선호하는 감독이시죠. 홍명보 감독님은 하나 하나 세세한 움직임과 안정된 경기 운영을 중시하는 스타일입니다.

올림픽대표팀에서 중앙 수비수로서 중요한 역할을 담당하고 있습니다. 홍정호 선수와 오랫동안 같이 뛰면서 호흡을 잘 맞출 텐데요. A매치보다 마음이 편한가요?
올림픽대표팀 멤버들은 2009년 이집트 U-20 월드컵과 2010년 광저우 아시안게임 등을 같이 뛰었습니다. 동갑내기라 말이나 마음이 통해 편합니다. 특히 정호와 오랫동안 함께 뛰었기에 커뮤니케이션이 완벽하다고 생각합니다.

올림픽대표팀에서는 홍정호 선수와 중앙 수비수 콤비입니다. 개인적으로 중앙 수비수와 측면 수비수 중 어느 쪽이 편합니까?

  마음이 편한 것은 역시 중앙 수비수 입니다. (웃음) 그렇지만 왼쪽 측면 수비수도 문제 없어요. 왼쪽 측면 수비수로서의 과제는 우선 수비와 조직적인 부분을 안정시키는 것이죠. 그 다음이 공격적인 부분이라고 생각합니다. 공격에 관해서는 지금부터 공부하지 않으면 안 됩니다. 수비수이기 때문에 수비를 하는 것은 물론, 측면 수비수로 출전하는 경우에는 더 공격에 참여해야 한다고 생각합니다.

언론과 팬들은 오랫동안 대표팀의 왼쪽 측면 수비수를 맡은 이영표 선수의 후계자로 기대하는데요?

  주위에서 영표 형의 후계자로 기대하는 것을 압니다. 영표 형은 위대한 선수이기 때문에 영광입니다. 그것에 대해 부담을 받지 않도록 노력하고 있습니다. (웃음) 기대를 부담으로 받아들이지 않고, 부담을 극복하기 위해 노력을 계속해야 한다고 생각합니다.

김영권 is

생년월일	1990년 2월 27일
학력	전주조촌초-해성중-전주공고-전주대
선수경력	FC 도쿄(2010)-오미야 아르디자(2011~2012) -광저우 에버그란데(2012~현재)
대표경력	A매치 44경기 2득점 월드컵(2014), 올림픽(2012), 아시안게임(2010), U-20 월드컵(2009), 동아시안컵(2015)
수상경력	올림픽 동메달(2012), 아시안게임 동메달(2010), 대한축구협회 올해의 선수(2015), 동아시안컵 최우수 수비수(2015)

정우영

언젠가 일본과 진검승부를 하고 싶다

항상 자신을 단련하는
노력의 아이콘

　J리그 빗셀 고베의 빼놓을 수 없는 한국인 선수가 있었다. 현재 중국슈퍼리그 충칭 리판에서 뛰고 있는 정우영이다.

　J리그에는 많은 한국 선수들이 뛰고 있지만, 정우영만큼 안정적으로 매 경기에 출전하는 선수는 없다. 빗셀 고베 관계자도 "정우영의 활약과 존재 없이는 지금같이 팀이 발전할 수 없었을 것"이라고 말할 정도다.

　물론 정우영도 힘든 시기가 있었다. 2012년 런던 올림픽에 출전해 동메달 획득에 기여했지만, 당시 소속팀이었던 주빌로 이와타에서는 후보에 그쳤을 뿐이다. 정우영은 당시를 이렇게 회고했다.

　"런던 올림픽을 마치고 돌아오니 감독이 바뀌었어요. 팀의 전술과 선발 멤버도 바뀌었죠. 정말 힘들었어요. 그러다 일본에서 아무것도 얻지 못하고 한국에 돌아갈 수 없다고 생각하고 빗셀 고베 이적을 결정했습니다. 빗셀 고베에서 축구 선수로서의 제 가치를 찾겠다는 각오였습니다. 또 여기서도 안 되면 일본에 온 것이 실패로 평가될 것인데 그것은 제가 용납할 수 없었습니다. 그래서 오프 시즌에 체력 훈련을 중점적으로 한 뒤 팀에 합류했습니다. 그것이 좋았다고 생각하고, 아쉬움이 컸던 만큼 빗셀 고베에서 경기를 뛰는 것 자체가 기쁘고 보람됐습니다. 제 안에 있는 사명감이나 책임감도 커졌고요. 무엇을 향한 갈망이 제 원동력이라 하겠습니다."

　배수의 진을 쳐 모두가 인정하는 결과를 남기겠다는 마음. 그것이 정우영을 부활시켰다. 물론 빗셀 고베에는 그 마음을 자극하는 이들이 있었다. 빗셀 고베를 거쳐간 한국 선수들이다.

"빗셀 고베는 예전부터 한국 선수들이 활약해서 한국 선수에 대한 이해가 깊은 팀이에요. 그래서 팀이 제게 기대하는 바도 크게 느껴집니다. 감독님이나 구단 관계자들로부터 과거 빗셀 고베에서 활약한 (김)남일 형과 비슷하다는 칭찬을 들으면 그만큼 제가 더 노력해야 한다는 생각도 듭니다. 팬들께서는 열렬히 응원 해주고, 일부러 한글로 쓴 격려 편지까지 주십니다. 그런 기대에 부응하지 않을 수 없습니다."

하지만 일본은 한국이 아니다. 경희대를 중퇴하고 2011년 교토 상가에 입단하면서 낯선 이국땅에서의 생활을 시작했다. 아무리 익숙해졌더라도 한국이 그리워질 수 있다.

"전 숙소 생활을 하기에 식사나 생활 하는 면에서는 어려움이 없지만, 예를 들어 원정 경기에 지고 집에 돌아오면 외로워요. 아무도 맞아주지 않는 혼자만의 방에서 고독과 외로움을 느낀다고 할 수 있습니다. 제 자신과 마주 보는 의미에서 좋은 경험이지만요. (웃음)"

그런 자신을 위로하는 것은 인터넷을 통해 보는 한국 드라마다. 또 자신처럼 타국에서 홀로 고독한 싸움을 하는 한국인 J리거들이다. 그 중에서 런던 올림픽을 같이 뛰었고, 경희대 재학 시절 팀 동료이기도 한 오재석과 자주 연락한다.

"친구들 얘기나 한국 드라마, 예능 프로그램 혹은 일본에서의 생활 등 여러 이야기를 나눕니다. 단지 경기장에서는 양보하지 않고 절대 지지 않으려 할 분이죠. 빗셀 고베와 감바 오사카는 간사이 지역 라이벌이니까요."

지고 싶지 않은 것은 한국인 J리거 간의 대결만이 아니다. 런던 올림픽 동료들이 대거 출전한 2014년 브라질 월드컵을 TV로 지켜 보면서 "출전한 선수들이 부러운 마음이 있었지만, 한편으로는 저도 할 수 있다는 마음이 들었습니다. 월드컵 출전은 이루어지지 않았지만 2018년 러시아 월드컵에 출전하는 것이 목표입니다"라고 각오를 다졌다.

그런 자신을 자극하는 팀 동료도 많다. 브라질 출신으로 한때 파르마와 AS 로마에서 활약한 파비우 심플리시우는 유럽 진출을 목표로 한 정우영에게 다양한 조언을 아끼지 않는다. 이와나미 타쿠야, 오야 츠바사, 모리오카 료타 등 비슷한 나이 대의 절친한 일본 선수들은 서로 자극이 되는 존재다. 이들이 일본 국가대표팀에 선발 됐을 때는 아직 국가대표팀에 선발이 못 됐던 정우영에게 큰 자극이 됐다.

"모리오카와는 함께 식사도 하는 등 갈수록 사이가 좋아요. 그리고 팀에서도 가까운 위치에서 플레이하기 때문에 서로 장점을 알고 있고요. 언젠가 진검승부를 벌이고 싶습니다."

서로 각자의 국가대표팀에 뽑힌다면 한일전에서 둘의 대결이 실현될 것이다.

"그러기 위해서라도 제가 확실한 결과를 내 울리 슈틸리케 감독님께서 관심을 갖게 해야 합니다. 결과를 내면 반드시 기회는 올 것이기 때문입니다."

정우영은 겸손한 말투 속에서 조곤조곤 자신의 목표를 이야기했다. 그 모습에서 목표를 향한 강한 결의도 느껴졌다. 일본에서 묵묵히 땀을 흘리며 빗셀 고베의 없어서는 안 될 존재가 된 정우영. 그의 바람대로 정우영은 J리그에서의 활약을 인정 받아 슈틸리케 감독의 호출을 받았다. 그리고 그는 지금 한국 국가대표팀에서 자신의 자리를 넓혀가고 있다.

정우영 is

생년월일	1989년 12월 14일
학력	학성중-학성고-동아대
선수경력	교토 상가(2011~2012)-주빌로 이와타(2013) -빗셀 고베(2014~2015)-충칭 리판(2016~현재)
대표경력	A매치 11경기 0득점 올림픽(2012)
수상경력	올림픽 동메달(2012)

백성동
J리그 선택은 항상 머릿속에 있었다

기술과 스피드를 겸비한 테크니션 공격수

  2011년 콜롬비아 U-20 월드컵, 2012년 런던 올림픽에 출전한 백성동.
  어린 시절부터 기술과 스피드를 겸비한 공격력이 뛰어난 선수로 평가 받았다. 한국 축구를 이끌어 갈 인재로 일찍부터 시선을 모은 그는 2012년 주빌로 이와타에 입단하며 일본에서 프로 선수로서의 생활을 시작했다. 2015년에는 윤정환 감독이 이끌던 사간 토스로 이적해 J리그 무대를 누비고 있다.
  백성동과의 만남은 일본 생활 첫 해였던 2012년이었다.

> **" 지금은 J리그에서
> 많은 것을 흡수하고 싶다 "**

프로 경력의 첫 발을 내디딘 일본에서의 생활은 어떻습니까?

불편하다고 느끼는 것은 별로 없네요. 주빌로 이와타 구단 내 여러 분들께서 따뜻하게 대해주기 때문에 생활은 너무 편합니다. 조금 어려운 점을 말한다면 아무래도 언어 문제일까요? 일상 생활은 물론 플레이를 하는데 있어서도 언어가 중요하다라고 생각하고 있습니다. 연습이나 시합으로 바쁘지만, 일주일에 한 번씩은 제대로 일본어를 공부하는데 집중하고 있습니다.

프로 1년 차라 여러 가지 익숙하지 않은 점이 많다고 보는데 어떻습니까?

연습, 경기, 휴가 사이클에 익숙해졌습니다. 전혀 문제 없습니다. 이전에는 휴식 시간을 이용해 온천도 갔습니다. 기분이 좋았어요.

J리그에서 프로 생활을 시작했습니다. 왜 J리그였습니까?

항상 J리그가 머릿속에 있었습니다. 프로 선수가 되면 J리그에서 뛰겠다는 것이 목표 중 하나였습니다. 그런 가운데 주빌로 이와타에서 제안을 받아 일본에 오게 되었습니다. 아직 일본에 온지 얼마 안됐는데 많은 것을 배우고 싶습니다.

주빌로 이와타의 인상은 어떻습니까?

한 마디로 표현한다면 가족 같은 팀이에요. 젊은 선수들이 많다는 것도 있지만 모두 상냥하고 선배들도 매우 친절하게 대해줍니다.

주빌로 이와타의 축구 스타일은 어떻습니까? 자신의 특징을 어떻게 살릴 지 상상을 하나요?

주빌로 이와타는 공수 전환을 신속하게 수행하면서 가능한 한 상대 진영에서 볼 점

유율을 높이려 합니다. 경기 승패도 있지만, 팀 분위기를 만들기 위해 모두 열심히 노력하고 있습니다. 개인적으로는 공수 전환 시 제 장점인 스피드를 살리면 좋겠다고 생각합니다.

모리시타 히토시 감독과 어떤 얘기를 나눕니까? 개인적으로 기대되는 부분은 무엇인가요?

모리시타 감독님은 제가 자신감을 갖게 해주려고 합니다. 제 장점을 마음껏 보이지 못한 부분도 있지만 감독님께서는 절 신뢰해주십니다. 제 능력을 믿고 차분히 기다리고 계신다는 느낌을 받았습니다. 저는 그 신뢰에 빨리 부응하려고 합니다. 전술적으로는 공수 전환 시 속도를 요구하고 있어서 공격 리듬을 빠르게 하려고 생각합니다.

J리그에서 뛰면서 한일 양국 축구의 차이를 느낄 수 있나요?

솔직히 제가 아직 프로가 된지 얼마 안 돼서 잘 모르는 부분이 많습니다. 개인적으로는 한국이든 일본이든 배울 것이 많고 앞으로 제 축구 인생을 고려할 때 J리그에서 많은 것을 흡수하고 싶다는 생각을 하고 있습니다.

생활은 어떤가요. 식생활도 중요하다고 생각 합니다만?

익숙하기보다는.. 일본 음식들은 매우 맛있는 것 같아요. (웃음) 우동이나 메밀국수를 좋아해요. 돈카츠도 좋아합니다. 솔직히 한식이 그리워 질 때도 있어요. 하지만 이와타에도 한국 요리점이 있어 식사가 딱히 불편하다고 느끼지는 않습니다.

팀 동료와의 커뮤니케이션은 어떻게 하고 있습니까?

동료들 중에 영어 공부를 하는 선수들이 있어서 일본어와 영어를 섞어서 의사소통을 합니다. 제가 영어를 능숙하게 하는 것이 아니라서 바디랭귀지도 같이 합니다. (웃음) 어쨌든 팀 동료들과 사이 좋게 지내고 있습니다. 그렇지만 일본어를 공부해야 합니다. 말이 통하지 않으면 한계가 있거든요. 일본어를 더 많이 공부해 동료들과 깊은 이야기를 나누고, 서로 이해하고 싶습니다.

주빌로 이와타에는 예전에 국가대표로 뛰었던 조병국 선수와 재일교포인 황성수 선수도 있고요.

식사에 초대 받고 이런 저런 이야기를 합니다. 병국 형은 저보다 1년 먼저 일본에 왔는데 J리그에 어떻게 빨리 적응할 지, 경기장에서 어떻게 행동해야 할 지 등 구체적인 조언을 받습니다. 항상 참고하고 있습니다. 두 선배가 여러 가지 도와줘 일본 생활에 비교적 빨리 될 수 있었던 것은 아닐까 생각합니다.

장래에는 유럽에서 뛰고 싶을 텐데요. 도전하고 싶은 리그가 있나요?

스페인 리그에 가고 싶네요. 제 최종 목표이기도 합니다. 단지 그 최종 목표를 위해서는 단계를 밟아야 합니다. 우선 J리그에서 제대로 결과를 남길 필요가 있다고 생각합니다. 그리고 국가대표팀에 뽑혀 월드컵에 출전 할 수 있도록 노력을 계속해야 한다고 봅니다.

월드컵과 유럽 진출, 어느 쪽이 더 큰 목표 입니까?

욕심이 끝이 없기 때문에 어느 쪽이든 좋은 결과가 있으면 좋겠습니다. (웃음) 굳이 고른다면 국가대표로서 좋은 결과를 내고 싶은 마음이 더 큽니다. 그러기 위해서라도 더 좋은 활약을 해야 할 것입니다.

백성동 is	

생년월일	1991년 8월 13일
학력	완주중-금호고-연세대
선수경력	주빌로 이와타(2012~2014)-사간 토스(2015~현재)
대표경력	AA매치 1경기 0득점 올림픽(2012), U-20 월드컵(2011)
우승경력	올림픽 동메달(2012)

사간 토스를 강호로 만든
고요한 투장(鬪將)

작은 체구에 어려 보이는 얼굴 그리고 테크니션이어서 이름 앞에 '꾀돌이'라는 별명이 붙었던 윤정환. 그는 현역 시절 국가대표는 물론 J리그에서도 활약하며 '한국의 판타지스타'로 불렸다.

1995년 부천 SK에 입단하며 K리그에 데뷔한 윤정환은 2000년 세레소 오사카로 이적했다. 그리고 K리그로 돌아와 성남 일화(2003년), 전북 현대(2004~2005년) 뛴 그는 2006년부터는 사간 토스에 입단했다. 이듬해인 2007년에는 사간 토스에서 현역 은퇴했다. 그리고 사간 토스에서 테크니컬 어드바이저, 코치, 수석코치 등을 거친 뒤 2011년부터는 사간 토스 감독을 맡았다.

예산이 넉넉할 수 없는 지방 소도시 프로팀인 사간 토스. 그러나 그는 사간 토스를 J리그에서 상위권을 다투는 팀으로 만들었다. 그의 이러한 능력은 한일 양국에서 높은 평가를 받았다.

다만 2014년 여름 J1리그 1위를 달리던 중 갑작스레 해고가 됐다. 그리고 2015년부터는 울산 현대를 이끌고 있다.

그렇다면 윤정환은 어떻게 사간 토스를 강호로 만들었을까? 그리고 그의 눈에 비친 일본 축구와 J리그는 어땠을까? 2014년 12월 서울에서 윤정환을 만났다.

〝 패스를 100번 하더라도
승점 1점도 안 된다 〞

재정이나 전력이 풍부하다고 할 수 없는 사간 토스가 J1리그에서 선두 다툼을 벌이는 팀으로 성장했다는 점에서 윤정환 감독의 공이 크다고 생각합니다. 본인께서는 그 이유를 어디에 찾고 계시나요?

확실히 사간 토스는 다른 팀과 비교하면 예산이나 전력이 풍부하지 않습니다. 지방의 평범한 팀에 불과합니다. 제가 선수로 사간 토스에 오기 전에는 1년에 3승밖에 거두지 못한 시즌도 있었다고 합니다. 그 말을 듣고 놀랐죠. 또 경기 전에는 배가 고프다고 간식을 먹는 선수도 있었고요. (웃음) 당시는 J2리그였지만 어딘가 아마추어 같은 점도 있었죠. 경기할 때 미드필드부터 좋은 패스가 많이 나오고 결정력도 있었지만, 팀으로서 싸우는 방식이 철저하지 않았습니다. 그래서 이가와 유키히로 회장이 "장래는 감독으로 기여했으면 좋겠다"고 한 뒤 사간 토스에 맞는 축구는 무엇인지 생각하게 되었습니다. 은퇴 후 어드바이저나 코치로 팀에 종사한 것이 지금 생각하면 플러스 요인이 됐습니다. (당시 감독이었던) 키시노 야스유키 씨와 마츠모토 이쿠오 씨 밑에서 선수 관리법을 배울 수 있었고, 일본 선수의 생각과 청소년 선수의 성장 과정도 피부로 느낄 수 있었습니다. 그런 경험이 있었기에 감독이 되어서도 제 색깔을 부드럽게 내세울 수 있었던 것 같습니다.

윤정환 감독께서는 어떤 축구를 추구하셨습니까?

일본은 스페인 축구를 모델로 삼았었죠? 저도 스페인 같은 패스 축구를 많이 좋아했는데, 사간 토스 선수들은 스페인처럼 패스를 잘 하는 것이 아니었어요. 패스가 5번도 이어지지 않았고, 하프라인 부근에서 의미 없이 공을 돌리다 뺏긴 뒤 그대로 실점하는 경우도 많았습니다. 즉, 너무 쓸데없는 패스를 했고 공격하기 전에 볼을 내줘 망가지기도 했습니다. 그래서 불필요한 패스를 하지 않고 최대한 빠르고 간단하게 공을 상대 진영으로 투입해 골을 만드는 것을 의식하도록 했습니다.

공을 빨리 전방으로 보낸 뒤 2~3차례의 패스로 공격을 마무리한다는 의미인가요?

그렇죠. 그것이 효율적이고 선수들에게 맞았습니다. 그래서 선수들에게 계속 말했어요. "패스를 100번 하더라도 승점 1점이 안 된다"라고요. 물론 공을 소유하는 것도 중요하지만 몇 차례의 패스로 골을 넣는 것이 이상적이었죠. 또 사간 토스에는 결정력이 있는 스트라이커가 있었거든요.

토요타 요헤이 선수죠.

네. 토요타는 중량감이 있고 자기 희생도 마다하지 않았습니다. 감독 입장에서 보면 매우 믿을 만한 선수입니다. 그래서 토요타가 브라질 월드컵 최종명단에서 탈락했을 때는 제 일처럼 억울했습니다. 최종명단에 든 카키타니 요이치로(세레소 오사카), 오쿠보 요시토(가와사키 프론탈레), 사이토 마나부(요코하마 F.마리노스) 등은 스타일이 비슷해 다른 스타일의 토요타가 뽑혔어야 한다고 생각합니다. 토요타와 예전에 면담을 한 적이 있는데 제가 지향하는 축구를 논의하고 서로 신뢰를 확인했습니다. 그 뒤로 토요타는 항상 제 믿음에 답했고, 뭔가 문제나 의견이 있으면 서로 논의를 했습니다. 토요타뿐만 아니라 후지타 나오유키, 니와 류헤이, 이케다 케이, 김민우 등 신뢰할 수 있는 선수가 정말 많았습니다.

제자 같은 존재였나요?

사제 관계라기보다는 나이 차가 좀 나는 형제 같은 느낌이라고 할 수 있겠네요.

무서운 형 역할이었나요? 사간 토스를 이끌 때 선수들로부터 '귀신'이라고 불리셨는데요? (웃음)

선수들을 힘들게 연습시키고 선수들 앞에서 웃지 않아 다가가기 어려웠던 탓이라고 생각합니다. 하지만 그라운드 위에서는 더 엄격하게 했습니다. 프로인 이상 참을 줄 알아야 합니다. 그라운드를 세상이라고 볼 때 진지하게 일하지 않으면 돈을 벌 수 없습니다. 직장인들은 매일 8시간 이상 일하지 않으면 안 됩니다. 그러나 축구 경기는 2시간, 연습도 길어야 1회 3시간입니다. 이것도 못하면 프로라 할 자격이 없습니다. 이러한 신념 아래 코치 때부터 선수들을 강하게 밀어붙였고 충돌하기도 했습니다. 다만 너무 엄격하면 부러질 수 있으니 감독이 된 후에는 선수들과 의식적으로 대화를 했고 그라운드 밖에서는 편하게 했죠. 바뀐 모습에 선수들도 놀라더군요. (웃음)

하지만 연습은 바뀌지 않았습니다. 아사히산(朝日山) 산행은 사간 토스 훈련의 대명사가 되었습니다.

지금은 사간 토스 교육 계단이라는 간판까지 있을 정도니까요. 토스에 관광 명소를 하나 만들었다는 자부심도 있지만, 많은 분들의 말씀처럼 가혹한 연습은 아닙니다. 선수들 대부분이 처음에는 달려가더라도 나중에는 걷습니다. (웃음) 등산은 체력을 만드는데 적합하고 사간 토스라는 팀은 상대보다 움직임에서 앞서야 했습니다. 왜냐하면 제가 감독으로 취임했을 당시 사간 토스는 상대에게 지배당하는 시간이 길었습니다. 움직임에서 지면 공격도 수비도 할 수 없습니다. 이는 90분을 노력해서 이기기 위한 전제조건이었습니다.

> ❝ 프로인 이상
> 노력은 당연한 일이다 ❞

특히 팀 전체가 뛰면서 수비하는 모습이 인상적이었습니다. 구체적으로 어떻게 약속된 플레이를 만들었습니까?

우선 파울을 두려워하지 않고 격렬하게 체크합니다. 공수 간격을 촘촘히 하면서 상대 진영의 센터 서클 부근에서 강하게 압박한 뒤 공을 측면으로 몰고 동시에 패스 코스를 차단합니다. 사방에서 막으면 상대는 곤란해집니다. 그것을 제대로 잡아내면 힘을 들이지 않고 전방으로 연결해 공격을 할 수 있습니다. 간단하지만 압박하는 위치나 타이밍, 굴절된 볼을 잡는 위치 선정 등의 연습을 철저히 했습니다. 코치 때부터 유사한 개념으로 했기에 선수들의 이해도가 높았습니다. 개개인의 실력은 다른 큰 팀에 뒤떨어질지도 모르겠지만 팀으로 봤을 때 사간 토스는 까다로운 상대였다고 생각합니다.

J리그에서 공을 소유하면서 경기하는 것에 무게를 둔 팀들이 많습니다. 이것에 대해 어떻게 생각하나요?

　공을 소유하면서 경기의 주도권을 쥐는 것은 이상적이지만, 제가 감독을 맡았을 당시의 사간 토스에서는 그럴 수 없었습니다. 만약 상대가 그런 스타일이면 옆으로 돌려 경기의 템포를 늦추고 상대의 움직임도 둔화할 수 있습니다. 그 점이 우리가 승기를 잡는 것이라 확신했습니다. 가와사키 프론탈레와 감바 오사카 등 공을 돌리는 유형의 팀은 사간 토스에 고전하지 않았을까요? 압박이 심하고 패스도 막히는데 공을 뺏기면 단번에 역습하니까요. 오쿠보 등은 마음 속으로 사간 토스를 싫어했던 것 같습니다. (웃음)

반대로 힘들었던 팀은?

　산프레체 히로시마를 상대하면 페이스를 잡지 못했습니다. 그래서 단 1번 이겼습니다.

사간 토스는 공을 가지고 있을 때 제대로 힘을 발휘하지 못하는 경우도 있었습니다. 원인은 어디에 있다고 생각하십니까?

　여러 가지 있습니다만, 말할 수 있는 것은 미드필드의 두 수비형 미드필더가 경기의 흐름 속에서 사라지거나 상대에게 무너지면 팀 전체가 활력을 잃어버리는 경우가 있다고 할까요? 그래서 후지타와 다카하시 요시키 등 미드필더들에게 "너희가 살아야 팀이 산다. 너희가 판단을 잘못하거나 상대를 두려워하면 팀이 생명력을 잃는다"고 지적했습니다. 그라운드 위에서 패스를 보내는 방향이나 타이밍을 제가 보여주기도 했습니다. 결국 공을 가지고 있을 때 어떤 생각을 하느냐에 달렸다고 봅니다. 상대가 예상 못한 패스나 슛이 있어야 골이 나오니까요.

사간 토스는 화려한 축구보다는 거친 수비를 중시한다는 의견도 있습니다.

그렇지 않습니다. 수비가 되어야 지지 않으며 공격을 위해 공을 빼앗아야 합니다. 그것이 승리의 방법이며, 사간 토스 스타일이 틀리지 않았다고 생각합니다. 그뿐만 아니라 세계적인 트렌드에도 부합했고요. 브라질 월드컵에서도 열심히 수비를 한 뒤 간단하게 공을 연결하는 역습 스타일의 팀이 승리하고 위로 올라갔습니다. 월드컵 기간 때 선수들의 입에서도 "우리와 같은 스타일이다. 지금 축구는 결코 나쁘지 않다"는 말을 들었습니다. 저도 이 스타일에 자신감을 가졌고요.

90분 내내 노력하는 사간 토스의 축구 스타일은 축구 팬에게 강한 인상을 주었습니다. 한편으로 시즌 내내 계속 하기는 어렵다는 의견도 있었습니다. 본인 스스로 변화를 주어야 한다고 생각하지는 않았나요?

확실히 이 스타일을 1년 내내 하는 것은 쉬운 일이 아닙니다. 시즌 초반을 지나면 움직임이 느려지고 여름이 되면 선수들이 지치는 모습이 나타납니다. 감독 2년 차였던 2012년에도 흔들리는 모습을 드러냈습니다. 그러한 경험을 통해 3년째부터 여름이 되면 전체적으로 라인을 내리도록 지시했고요. 경기 시작부터 무작정 뛰지 않고 자제하도록 지시한 적도 있습니다. 다만 노력은 사간 토스를 위한 생명선이고 프로라면 당연히 보여야 할 자세입니다. 일본에서는 사간 토스의 힘든 모습만 거론됐지만, 새로운 가능성도 나타냈다고 생각합니다.

예를 들면 어떤 건가요?

"야마자키 나비스코컵에서 베갈타 센다이전(2014년 5월 24일), 시미즈 에스펄스전(5월 28일), FC 도쿄전(6월 1일)의 3연전에서 우리는 지금까지와는 다른 축구를 했습니다. 역습이 아니라 공을 안전하게 소유하면서 상대 진영으로 파고들어갔습니다. 이전까지 볼을 뺏는 쪽이었습니다. 사간 토스가 공을 소유한다는 건 그만큼 선수들의 기술과 팀의 실력이 발전했다는 증거이기도 했습니다. 사간 토스의 특색인 노력도 곳곳에서 보였고요. 선수들은 무작정 뛰는 것이 아니라 자제하면서 경기를 컨트롤했습니다. 게다가 3경기 모두 2-0으로 이겼고요. 감독인 제가 선수들의 성장과 변화에 놀랐죠. 강인한 체력과 확실한 기술, 신축성이 있는 노력에서 경기 전체를 컨트롤 할 수 있는 팀이 되었어요. 시즌 전에 "이번 시즌은 3위 이내에 들어간다"고 생각했지만 3위 이내가 아닌 우승을 노릴 수 있다는 확신을 가진 경기들이었습니다.

> **" J리그는 예상 가능한 패스가 많아
> 골이 되지 않는다 "**

8월에 J1리그 선두에 섰습니다. 하지만 그 직후에 계약 해지가 발표됩니다. 다양한 추측이 있지만, 무슨 일이 있었던 것일까요?
 팀에서 해임 연락이 있었습니다. 그 후 팀과 협의해서 원만히 해결하기로 합의했습니다. 대신 저는 언론에 해임 경위와 합의 내용을 공개하지 않겠다는 약속을 했고요. 이 점 대해서는 답할 수 없습니다.

사간 토스는 2014시즌을 6위로 마쳤습니다. 밖에서 본 팀에 대해 어떤 느낌이 들었습니까?
 갑작스런 감독 교체로 흔들리거나 혼란이 있어도 이상하지 않다고 해야겠지만, 그래도 선수들은 흔들리지 않고 잘 싸웠다고 생각합니다. 축구 스타일도 변함없이 끝까지 포기하지 않고 싸우는 모습이 믿음직스러웠고요. 제가 사간 토스에서 한 것이 실수가 아니란 점에서 기뻤습니다. 우승하지 못하고 경쟁하던 감바 오사카가 우승해 아쉬운 마음은 들었지만, 선수들의 성장은 위안이 됐습니다.

친정팀 세레소 오사카는 J2리그로 강등됐는데, 이 결과를 예상하고 있었습니까?
 TV로 경기를 보면서 그러한 느낌은 들었습니다. 왜냐하면 오기하라 타카히로, 미나미노 타쿠미, 포를란 등 전력은 더할 나위 없었지만 모두 자기중심적이어서 결속력이 부족하다는 인상이었습니다.

세레소 오사카를 포함해서 J리그의 여러 팀에서 감독 제의를 받았지만 선택한 것은 울산 현대입니다. 그 이유는 무엇인가요?

J리그 팀들로부터 여러 제안을 받고 검토하던 가운데 제안을 준 K리그 팀이 울산 현대였습니다. K 리그는 언젠가 도전하고 싶다고 생각했고, 울산 현대는 K리그의 명문으로 우승을 노릴 수 있는 팀이라는 점이 가장 강하게 끌렸습니다. 사간 토스에서 이루지 못한 우승이라는 꿈을 울산 현대에서 이루겠다는 각오입니다.

그러나 9년간 한국을 떠나 있었고, K리그에서 지휘 경험도 없습니다. 실패에 대한 불안과 두려움은 없습니까?

실패를 두려워하면 감독을 할 수 없습니다. 오히려 실패해도 그것을 교훈 삼는 것이 좋아요. 그것이 성공을 하기 위한 조건이며, 실패를 과제로 삼아 그것을 극복해 성공하고 자신감을 키우는 것을 반복해야 감독을 할 수 있습니다. 저는 사간 토스에서 그것을 배웠습니다. 사간 토스는 지도자 윤정환을 낳고 키워 준 곳입니다. 사간 토스에서 얻은 노하우와 경험을 바탕으로 울산 현대에서 새로운 도전을 시작하려고 합니다.

울산 현대에 부르고 싶은 일본인 선수는 있습니까? 예를 들어 토요타라던지.

토요타는 정말 원하는 선수이지만 연봉이 높아요. (웃음) 일단 마스다 치카시가 있고, 일본인 코치를 영입할 겁니다. J리그에서 얻은 노하우를 살리고 싶습니다.

K리그에 J리그 스타일이 주입되는군요. 감독의 눈에 J리그와 K리그의 장단점은 무엇인가요. 또한 AFC 챔피언스리그에서 J리그가 고전하고 있는데 J리그가 더 강해지 위해서는 무엇이 필요할까요?

파워와 스피드는 K리그가 우위지만, 기술과 조직력은 J리그입니다. 패스의 질도 J리그 쪽이 뛰어납니다. 단지 J리그는 예상되는 패스가 많아 상대의 허를 찌르거나 대담한 패스는 부족한 것 같습니다. 그런 것을 할 선수가 부족했고요. 엔도 야스히토, 오가사와라 미츠오, 나카무라 슌스케, 나카무라 켄고 등을 잇는 젊은 선수가 나오지 않는 것 같습니다. 그것은 한국도 비슷하지만요. 원인은 선수들이 실패를 두려워하고, 지도자들이 실패를 허용하지 않는 분위기가 있기 때문일 것입니다. 더 도전해야 합니다. 그리고 도전하도록 해야 합니다. 짧게 패스하는 것도 좋지만, 그냥 옆으로 건네는 것만으로는 언제까지나 상황을 바꿀 수 없습니다. 그것은 브라질 월드컵에서 일본 대표팀이 절감한 부분이라 생각합니다. 일본 대표팀과 J리그가 더 강해지려면 이것을 벗어나고 노력해야 합니다. 공격이든 수비든 더욱 공격적으로 되어야 하지 않을까요?

사간 토스처럼인가요?

울산 현대에서도 사간 토스 같은 축구를 목표로 합니다. 지금 사간 토스는 선수 개인의 역량은 물론 팀의 경기력도 최고조에 있다고 생각합니다. 울산 현대도 선수들의 능력이 좋고 가능성도 큰 젊은 선수들이 많습니다. 지금의 토스를 쓰러뜨릴 정도의 수준으로 끌어올리기까지 그리 오래 걸리지 않을 것입니다. 언젠가 사간 토스나 J리그 클럽과 AFC 챔피언스리그에서 대결하는 날이 올 겁니다. 그 날이 무척 기다려지네요.

윤정환 is		
	생년월일	1973년 2월 16일
	학력	북성중-금호고-동아대
	선수경력	부천 SK(1995~1999)-세레소 오사카(2000~2002) -성남 일화(2003)-전북 현대(2004~2005) -사간 토스(2006~2007)
	지도자경력	사간 토스 어드바이저(2008) -사간 토스 코치(2009~2010) -사간 토스 감독(2011~2014) -울산 현대 감독(2015~현재)
	대표경력	A매치 38경기 3득점 월드컵(2002), 컨페더레이션스컵(2001), 아시안컵(2000), 아시안게임(1998), 올림픽(1996), 북중미 골드컵(2000)
	우승경력	K리그(2003), FA컵(2005), K리그컵(1996), K리그 슈퍼컵(2004)
	수상경력	체육훈장 맹호장(2002)

김창수

K리그와 J리그의 수준 차이는 없다

성실함으로 신뢰를 받는
측면 수비의 베테랑

 2012년 런던 올림픽에서 한국 올림픽대표팀의 동메달 획득에 기여한 김창수. 측면 수비수이면서도 공격에 적극적으로 가담하며, 투지 넘치는 플레이로 팀 승리에 공헌한다. 그는 튀지 않지만, 차분한 성격에 성실함으로 모든 지도자들의 신뢰를 받고 있다. 그가 청소년 대표 시절부터 감독들로부터 중용되고 있는 점만 봐도 잘 알 수 있다.
 김창수는 2013년 새로운 도전을 위해 J리그 문을 두드렸다. 그가 이적한 팀은 과거에 많은 한국 선수들이 거친 가시와 레이솔. 김창수는 새로운 환경과 선수들 속에서도 빠르게 적응하며 팀 승리에 일조하고 있다.
 그는 2015년까지 3년간 가시와 레이솔의 주전 수비수로 맹활약했다. AFC 챔피언스리그 등 국제대회에서도 가시와 레이솔의 승리에 힘을 보탰다. 그리고 그는 2016년 초 전북 현대로 이적하며 J리그 생활을 마감했다.
 김창수와는 2013년 여름 만났다. 당시 김창수는 가시와 레이솔 경기뿐만 아니라 국가대표로서 많은 경기를 뛰며 바쁜 나날을 보내고 있었다.

❝ J리그에 올 생각은 해본 적이 없었다 ❞

J리그로 이적을 결심하게 된 이유부터 가르쳐주세요.

2012년 런던올림픽을 마치고, 여러 팀으로부터 이적에 대한 이야기가 왔습니다. 하지만 저는 그때 부상을 당한 상태여서, 이적에 대해서는 좀 반신반의했어요. 그러던 중 제일 적극적으로 관심을 가져준 곳이 가시와 레이솔이었습니다. 제가 부산 아이파크에 5년 정도 있었는데, 이적을 하게 된다면 팀에 도움이 되는 일을 하고 떠나고 싶다는 생각을 했습니다. 그래서 제일 조건이 좋았던 가시와 레이솔로 결정했죠. 마침 좋은 기회가 온 것 같아서 이적을 결심할 수 있었습니다.

그렇다면 J리그에 관심이 있었던 건 아니었나요?

솔직하게 말씀 드리면, 한국에 있을 때는 별로 관심이 없었어요. (웃음) 제가 일본에 오게 될 거라 생각해 본 적도 없었으니까요. 하지만 일본 축구에 대한 대략적인 이미지는 있었습니다. 관중이 무척 많고, J리그의 시스템이 체계적으로 잘 되어있다는 건 알고 있었어요. 실제로 일본에 와 보니 스태프도 많고, 축구만 전념할 수 있는 환경이 준비되어 있습니다. 리그의 수준도 높아서 배울 점이 많다고 느꼈습니다. 흔히 "일본 선수는 멘탈이 약하다"고 하잖아요. 그런데 가시와 레이솔 선수들은 전혀 그렇지 않아요. 다른 팀은 잘 모르겠지만, 여기서 경기에 출전하는 선수들은 모두들 의식이 높은 것 같아요.

K리그에서 8년간 뛰셨는데 J리그에 와서 어떤 차이점을 느끼는지요?

K리그와 비교하자면 J리그는 패스로 돌파하는 팀이 많은 것 같아요. 양쪽 리그 모두 차이점은 있지만, 수준은 별로 차이가 없는 것 같아요. J리그의 좋은 점은 팀의 레벨이 거의 다 비슷하다는 거예요. 물론 강팀도 있지만, 상대가 어느 팀이든 득점 차가 크게 벌어지는 경기가 많지 않다고 느낍니다. 결과가 어떻게 될 지 몰라서, 승부는 끝까지

치열해지죠. 그런 환경에서 뛰다 보면 저도 더 성장하지 않을까 하고 생각합니다.

팀에 적응하는 과정에서 고생한 부분은 있나요?

　역시 입단 초기는 고생 좀 했죠. 제가 팔 부상으로 4개월 정도 쉬다가, 4주간의 기초 군사훈련[39]을 받고 바로 일본에 왔어요. 오랫동안 축구를 안 한 상태였기 때문에 몸을 만드느라 고생했습니다. 말도 안 통하는 답답함도 있었기 때문에, 2배로 더 힘들었던 것 같아요. 하지만 시간이 지날수록 조금씩 컨디션도 좋아지고, 멘탈도 강해지는 것 같습니다.

가시와 레이솔 축구는 적응이 되셨나요?

　프로팀은 모두 이기기 위해 싸우지만, 특히 가시와 레이솔은 상대팀에 따라 전술을 바꾸는 등, 이기는 것에 매우 탐욕적인 팀이라고 느낍니다. 저도 언제나 승리를 위해 싸우지만, 개인적인 성적보다는 팀을 위해 헌신하는 마음으로 임하고 있습니다.

네우시뉴 감독은 평소에 어떤 지도를 하나요?

　"괜찮아?"하고 말 걸어주시는 정도고, 별다른 말씀은 없으세요. (웃음) 비디오 미팅 때는 "창수는 이렇게 해줘" 하고 전술적으로 지도해주시고요. 가끔은 "네가 빨리 팀에 적응했으면 좋겠다"고도 하세요. 감독님이 저를 믿고 데려온 거니까, 기대에 부응하고 싶네요.

팀에 빨리 적응하기 위해서는 동료와의 커뮤니케이션이 중요한 것 같습니다. 일본어는 어느 정도 배우셨어요?

　축구 관련 용어는 하루 만에 외웠어요. 앞, 뒤, 오른쪽, 왼쪽 등등. 이걸 모르면 경기를 뛸 수 없으니까요. 일상적인 말은 기본적인 말 정도지만, 상대가 상대가 무슨 말

NOTE

39 김창수는 2012년 런던 올림픽 동메달 획득으로 병역 혜택을 받았고, 4주간의 기초군사훈련으로 병역 의무를 마쳤다.

을 하는지 감각적으로 알 것 같아요. 이제 제가 먼저 말할 수 있게 되면 좋을 텐데. (웃음) 팀에서 얘기를 많이 하는 선수는 주장인 오타니 히데카즈, 쿠리사와 료이치. 그 외에 스즈키 다이스케, 쿠도 마사토, 바라다 아키미, 마스시마 타츠야 정도네요.

평소에 식사는 어떻게 해결하세요?
점심은 클럽하우스 식당에서 매일 먹어요. 결혼한 선수가 많아서인지 식당에서 먹는 사람은 별로 없어요. 처음에는 혼자 밥해 먹는 것도 재미있었는데, 점점 귀찮아져서. (웃음) 지금은 사먹거나, 통역이랑 외식하는 경우가 많네요. 일본에 와서 규탄(소 혀)을 처음 먹어봤는데요, 처음엔 이게 뭔지도 모르고 맛있어서 먹었는데 다들 "이게 뭔지 아냐"고 물어봐요. 제가 뭐냐고 하니까 "소 혀"라는 거예요. 순간 놀랬는데, 그래도 맛있었어요. (웃음)

일본에 와서 바뀐 생활 스타일이 있나요?
계절에 따라 다르지만, 가시와 레이솔은 오전 연습이 9시부터 시작됩니다. 한국은 오전 연습은 거의 10시 반부터고, 9시에 운동한 적이 한번도 없었기 때문에 처음에는 어떻게 해야 할 지 몰랐어요. 아침밥을 먹어야 되나 말아야 되나. (웃음) 그래서 일본에 온 뒤로 저절로 일찍 자고 일찍 일어나는 습관이 생겼어요. 놀랬던 건, 연습이 9시 시작이면 7시반에 와서 밥을 먹는 선수가 있더라고요. 한국이었으면 그냥 30분전에 와서 몸 푸는 게 보통인데, 여긴 다들 엄청 빨리 와서 할 일도 없이 빈둥거려요. (웃음)

한국이 그리워질 때도 있을 텐데 한국인 J리거들과 연락을 주고받기도 하나요?
연락 많이 하죠. J리그에서 뛰는 선수들과 다 알고 지내요. 쉬는 날이 안 맞아서 좀처럼 만날 기회는 없지만, 원정경기를 갔을 때 서로 만나서 이야기하고 밥 먹기도 해요. 선수뿐만 아니라, 사간 토스랑 시합할 때는 윤정환 감독님께 인사도 드리고요.

> **한일전은
> 특별한 감정을 갖고 있다**

한국 대표팀은 2013 동아시안컵에서 3위라는 결과로 끝났습니다. 결코 만족할 만한 결과는 아니었다고 생각하는데 어떤가요?

   한국은 개최국이었고, 존경하는 홍명보 감독님의 첫 공식전이어서 나름대로 기대를 하고 대회에 임했습니다. 되돌아보면, 월드컵 최종예선이 끝나고 그 짧은 기간 동안 이만큼 팀이 변할 수 있다는데 놀랐어요. 최강희 감독님 때와 달리, 힘 있으면서도 컴팩트한 축구라고 느꼈습니다. 저는 호주전과 일본전에 출장했었는데, 호주전에서 득점은 못했지만 수비는 좋아서 다들 감각을 잡았다고 생각했습니다. 하지만 한일전은 단단히 다짐을 하고 경기에 임했지만, 아쉬운 결과입니다. 일본의 선제점은 우리 수비진의 실수였어요. 상대팀이 공격할 때 우리 수비가 집중했어야 했는데, 그 틈을 내주고 말았어요. 수비수는 아무리 다른걸 잘해도, 한번의 실수로 나쁜 평가를 들어요. 개인적으로 그런 점을 통감한 대회였습니다.

홍명보 감독이 경기 후, "1-1로 끝났어야 할 경기였다"고 평했지요.

   우리나라 선수들은, 말은 안 해도 한일전에는 특별한 감정이 있습니다. 감독님 말씀처럼 동점이었으면 좋았겠지만, 우리는 이기고 싶은 마음이 컸던 것 같아요. 지금도 잊을 수 없는 게 중요한 찬스에서 골을 못 넣은 것이요. 홍명보 감독님이나 다른 선수들은 절대 한마디도 안 하지만, 저 혼자 정말 죄송한 마음이 남아있어요. 다음 기회에 그걸 만회하고 싶습니다. 2014 브라질 월드컵까지 1년 정도 남았는데, 홍명보 감독님은 벌써 월드컵을 바라보고 계세요. 첫 승리의 무대가 월드컵이 될지도 모르는 일이니까요. 지금은 과정의 단계라고 생각하고 한국 대표는 앞으로 더욱더 강해질 것이라 믿습니다.

김창수 선수의 말에서 홍명보 감독에 대한 대단한 신뢰감이 느껴지네요.

제가 제일 존경하는 축구선수입니다. 되게 멋있으세요. 홍명보 감독님은 제가 22세 때부터 뽑아주셨고, 그때부터 인연이 시작됐어요. 그 인연이 설마 이렇게 오래 될 줄은 생각 못했습니다. 런던 올림픽에서는 제 연령이 초과돼 아무런 생각도 안 하고 있었는데 저를 와일드 카드로 뽑아주셨어요. 감독님은 저에게 "편하게 해", "가시와 레이솔은 어떠냐?"하고 말도 걸어주시고 농담도 하세요. (웃음) 국가대표팀 감독 되시기 바로 전 스승의 날에 제가 안부문자를 보냈는데, "가시와에는 어디가 맛있다"는 답장이 왔어요. (웃음) 모든 것에 대해서 존경스러운 분이고, 카리스마도 있으세요. 다른 선수들은 어떻게 생각할지 모르지만, 제게는 특별한 존재입니다.

홍명보 감독에 대한 절대적인 신뢰가 전해집니다. 그 외에도 존경하는 사람은 없나요?

황선홍 감독님도 존경합니다. 생각해보면 대한민국 공격과 수비의 큰 기둥이라고 할 수 있는 두 분께 축구를 배워 정말 감사하고 행복해요. 가시와 레이솔은 홍명보 감독님, 황선홍 감독님도 소속했던 팀이라 더욱더 열심히 해야겠다고 마음을 다잡게 됩니다. 그리고 가시와 레이솔의 이하라 마사미⁴⁰ 코치님도 존경해요. 좋은 말씀을 많이 해주세요. 황선홍 감독님과 친하시더라고요. 안부 전해달라고 하시면 제가 중간에서 말을 전달합니다. (웃음)

그런 훌륭한 지도자 곁에서 축구를 해온 김창수 선수의 장점은 뭐라고 생각하세요?

항상 기자들로부터 이런 질문을 받는데, 저는 장점이 별로 없어요. (웃음) 부산 아이파크에 있을 때 주장을 했었는데 그때는 원래 주장이었던 선수 대신 감독님이 저보고 주장하라고 해서 한 6개월 동안 주장 완장을 차고 경기를 한 거였어요. 그게 다음해에 그대로 이어진 거죠. 주장이라면 말로 팀을 잘 이끄는 것이 필요하다고 생각하는데 저는 말이 많은 편도 아니고 나서는 걸 싫어해요. 그래서 말보다는 몸으로 보여

NOTE

40 이하라 마사미(井原 正巳). 일본을 대표하는 수비수로 현역 시절 일본의 홍명보로 불렸다. 현재 아비스파 후쿠오카 감독을 맡고 있다.

주자고 생각해서 그라운드에서 투지 있게 임하는 모습을 보여준 거예요. "다른 선수들이 저를 보고 나도 저렇게 해야지"하고 생각하지 않을까 해서요. 지금도 그렇지만 선수 생활 끝날 때 까지는 항상 그런 마음으로 축구를 할겁니다.

축구선수로서의 목표를 가르쳐주세요.
  선수인 이상, 큰 무대에서 뛰고 싶다는 생각은 물론 있습니다. 하지만 지금은 가시와 레이솔에서 좋은 성적을 올리는 것이 중요하다고 생각합니다. 내년에는 월드컵도 있고요. 월드컵은 일생에 몇 번 없는 기회니까, 국가대표팀 명단에 들어갈 수 있도록 열심히 경쟁할 겁니다. 월드컵에 출장하기 위해서도 가시와 레이솔에서 좋은 플레이를 계속 하는 게 중요하지 않을까요?

김창수 is

생년월일	1985년 9월 12일
학력	창원상남초-동래중-동명정보공업고
선수경력	울산 현대(2004)-대전 시티즌(2005~2007)
	-부산 아이파크(2008~2012)
	-가시와 레이솔(2013~2015)
	-전북 현대(2016~현재)
대표경력	A매치 22경기 0득점
	월드컵(2014), 아시안컵(2015),
	올림픽(2008, 2012), 동아시안컵(2013)
우승경력	올림픽 동메달(2012)

장현수

일본 축구의 좋은 점을 배울 필요가 있었다

엘리트 코스를 밟아온
한국 축구 수비의 핵심 요원

장현수에게 2013년 6월 18일에 열린 2014 브라질 월드컵 최종예선 이란전은 잊을 수 없는 날이다. 그는 이 경기를 통해 A매치에 데뷔했다. 이미 U-18 대표팀부터 U-23 대표팀까지 연령별 청소년 대표팀을 뛰었던 그가 국가대표로서 또 한 단계 올라섰다는 의미이기 때문이다.

연세대 재학 중이던 2012년 FC 도쿄에 입단하면서 J리그에 온 장현수. 그는 '경기를 컨트롤 할 수 있는 수비수'라는 평가를 받으며 맹활약 했다. FC 도쿄 그리고 한국 국가대표로서의 맹활약한 그는 2014년 중국슈퍼리그 광저우 R&F로 이적해 중국 대륙에서 자신의 기량을 펼치고 있다.

장현수에게 J리그는 프로 선수의 시작을 알린 곳이다. 그렇기에 그에게 J리그는 남다른 의미로 다가온다.

2013년 여름의 어느 날, FC 도쿄의 훈련장인 코다이라 그라운드를 찾아 장현수를 만났다. 그는 J리거로 보낸 시간과 축구 선수로서의 포부, 눈물을 삼킨 2012년 런던 올림픽 등을 허심탄회하게 얘기했다.

" FC 도쿄의 스타일이 좋아 입단했다 "

FC 도쿄에서 2년 째 시간을 보내고 있습니다. 첫 해였던 지난해와 비교해서 심경의 변화가 있었나요?

지난해는 팀에 적응할 시간이 적어서 어려웠습니다. 제일 고생한 것은 일본어예요. (웃음) 지금도 완벽하지 않지만, 어느 정도의 커뮤니케이션은 할 수 있게 되어서 그 부분이 지난해와 다르네요. 참, 지난해 초는 제가 먼저 말을 걸어야 한다는 생각에 어깨에 힘이 들어갔던 것 같아요. 지금은 그런 것도 없어요. 축구에 대해서 말하자면, 원래 FC 도쿄의 축구 스타일이 좋아서 이 팀에 입단했기 때문에 고생도 그리 없었어요. 역시 말을 알아듣게 된 것이 커요. 그리고 이제부터는 일본어로 말할 수 있었으면 좋겠네요.

언어의 벽은 크죠. FC 도쿄의 축구 스타일을 좋아한다고 하셨는데, FC 도쿄가 지향하는 축구는 무엇일까요?

정말 즐거운 축구를 하는 팀입니다. 보는 사람들도 뛰는 선수들도 모두 즐겨요. FC 도쿄가 지향하는 축구는 패스를 많이 하면서 공을 자신들이 지배해서 상대를 달리게 하는 축구입니다. 물론 어려움도 있습니다. 좁은 공간에서 많은 패스를 해야 하니까, 기술이 필요해요. 요즘은 그 스타일에도 많이 익숙해졌어요. 아, 그것도 첫 해와 달라진 점이네요.

팀 내에서 슬슬 주전으로 자리잡았다고 느끼지 않나요?

아니요. 그런 생각은 전혀 없어요. FC 도쿄는 항상 경쟁하는 환경입니다. 누가 선발이고 누가 교체인지 정해져 있지 않아서 매주 경쟁이에요. 저는 중앙 수비수이지만, 시합에서는 측면 수비수로 출전할 때도 있습니다. 하지만 포지션에 관해서도 큰 혼란은 없어요. FC 도쿄에서는 만약 누군가 부상을 당하면 중앙에 위치한 선수가 측면으로 출전하는 경우도 많습니다. 포지션은 상황에 따라 감독님께서 판단하시니까, 저는 그 지시에 따를 뿐입니다.

란코 포포비치 감독은 어떤 분 같나요?

그라운드 위에서는 굉장히 엄한 분이세요. 선수들이 모두 무섭다고 해요. (웃음) 하지만 저는 별로 무섭다고 생각하지 않아요. 한국에서는 더 혹독한 경험도 했으니까요. 학창 시절의 감독님께서는 처음부터 끝까지 계속 화를 내세요. 게다가 선수가 뭔가를 성공했을 때도 칭찬하는 법이 없어요. (웃음) 물론 거기에는 감독님과 선수의 두터운 신뢰, 부자지간 같은 유대감이 있지만요. 거기에 비하면 프로의 감독님들은 아무 이유 없이 화내는 경우는 일단 없어요. 혼날 때는 반드시 저한테 원인이 있으니까요. 그래서 저는 무섭다는 생각이 안 들어요.

일본에서 뛰고 싶다는 생각이 든 건 언제인가요?

대학 1학년 때였어요. 2011년에 콜롬비아 U-20 월드컵을 출전한 뒤 FC 도쿄로부터 제안이 왔을 때 해냈다고 생각했어요. 왜 일본에 가고 싶다고 생각했냐면, 한국과 일본의 축구는 차이가 있기 때문입니다. 이건 제 나름대로의 분석인데, 가장 다른 점은 패스라고 생각해요. 빌드업 부분이 달라요. 저는 한국 축구를 계속 배워왔고, 어느 정도 몸에 익힐 수 있었어요. 거기에 일본 축구의 좋은 점을 더하면 굉장히 좋은 선수가 되지 않을까 했어요. 그래서 저는 일본의 축구, 나아가 패스를 많이 하는 FC 도쿄의 축구가 필요하다고 느꼈던 겁니다.

즉, 한국 축구와 일본 축구의 좋은 점을 익히기 위해 일본에 오셨다는 말이네요.

그렇습니다. 예를 들면 체력적인 면이라는 한국 축구의 좋은 부분과 제가 갖지 못한 패스 축구라는 일본 축구의 좋은 부분을 갖춘다면 다른 선수와 차별화되지 않을까 생각합니다. 제가 만약 한국 선수로서 익혀야 할 것이 몸에 배어 있지 않았다면 일본에는 오지 않았을 거예요.

축구 외에 일본에 대한 이미지가 일본에 오기 전과 달라졌나요?

　일본인들은 섬세한 것 같아요. 일본에서는 무슨 일이든 완벽하게 하고, 성실한 점이 많다고 생각해요. 반대로 한국은, 큰 시점으로 일을 진행시킵니다. 한국은 과정이 좋지 않아도 결과만 좋으면 다 좋다고 생각해요. 한편 일본은 과정 하나하나를 전부 완벽히 해야 할 필요가 있죠. 어디까지나 한국과 일본의 문화적 차이지만, 각기 장단점이 있는 것 아닐까요?

일본에 와서 제일 고생한 것은 무엇인가요?

　역시 언어요. 지금은 동료들과 커뮤니케이션을 하면서 일본어 연습을 하고 있습니다. 축구를 할 때 축구용어는 어느 정도 괜찮은데, 지금도 '이건 꼭 말하고 싶다'고 생각할 땐 통역의 도움을 받고 있어요. 되도록 제 입으로 전하고 싶지만 아직 멀었어요.

그래도 조금씩 일본어에 익숙해진 것 같은데요. 처음 외운 일본어는 무엇인가요?

　아마도 '大丈夫(괜찮다)'와 'いただきます(잘먹겠습니다)'? 축구 관련용어는 '다시 한번', '이동', '앞' '왼쪽' 같은 방향에 관련된 말이요. 아, 재미있는 말도 알아요. 'ふざけんな(장난치지마)'. (웃음) 이건 선수들 사이에서 자주 써요. 의외로 이게 제일 처음 배운 말일지도. 어떤 나라 말이라도 욕부터 배운다고 하는데, 저도 그런 것 같아요. 쓰기 위해서라기 보다는 재미있어서 외우게 되죠.

평소 일상 생활에서 특이했던 경험이 있나요?

　식사 할 때 숟가락을 안 주는 거! 그리고 거리가 너무 깨끗해요. 길이 정말 예쁘죠. 생활하다 불편한 게 있으면, 스태프에게 도움을 받고 있습니다. 어제도 세탁기가 고장나서. (웃음). 일본에 온지 2년 째지만 아직 모르는 것이 많아요.

그럼 휴일은 어떻게 지내세요?

　거의 집에 있어요. 저는 쇼핑을 가더라도 원하는 것을 사면 바로 집에 돌아가요. 집에서 TV 보고 밥 먹고 자는 생활의 반복이죠. 진짜 가고 싶은 곳도 없어요. 신주쿠랑

시부야에 갔는데, 너무 시끄러웠어요. 집에서는 한국 영화도 자주 봅니다. 집에 있는 게 제일 편하잖아요? (웃음) 쉴 때는 쉬고, 운동할 때는 힘껏 운동하고, 강약을 조절하는 거죠.

FC 도쿄에서 친한 동료는?

모두 친해요. 근데 굳이 꼽자면 아베 타쿠미랑 요네모토 타쿠지정도? 역시 나이가 비슷한 선수랑 친해요. 저보다 연상인 선수라면 시오타 히토시. 근데 역시 모두 다 친해요. 싸우지도 않고요. 다들 성실해요. 특히 FC 도쿄에서 존경하는 선수는 모리시게 마사토에요. 정말 실력도 좋고, 항상 머리를 쓴다고 느낍니다. 시합 전, 시합 중에도 많은 커뮤니케이션을 하면서 배우고 있어요.

평소에 동료들과 무슨 대화를 하나요?

"지금 뭐해?", "내일 뭐할까?" 같은 실없는 일상적인 말이요. 그리고 제 대답은 항상 똑같아요. "집에 가". (웃음) 선수들끼리는 자주 식사하러 가요. 일본에 와서 챵코나베가 맛있는걸 처음 깨달았습니다. 정말 좋아해요. 추천하고 싶은 일본 요리에요. 오코노미야끼도 좋아합니다. 그리고 직접 만들기도 해요. 김치찌개, 닭볶음탕, 부침개, 김치볶음… 다 한국 음식 뿐이네요. 일본에 오기 전까지는 한번도 요리를 해본 적이 없었는데.

향수병이 걸린 적은 없었나요?

있어요. 그것도 꼭 일주일에 한번씩요. 연습이 있는 날은 한국에 돌아가고 싶다고 생각 할 여유가 없어요. 오전 연습이 끝나면 식사를 하고, 집에 돌아오면 두 시 반. 피곤하니까 좀 쉬고 다섯 시쯤에 일어나서 저녁 준비해요. 모두랑 외식할 때는 또 나가죠. 저녁을 먹으면 배가 불러서, 집에서 계속 쉬면서 TV를 봅니다. 저녁이 소화되면 이번엔 제철 과일을 먹어요. 요즘 시기로는 수박이죠. 그렇게 하루가 끝납니다. 평일은 좋지만, 휴일에는 남아도는 시간을 주체할 수가 없어서 그럴때 한국이 그리워지기도 합니다.

그럴 때는 한국인 J리거와 연락을 하나요? 예를 들면 대학 시절 동료인 백성동 선수라던지. 같은 축구 선수로서 의식하는 부분은 있습니까?

성동이와는 계속 연락해요. 진짜 친하거든요. 그래도 별로 의식은 하지 않습니다. 성동이에게 좋은 점이 있으면 솔직하게 박수를 보내요. 그 외에도 많은 한국인 선수가 J리그에 있는데 누가 활약한다고 해서 별로 질투하지는 않을 거에요. 성동이가 2012년 런던 올림픽에서 동메달을 땄잖아요. 그때 제일 먼저 '축하한다'고 한 것도 저예요. 선배들에게도 축하 인사를 보냈고요. 제가 고등학생일 때, 코치님께서 이런 것을 가르쳐 주셨어요. "자신이 성공하고 싶으면 남이 성공했을 때 박수를 보내야 한다"고요. 남의 성공에 질투한다면, 네가 성공했을 때 아무도 박수 쳐주지 않는다고요. 남에게 박수를 보내기 때문에 나도 박수를 받는다는 말이지요.

매우 공감되는 말이네요. 런던 올림픽 얘기가 나와서 말인데, 당시에 올림픽대표팀에 뽑혔지만 부상으로 제외됐습니다. 어떤 마음으로 런던올림픽을 지켜 보셨나요?

일단 너무 괴로웠습니다. 그때는 너무 힘들어서 눈물도 안 나왔어요. 저는 보통 슬프면 우는 타입인데, 그때는 울지도 않았어요. 친구들도 자주 그때의 기분을 물어 보지만, 항상 답은 똑같아요. 정말 힘들었다고. 런던 올림픽 때는, 멤버들도 좋았고 매우 가능성이 있었습니다. 그런 희망과 기대가 순식간에 무너져서 너무 힘들었죠.

그런 상황에서 재기를 한 계기가 무엇이었나요?

그 때 팀에서 일본에 오라고 했거든요. (웃음) 고민했죠. 일본에 가면 혼자 지내야 되는데, 그 때 제가 뭘 해야 할 지 몰라서 무서웠어요. 하지만 부상 당하고 1주일 정도 안정을 취하면서 모처럼의 기회니까 가 보자고 마음먹었습니다. 지금 생각해보면 정말 고마워요. 일본에 오면 더 힘들 거라고 생각했는데, 감독님, 선수들과 지내면서 마음이 차분해졌어요. '아, 나는 여기서 다시 한번 시작하고 싶다', '빨리 복귀해서 함께 축구 하고 싶다' 는 생각이 들만큼요.

FC 도쿄가 장현수 선수에게 재기할 기회를 준거네요.

네. 그래서 예정보다 빨리 복귀할 수 있었다고 생각합니다. 3개월 정도 휴양하고 한 달 동안 재활치료를 할 예정이었지만 2개월 쉬고 2주 만에 몸을 되돌릴 수 있었습니다. 일본으로 돌아갔기 때문에 긍정적인 마음가짐이 되었다고 생각합니다. FC도쿄 선수들의 모습을 봤기 때문에 저도 힘을 낼 수 있었어요. FC 도쿄 선수들도 모두 "빨리 나아서 같이 축구 하자", "아직 젊으니까 앞으로 기회는 얼마든지 있어"라고 격려해 줘서 고마웠습니다.

> **" 홍명보 감독님은 선수를 이끄는 카리스마가 있다 "**

그런 시련을 거쳐 2013년 1월에 국가대표로 소집되었습니다. 처음으로 대표팀에 선발됐을 때의 기분은 어땠나요?

그게 되게 담담했어요. 한국 대표가 되는 것을 하나의 목표로 삼고 축구를 해왔는데 무조건 기쁘다는 느낌은 아니었어요. 아무래도 처음 겪는 일이니까 실감이 안 났고, 안절부절 했었다고 생각합니다. 지금의 제가 과연 한국 대표로 뽑혀도 괜찮은 건가 하는 생각까지 했어요. 그러나 실제로 가 보니 느끼는 점이 많았습니다. 제일 많이 느낀 것은 '경험의 차이'에요. 단순히 축구 실력만이 아니라 정말로 경험이 중요하다는 사실을 통감했습니다. 예를 들면 시합에서 2-0으로 앞서고 있었는데 2-3으로 역전됐다고 할 때, 저는 굉장히 초조해합니다. '빨리 어떻게든 하지 않으면'하고요. 하지만 경험 있는 선수들은 그 상황에서 제일먼저 무엇을 하면 팀이 다시 재역전 할 수 있는지를 생각합니다. 정말 멘탈이 강해요. 저는 '빨리 빨리'로 머리가 터질 것 같은데 모든 상황에서 그런 경험의 차이가 있다고 느꼈습니다.

이란전이 A매치 데뷔 경기가 되었습니다. 수비수가 미드필더로 출전했는데요.

거기에는 여러 가지 사정이 있어서… 대표팀에 중앙 수비수가 몇 명 있었습니다. 레바논전 후에 귀국해서 우선 김영권 선수가 선발팀에 들어갔어요. 정인환 선수는 원래 중앙 수비수 전문이고요. 그래서 11대11로 시합 형식의 연습 때 코치님이 와서 "현수야, 기희야 둘 중 한 명이 미드필더 하자"고 하셨어요. 그때 김기희 선수는 "현수야. 네가 하는 게 어떨까"라고 말했어요. 저는 자신이 없으니까 "선배가 하는 편이 좋지 않을까요"라고 했고요. (웃음) 그러자 코치님께서 "현수 네가 해 봐"라고 하셔서 레바논전을 마치고 귀국한 다음부터 미드필더 훈련을 했습니다. 별로 깊이 생각하진 않았어요. 그 포지션으로 할 수밖에 없고' 어디까지나 훈련이었기 때문에.

그런데 실제 시합에서도 미드필더로 뛰었습니다.

맞아요. 훈련을 해 보니까 꽤 잘 하는 거에요. (웃음) 그래서 갑자기 감독님께서 저를 선발팀에 넣으셨어요. 우즈베키스탄전이죠. 혹시 기회가 있을지도 모른다고 생각했는데' 미드필더인 이명주 선수가 너무 잘해서 뛸 기회는 없었어요. 그래도 그 경기에 이겨서 이란전에서는 살짝 여유도 생겼어요. 그래서 감독님이 제게 기회를 주셨다고 생각합니다.

이란전을 앞두고 한국 대표팀에게 여유가 있었다는 말인가요?

여유라고 하면 오해하실지도 모르지만 거의 본선 진출이 정해져 있었기 때문에 '우즈베키스탄전에 비하면'이란 뜻이에요. 감독님은 저에게 수비적인 부분을 원하셨다고 생각해요. 이란이 공격적으로 나올걸 알았기 때문에요.

미드필더로 이란전을 뛰었고, 그 경기는 한국이 0-1로 패했습니다. 그러나 한국은 월드컵 8연속 진출이라는 대기록을 만들었습니다. 그러나 한국 팬들과 언론의 반응은 그다지 좋지 않게 느끼는데요.

8회 연속 출전보다 경기 내용으로 평가되고 있다고 느낍니다. 확실히 경기 내용은 별로 좋지 않았는데 선수들은 8회 연속 기록에 만족하고 있다고 생각해요. 무엇보다 진 것이 분해요. 이겼으면 좋았을걸 하는 생각이 들어요. 제 자신의 플레이 내용에 대해서는 별로 후회는 없습니다. 스스로 점수를 매기자면 60점 정도. 지금까지 해보지 않았던 포지션이었기 때문에 어색한 부분도 있었을 거고 당연히 어려웠어요. 하지만 주위의 선수들 모두 잘하니까 잘 도와줬고요. 나머지 40점은 제가 시합에 관여한 부분이 적었다고 느끼기 때문입니다. 미드필더이기 때문에 공격, 수비 모두 경기에 참여했어야 했다고 생각합니다. 저는 수비로 어느 정도 공헌했다고 생각해요. 그러나 좀 더 공격에서도 공헌했으면 더 좋은 점수를 매길 수 있었을 테죠.

이후 홍명보 감독이 국가대표팀 감독으로 취임했습니다. 직접 지도를 받아 온 장현수 선수는 어떤 인상을 가지고 있나요?

정말 훌륭한 감독님입니다. 굳이 설명할 필요가 있나요? (웃음) 감독님 밑에서 배우면 뭔가 '열심히 배워야지!' 하는 기분이 들어요. 선수들을 이끄는 카리스마를 가지고 계십니다. 런던 올림픽 때 어느 방송국이 다큐멘터리를 찍고 있었는데, 그 프로그램에서 선수 개개인에게 "홍명보 감독님의 어디가 굉장하다고 생각해요?" 하고 묻곤 했는데 선수들의 대답은 항상 "좋은 감독" 이것뿐이었어요. (웃음) 말로는 설명할 수 없어요. 이건 직접 경험하지 않으면 아마 모르실 거예요.

그 부분을 경험할 수 없는 저희를 위해서 말로 표현해 주세요. (웃음)

음… 정말로 선수들을 끌어들이는 뭔가가 있다고 밖에…. 그래도 사람을 끄는 매력을 갖고 있으면서 그것을 이용하시지는 않아요. 그저 선수들이 제멋대로 끌려가요. (웃음) 모두 어렸을 때부터 홍명보 감독님을 동경해서 축구를 해왔거든요. 그런 분 밑에서 배울 수 있다는 것 만으로도 영광이죠. 그래서 선수들은 하나라도 더 배우려고 하는 거예요. 게다가 축구 교육 방법도 아주 실용적입니다. 저는 포백이라는 시스템을 홍명보 감독님에게 배웠어요. 고등학교 때까지는 계속 스리백이었거든요. 그렇다고 무슨 특별한 말이 있지는 않습니다. "포백이란 이런 거다", "라인을 조화시키는 방법은 이렇다" 등 당연한 말일지도 모르는데 선수들이 제멋대로 끌려가요. 역시 말로는 전혀 설명할 수가 없네요. (웃음)

장현수 선수가 생각하는 자신의 가장 큰 무기는 무엇입니까?

　제게 별다른 무기가 없습니다. 달리기가 엄청나게 빠르다거나, 체력이 매우 강하다거나, 헤딩이 강하다거나, 킥이 정확하다거나 그런 게 없어요. 하지만 그만큼 큰 약점도 없다고 생각합니다. 만약 축구능력을 0에서 100으로 표현한다면 저는 헤딩도 50, 킥도 50, 달리기도 50, 전부 50이에요. 하지만 이게 저의 무기입니다. 종합력으로 승부해 나가는 타입이라고 생각합니다. 그리고 저는 계속 주장을 맡아왔습니다. 초등학교 때부터 계속 주장이었어요. 청소년 대표팀에서도 주장을 했습니다. 그래서 리더십은 조금 있다고 생각합니다. (웃음)

홍명보 감독은 가시와 레이솔에서 주장을 맡았었습니다. 장현수 선수도 언젠가 J리그 팀에서 주장이 되고 싶다고 생각해본 적 있습니까?

　J리그 팀에서 주장을 하는 건 생각해 본 적도 없어요. 언어도 그렇고 제가 주장을 하면 모두에게 민폐입니다. (웃음) 그렇게 생각해보면 정말 홍명보 감독님은 굉장해요. 역시 제일 존경하는 축구 선수입니다. 이 마음은 아마 평생 변하지 않을 거에요. 축구선수로서 깊이 존경하고 있기 때문에 그 인간성도 좋아지는 거라고 생각합니다.

나이가 비슷한 지동원, 손흥민은 유럽에서 뛰고 있습니다. 장현수 선수도 유럽에 진출하고 싶은는 마음이 있나요?

　유럽에서 뛰고 싶다는 마음은 있어요. 하지만 수비수이니까, 좀 어렵지 않을까 생각합니다. 유럽의 수비수는 체격부터 다르니까요. 물론 기회가 있으면 도전하고 싶고, 꿈꾸고 있습니다. 일본에 온 것도 미래에 유럽으로 이어진다는 생각이 있었기 때문입니다. 하지만 먼저 일본에서 성공해야 유럽에 도전할 수 있다고 생각해요. 그래서 지금은 FC 도쿄에서 경쟁의 나날을 보낼 겁니다.

장현수 is	생년월일	1991년 9월 28일
	학력	경희고-연세대
	선수경력	FC 도쿄(2012~2013)-광저우 R&F(2014~현재)
	대표경력	A매치 26경기 3득점 아시안컵(2015), 아시안게임(2014), U-20 월드컵(2011), 동아시안컵(2013, 2015)
	우승경력	아시안게임 금메달(2014), 동아시안컵(2015)
	수상경력	동아시안컵 MVP(2015)

칼럼

한국 기자가 본 J리그

"전체적인 면에서 J리그가 아시아 No.1"

　한국 언론의 J리그에 대한 관심은 해마다 감소하고 있는 추세다. 그 이유 중 하나는 역시 스타의 고갈. 예전에는 홍명보, 안정환 같은 스타 플레이어들이 J리그에서 뛰었고, 그들이 일본 무대에서 어떤 활약을 보여주느냐도 충분한 화제성을 지녔었다.
　하지만 최근 한국에서 J리그는 '고등학교와 대학을 졸업한 젊은 선수들이 도전하는 무대'라는 인식이 강해지고 있다. K리그의 스타급 선수들이 J리그에서 얼마나 통용되느냐는 이제 더 이상 팬들의 관심이 아니다. AFC 챔피언스리그에서 K리그와 J리그 팀 간의 맞대결은 늘어났지만 특별한 의미를 지닌 경기이거나 혹은 팀 몇몇만이 주목을 받는다. 그것이 지금의 현실이다.
　그렇다고 해서 '탈 아시아'를 외치고 있는 J리그 자체가 흔들리고 있다는 의미는 아닐 것이다. 한국 언론의 관심은 줄어들었을지 몰라도 J리그는 꾸준히 그 목표에 다가가고 있다는 것이 나의 개인적인 생각이다. 최근의 AFC 챔피언스리그 무대에서 J리그 팀들이 이렇다 할 성과를 올리지 못하고 있는 것도 사실이지만 리그의 전체적인 경쟁력을 생각하면 아시아 최고 리그라는 점은 의심의 여지가 없다.

칼럼

　J리그는 출범 이후 20년이라는 역사를 쌓으면서 무서운 속도로 발전했다. 그리고 여전히 그 속도를 유지하고 있는 듯 보인다. 무엇보다 가장 주목할 만한 점은 J리그가 운영되는 시스템이다. J리그는 유럽의 리그 운영방식을 아시아의 체질에 맞도록 적절히 개선했으며 실제로도 성공적으로 운영하고 있다. 승격과 강등 제도가 대표적인 예다. 이 시스템은 제도가 이미 깊숙이 자리 잡은 유럽과 여전히 과제가 많은 K리그의 중간 즈음에 위치하는 형태라고 볼 수 있다. 그래서 K리그 역시 여건이 크게 다른 유럽에서 직접적으로 답을 찾기보다 같은 아시아에 속한 J리그를 모델로 운영방식을 효과적으로 개선하고, 장점을 흡수하고자 애쓰고 있다. K리그도 2013년부터 리그를 1부와 2부로 나눠서 운영하는 승강제가 본격적으로 도입됐지만 이미 한 발 앞서 제도를 성공적으로 운영하고 있는 J리그는 중요한 선례다. K리그 관계자들이 J리그의 시스템이나 제도 개선과정을 항상 면밀히 체크하는 것만 봐도 알 수 있다. J리그는 자신들의 발전 계획을 착실히 수행해 나가는 능력을 가지고 있다.
　장기적으로 봐도 J리그는 경쟁력을 가지고 있다고 생각된다. 가장 큰 이유는 유소년 투자의 중요성을 잘 알고 있기 때문이다. 일본은 아시아 축구계에서도 유소년 선수층을 육성하는 시스템이 가장 탄탄하게 자리잡고 있는 나라이다. 그 경쟁력은 반드시 리그 전체에도 영향을 미치게 되어 있다. 가까운 미래에 J리그가 웬만한 수준의 유럽 리그보다 수준이 높아질 가능성을 가지고 있다고 해도 과언은 아닐 것이다.
　물론 과제가 아주 없는 것은 아니다. 그 중 하나는 보다 폭넓은 포지션에서 자국 선수를 길러낼 필요가 있다. J리그에서는 우수한 기량을 가진 선수들의 포지션이 대부분은 미드필드에 치우쳐 있다는 인상을 받는다. 그래서인지 다른 포지션의 선수들은 성장이 상대적으로 느리다. 공격수나 골키퍼 등 미드필드 이외의 우수한 선수들을 앞으로 얼마나 키워낼 수 있을 것인가가 관건이다. 이런 문제점들이 해결된다면 최근 J리그 팀들이 아시아 무대에서 부진한 모습을 보이고 있는 경향도 해소할 수 있지 않을까.

여기에 정상급 선수들이 일본 무대를 떠나 유럽으로 향하면서 자국 리그의 인기가 하락하고 있는 딜레마도 중요한 과제 중 하나일 것이다. K리그 역시 스타 플레이어들이 대부분 해외로 이적하는 경향이 심화되면서 국내 리그의 인기가 하락하는 원인이 되고 있다. 물론 그렇다고 해서 뛰어난 자질을 가진 선수들이 유럽에 진출하는 것을 막을 수는 없는 일이다. 하지만 리그의 인기는 발전을 뒷받침 하는 중요한 요소 중 하나. 리그에서 뛰는 선수들 중에서 꾸준히 '새로운 스타'를 발굴해 내려는 노력이 필요한 이유다.

모든 면에서 완벽하다고 할 수는 없다. 다만 리그 자체의 시스템, 장기적인 경쟁력과 클럽들의 운영 노하우, 기본 적인 축구 환경 등을 감안한다면 아시아에서 J리그가 가지는 존재감은 그 어떤 리그보다 크다는 점을 부정할 수 없다. 한국에서는 그 주목도가 크게 감소했지만 전체적인 측면을 놓고 판단했을 때 아시아에서 No.1 리그라는 점 역시 분명한 사실이다.

송지훈 중앙일보 기자

홍명보 x 이하라
한국과 일본의 미래에 대하여

홍명보와 이하라 마사미. 현역 시절 양국을 대표하는 수비수로 역대 최고 A매치 출전기록도 가지고 있는 두 선수. 각각 주장으로 팀을 이끌며 월드컵에도 출전한 경험을 가지고 있는 두 사람은 나란히 아시아를 대표하는 선수이자 두 나라의 축구팬들이 가장 신뢰하는 수비수이기도 했다.

지금도 여전히 한국과 일본에서 큰 인기를 자랑한다. 현역에서 은퇴한 뒤 지도자로 제2의 축구인생을 살고 있는 것도 비슷하다. 두 사람은 2008년 8월, 자국의 올림픽대표팀 코치로 베이징 올림픽을 경험했다.

홍명보와 이하라가 다시 얼굴을 마주한 것은 2009년 9월, 대한축구협회 창립 75주년 기념으로 열린 한일 레전드 매치에서였다. 수 많은 명승부를 펼쳐왔던 양국의 레전드 선수들을 이끈 것이 바로 홍명보와 이하라였다. 기념비적인 한일 레전드 매치가 성사되기까지의 뒷 이야기, 숙명의 라이벌과 대결하며 얻은 추억 그리고 '이제는 말할 수 있다'까지.

한국과 일본의 '영원한 캡틴'이 한일 양국 축구의 미래를 이야기 했다.

> **공통점을 가지고 있어 자연스레 가까운 관계가 되었다**
> - 홍명보 -

> **J리그에서 뛴 것을 계기로 더욱 가까워졌다**
> - 이하라 -

레전드 매치였지만 두 분에게는 정말 오랜만의 한일전이었습니다.

　이하라 : 정말 그리웠다고 할까, 오랜만에 느껴 보는 기분이었습니다. 제게는 1997년 프랑스 월드컵 아시아 최종예선에서 치른 경기가 마지막 한일전이었기 때문에 거의 10년 만에 다시 느껴보는 기분이었죠. 현역 시절에는 한일전이 다가오면 마음가짐도 다르고, 기합도 들어가 있었습니다. 이번에는 그때 그 시절 멤버들이 모여 다시 축구를 할 수 있다는 생각에 그리움, 기쁨, 뭐랄까 현역 시절과는 다른 종류의 즐거움이 있었네요. 명보를 비롯해 한국 쪽은 사전에 모여서 연습도 하고 진검승부 모드인 것 같고요. (웃음)

　홍명보 : 5~6명 정도가 모여서 3일 가량 연습했을 뿐입니다. (웃음) 11명 전원이 모여서 훈련한 것은 한 번도 없었고요. 다만 이하라 씨가 말씀하신 것처럼 이번 한일전은 현역 시절과는 기분이 다르네요. 현역 시절의 추억을 다시 떠올리게 하는 경기라고 할까요? 언론에서는 "OB전도 한일전은 한일전이다"고 떠들썩하지만요. (웃음) 저희 입장에서는 그리운 친구들이 다시 모여 축구를 할 수 있게 됐다는 사실이 가장 기쁩니다.

한일 레전드 매치는 양국 축구팬들에게도 그리운 추억을 떠올리게 하는 무척 반가운 경기였다고 생각합니다. 요즘에는 한일 양국 현역 국가대표들끼리 치르는 경기가 더 적어졌죠. 하지만 두 분이 현역 시절을 보냈던 1990년대 후반까지만 하더라도 한일전이 한 번 열리면 양국 축구팬들의 희비는 크게 엇갈렸을 정도입니다. 그런 멤버들이 다시 모여 친선전을 치른다는 발상, 어떤 배경에서 이번 친선전이 추진 됐는지도 궁금합니다.

　홍명보 : 도쿄를 방문했을 때 대한축구협회가 창립 75주년 행사의 일환으로 한일

레전드 매치를 치르는 것에 대해 들었습니다. 그래서 우선 현지에서 오래 전부터 친분이 있었던 이하라 씨를 통해 일본축구협회에 의견을 타진했죠. 이하라 씨를 비롯한 그 때의 선수들은 같은 시기를 공유한 사이이기 때문에 서로를 이해하는 부분도 많고, 무엇보다 이하라 씨도 그 제안에 무척 기뻐해 주었고요. 물론 저 자신도 대한축구협회로부터 한일전 추진에 대한 이야기를 처음 들었을 때 "재미 있는 기획이고, 꼭 실현시키고 싶은 경기다"는 느낌이 들었으니까요.

이하라 : 저도 재미있는 기획이라고 생각했습니다. 1990년대 멤버들이 다시 모여 경기를 하는 것은 지금까지는 한 번도 없었던 일이니까요. 1990년대는 추억 깊은 한일전이 많았던 시기입니다. 저도 그 시절 선수 중 한 명이기 때문에 그때의 한일전 멤버들이 다시 모여 경기장에서 만날 수 있다는 사실이 가장 기뻤네요. 그런 의미에서 양국 축구협회가 긴밀히 연락을 주고 받으며 이번 경기를 실현시켜 준 것에 대해 감사하고 있습니다. 개인적으로는 서울에서 한일전을 다시 치른다는 것도 감회가 남다르고요. 서울에서 한일전이 열린다는 것을 떠올리면 제게는 1997년 11월, 잠실에서의 추억이 되살아납니다. (웃음)

사실 의외였던 것이 두 분의 친분이었습니다. 한일 축구는 라이벌이지만 두 분께서는 오랜 시간 우정을 키워오신 것 같은데요, 현역 시절부터 꾸준히 교류가 있으셨던 건가요?

홍명보 : 제가 한국에서 뛰고 있을 때는 그렇게 많은 교류가 있었던 것은 아닙니다. 이하라 씨와 만나게 되면 그라운드에서, 더욱이 한일전이라는 공간이었기 때문에 적으로 만났던 사이였다고 할 수 있습니다. 그런데 제가 J리그에서 뛰게 되면서 대표팀 경기가 있을 때만이 아니라 J리그 무대에서도 만나는 일이 많아졌습니다. 그렇게 되면서 자연스레 접점도 늘어났고, 무엇보다 저희는 공통점이 많았던 것 같습니다. 대표팀에서는 시모 주장을 맡고 있었고, 포지션도 같은 수비수였죠. 그런 배경들이 있어서 서로 자연스레 마음이 맞는 관계가 됐던 것 같습니다.

이하라 : 그렇네요, 결정적으로 명보가 J리그에서 뛰게 되면서 더 가까운 사이가 됐습니다. 그의 일본행에는 한국에서도 반대의 목소리도 많았다고 들었습니다만, 그런 분위기를 무릅쓰고 J리그행을 택한 것이 기뻤습니다. 그리고 더 많은 경기를 그와 함

께 뛰면서 자연스럽게 가까운 사이가 된 것은 어쩌면 당연한 일이었다고 생각하고요. 포지션, 대표팀에서의 역할 등이 비슷했던 것에 더 많은 공감을 갖게 된 것은 저도 마찬가지입니다. 더군다나 명보는 이미 월드컵을 경험했던 선수였기 때문에 저는 그런 점에서 더 많이 자극을 받는 부분도 있었습니다.

이하라 코치에게 선수 홍명보는 어떤 식으로 비춰졌나요?

이하라 : 경기를 읽는 냉정한 시각, 판단력, 공을 소유한 뒤의 빌드업이나 경기 전개 능력 그리고 공격에 개입하는 타이밍 등이 대단했습니다. 효과적인 움직임이었죠. 저의 경우 무게중심이 수비에 더 치중해 있던 스타일이었기 때문에 명보의 공격적인 부분은 저에게도 큰 참고가 됐고요.

홍명보 코치는 어땠나요? "이하라에게서 이런 능력만은 빼앗아 오고 싶다"고 했던 적이 있었는지요?

홍명보 : 그때는 한국과 일본의 시스템 자체가 조금 달랐습니다. 한국은 스리백을 사용했고, 일본은 포백 시스템이 주류를 이뤘죠. 그래서 저와 이하라 씨는 똑같은 중앙 수비수였지만 역할에 있어서는 조금 차이가 있었던 것 같아요. 저는 두 명의 스토퍼가 있었기 때문에 조금 더 자유롭게 공격에 가담할 수 있었던 부분도 있었지만 이하라 씨의 경우는 문자 그대로 '센터백'이었기 때문에 수비적인 능력에서 저보다 뛰어났습니다. 헤딩 능력과 피지컬 부분 그리고 대인방어 능력 역시 저 보다는 한 단계, 두 단계 위라고 생각했습니다.

그렇다면 그라운드 위에서 등번호 4번을 보게 되면 곧바로 이하라 코치가 떠오르거나 하는 일도 있었나요? 또 반대로 이하라 코치는 등번호 20번을 보면 홍명보 코치를 떠올린다든지 하는 일이요. (웃음)

홍명보 : 그 정도까지는 아니었네요. (웃음) 다만 여전히 강렬한 인상으로 남아 있는 것은 일본 대표팀의 파란색 유니폼입니다. 불꽃을 모티브로 한 무늬의 파란색 유니폼을 입고, 팔에 주장 완장을 둘렀던 이하라 씨의 모습이 제 안에서는 가장 강렬한

이미지로 남아 있습니다. 일본과는 대표 시절 정말 많은 경기를 치렀습니다. 지금도 TV 등을 통해서 일본 대표팀의 경기를 보지만 왠지 일본 대표팀 유니폼을 볼 때마다 그 불꽃 무늬가 들어 간 파란색 유니폼을 입은 이하라 씨의 모습이 뇌리를 스치곤 합니다. 그 유니폼만은 수 많은 일본 대표팀의 유니폼 중에서도 가장 잊을 수 없는 유니폼입니다. 그토록 강한 인상으로 남아 있고, 이하라 씨의 존재감 역시 대단했고요.

이하라 : 우리에게는 명보의 존재감이 더 컸는데요. 한국 국가대표팀과 만날 때면 항상 꺼려지는 존재였습니다. (웃음) 명보는 말 그대로 한국 대표팀의 '최후의 보루'였으니까요. 일본에 기회가 오면 항상 공격을 막아서는 명보가 있었습니다. "왜 너는 꼭 있는 거야!"라고 외치는 상황이 꽤 있었으니까요. (웃음) 그 어떤 경기를 떠올려도 명보의 인상은 남달랐습니다. 한국 대표팀에서의 존재감, 리더십은 정말 피부로 느껴지는 것이었어요. 그의 말 한 마디, 행동하나, 플레이 하나에서 한국 대표팀이 단단하게 뭉치는 것이 전해졌으니까요. 감정 표출이 뜨거운 타입은 아니었지만, 중요한 부분을 제대로 파악하고 침착하게 경기를 운영하는 리더십은 강하게 인상에 남아 있습니다.

> **" 젊은 선수도 위축되지 않고 뛰는 일본의 모습 인상적 "**
> - 홍명보 -

> **" 한국 팬들의 '프랑스에 함께 가자'라는 플래카드 기뻤다 "**
> - 이하라 -

두 선수의 존재감도 그렇고, 1990년대의 한일전은 정말 명승부가 많았습니다. 그런 의미에서는 특별한 시대였다고도 생각됩니다만, 서로 국가대표팀을 보며 느꼈던 점이 있는지 궁금합니다. 예를 들면 한국의 경우 "일본전에서는 절대 패해서는 안 된다"는 분위기가 있었죠?

홍명보 : 확실히 그랬습니다. 그런 분위기도 있고 해서, 일본전은 상당한 부담이었습니다. 이겼을 때 그리고 반대로 패했을 때 그 반응이 어떻게 달라진다는 것을 선수들이 너무 잘 알고 있었기 때문에 많은 부담을 느꼈던 것은 분명한 사실입니다. 다만 저의 경우 그러한 부담감은 J리그에서 활약하게 되면서 서서히 사라져 갔습니다. J리그에서 뛰게 되면서 제가 일상을 보내고 있는 나라의 사람들, 제가 평소에 함께 경기를 뛰고 있는 선수들과의 대결이라는 생각을 하게 되면서 어느 정도는 부담을 덜 갖게 된 거죠. 물론 '한일전' 자체가 가지는 중압감과 부담감은 여전히 있었습니다. 하지만 일본 무대를 경험하게 된 이후에는 경기에 대해 필요 이상으로 스트레스나 부담을 갖지는 않게 됐습니다.

이하라 : 한국 대표팀 선수들이 일본전에 대해 어떤 각오를 갖고 있는가 하는 것은 확실히 저희들에게도 전해졌습니다. 저는 1980년대 후반부터 일본 국가대표로 활약했고 한국 대표팀과도 싸워왔지만 그들의 투지나 동기부여 등은 대단했다는 생각이 듭니다. 이유를 막론하고 "절대로 패하지 않는다"는 뜨거운 투지를 갖고 경기장에 나서는 점은 우리도 본받지 않으면 안 된다는 생각을 갖게 했으니까요. 단지 일본의 경우 한국이라는 존재를 그렇게 강렬하게 인식하지 않았던 것도 사실입니다. 한일전이든, 다른 나라와의 경기이든 경기에 나서는 마음가짐에서는 크게 다르지 않았거든요. 물론 한국 선수들이 "일본에 절대로 지지 않는다"는 마음으로 경기를 한다는 것은 알고 있었지만요. 그런데 J리그가 시작되고 노정윤, 하석주, 홍명보 같은 선수들이 일본에서 활약하게 되면서부터 한국 선수들의 심경에도 변화가 있었다고 생각합니다. 물론 우리 일본 선수들 역시 조금은 분위기가 달라졌고요. 평소에 함께 경기를 뛰고 있는 관계였으니까요. 그렇게 생각하면 대략 1990년대 후반부터의 한일전은 그 이전의 한일전과는 전혀 다른 느낌에서 한국 대표팀과 경기를 치렀던 것 같습니다.

싸우면서 서로를 알게 되고, 이해하게 되었다는 느낌일까요?

이하라 : 그렇습니다. 확실히 그런 관계가 된 것은 한국 선수들이 J리그에 오게 된 것이 계기였고 그로 인해 서로 더 알게 되고, 함께 더 강해진다는 마음이 두 나라 모두에 공통적으로 존재했던 시기였다고 생각합니다. 실제로 1997년 월드컵 최종예선에

서 한국 축구팬들이 일본 대표팀을 응원을 해 주었던 적이 있습니다. 사실 그 이전까지 한국 응원단은 일본 대표팀을 경계했고, 한국에 오게 되면 정말 어려운 분위기 속에서 경기를 했었습니다. 그런데 당시 운동장에 도착하니 "프랑스에 함께 가자"는 플래카드가 걸려 있었어요. 2002년에 월드컵을 공동으로 개최하는 것이 결정된 것도 관계가 있었다고 생각하지만, 함께 손을 잡고 아시아 축구를 활성화 시키자는 분위기에서 선수들도 많은 자극을 받았습니다. 제가 처음 일본 국가대표가 되어 한국팀과 싸웠던 시절과 비교하면 최근 10년 동안, 양국의 관계는 정말 많이 변했어요.

분명히 한일 양국은 좋은 의미에서의 라이벌 관계에 있다고 보여집니다. 그렇다면 앞으로 10년, 20년 뒤에는 어떤 관계여야 할까요?

이하라 : 두 나라는 동아시아 그리고 아시아 축구를 이끌어 가야 할 존재입니다. 최근에는 중동 축구가 힘을 기르고 있습니다만, 지지 않도록 일본과 한국도 제대로 아시아 축구를 이끌고 세계무대에서도 통할 수 있는 꾸준히 만들어 나가야 합니다. 성인 대표는 물론 모든 연령대의 대표팀 그리고 프로팀들이 국제대회에서 성적을 내야 세계 축구계에 동아시아 축구의 강한 인상을 남길 수 있습니다. 또 한일 양국이 꾸준히 교류를 추진하면 양국 축구 수준에도 큰 자극이 될 수 있다고 생각합니다.

한국과 일본 축구는 서로 '절차탁마'하는 관계라고 볼 수 있습니다. 상대로부터 그만큼 배울 것도 많다는 의미일 텐데요, 홍명보 코치의 경우 일본에서 뛰면서 배웠던 것 혹은 부러웠던 것이 있나요?

홍명보 : 저는 일본에서 뛰면서 많은 것을 배웠습니다. 예를 들어 훈련 방식, 선수관리, 언론 대응과 활용 방법까지요. 무엇보다 구단이 선수의 가치를 인정하고, 선수들을 존중하는 환경을 만드는 과정에 대해서도 많은 것을 배웠고요. 일본에 처음 갔을 때 그런 좋은 여건에서 자신감을 갖고 프로선수로서 뛰고 있는 일본선수들을 봤을 때 부러웠던 것도 사실입니다. 젊은 선수들도 위축되는 일 없이 주전 자리를 빼앗기 위해 의욕적으로 뛰는 모습이 무척 인상적이었고요. 그런 일본과 비교하면 한국에서는 신인 선수의 경우 아직 제대로 가치를 인정하고, 존중하는 문화가 조성되어 있지 않

은 편입니다. 그런 부분이 안타깝기도 하고요.

이하라 씨가 본 K리그는 어떤 인상입니까?

이하라 : 저는 K리그에서 뛰어본 적이 없고, 국가대표팀 경기를 통해서만 한국 축구를 접한 것은 사실입니다. 하지만 축구 수준만 놓고 본다면 한국은 대표팀은 물론이고 클럽들 역시 그 레벨이 꾸준히 올라가고 있다고 생각합니다. 단지 2002년 월드컵 같은 경우 한국은 세계 최강의 팀들을 상대로 대회 4강에 오르는 놀라운 성적을 거뒀잖아요. 그때와 비교하면 뭐랄까 개성적인 면이 약해졌다고 할까요? 어딘지 모르게 위축되었다는 인상은 약간 있습니다.

홍명보 : 이번 베이징 올림픽을 통해서도 알 수 있었지만 한국 축구는 지금 하나의 과도기를 겪고 있는 것 같습니다. 한국만이 아닙니다. 아시아 국가 중에서는 한 나라도 토너먼트 진출에 성공하지 못했죠. 이는 아시아 축구 전체에 변화가 필요하다는 점을 시사하는 것이 아닐까 하는 생각도 들었습니다. 한국과 일본이 아시아 최강을 다투는 것은 사실이지만 거기에 만족하지 말고 세계 무대에서도 대등하게 경기하고 또 승리할 수 있는 방법을 모색해야 합니다. 한국이나 일본이나 아직 부족한 점이 있고 또 그 부분을 보완하지 않으면 앞으로 점점 더 힘들어 지겠죠. 중동뿐만 아니라 호주나 우즈베키스탄 등 많은 나라들이 경쟁자로 등장했고, 아시아 축구는 점점 평준화되어 가고 있습니다. 이런 상황에서 더 경쟁력을 높이기 위해서라도 한국 축구와 일본 축구가 교류의 기회를 늘리고, 함께 발전해 나갈 수 있는 기회를 만들어 나가야 한다고 생각합니다.

> **중요한 것은 스스로 단점을 파악하고, 행동하는 것**
> - 홍명보 -

> **아시아를 넘어 세계에 통하는 축구를 목표로 해야**
> - 이하라 -

두 분은 현재 지도자로서 '제2의 축구인생'을 보내고 계십니다. 베이징 올림픽에서는 나란히 양국 대표팀의 코치를 맡기도 하셨죠. 선수와 지도자는 역시 다른가요?

   이하라 : 선수와 지도자는 전혀 다른 영역이었습니다. 선수 시절에는 자신의 플레이에만 집중하면 됐지만 지도자가 된 뒤에는 선수들을 얼마나 좋은 상태로 경기장에 내보낼 수 있을 것인지, 또 거기에서 최상의 경기력을 끌어내도록 항상 고민해야 하는 큰 책임이 있으니까요. 홍명보 코치의 경우 2006년 독일 월드컵에 코칭스태프로도 참가했잖아요. 하지만 저는 베이징 올림픽 대표팀 때가 코치로서 처음 나서는 국제대회여서 더욱 시행착오가 많았던 것 같습니다. 지도자로서 여러 가지 어려움과 고민을 하게 됐던 시간이었습니다.

   홍명보 : 이하라 코치가 말씀하신 것처럼 선수 시절에는 자신이 할 것에만 집중하면 됐지만 지도자는 팀 전체를 살펴야 하는 입장이죠. 선수들이 즐거운 마음으로, 좋은 축구를 할 수 있는 환경을 만들어 주는 것이 코치의 중요한 역할 중 하나라고 생각합니다.

그런데 한국, 일본 모두 베이징 올림픽에서 기대에 부응하지 못했죠. 두 분 역시 직접 현장에서 선수들을 지도하며 많은 것들을 느끼셨을 텐데요. 특히 한국의 경우 올림픽대표팀에 대한 실망과 비난의 목소리가 엄청났습니다.

   홍명보 : 대표팀은 결과가 전부입니다. 목표를 세우고, 그 목표를 향해 모든 사람들이 최선을 다 하지만 기대에 걸맞은 결과를 내지 못하면 비판을 받아야 하는 것이 대표팀의 숙명입니다. 대표팀에 속해 있다는 것은 그런 것이라고 스스로도 자각하고 있으니까요. 그런 의미에서는 팬들이나 언론의 비판도 겸허하게 받아들여야 한다고 생

각합니다. 다만 한 가지 말하고 싶은 것은 밖에서 바라보는 것과 실제로 안에서 보는 것에 많은 차이가 있다는 점입니다. 우리는 선수들의 멘탈은 물론이고 체력적인 면에서도 최상의 상태로 경기에 내보냈다고 생각했음에도 그에 상응하는 결과를 내지 못했습니다. 그리고 그 책임은 분명히 저희들 코칭스태프에 있습니다. 하지만 저 개인적으로는 선수들이 올림픽이라는 큰 무대를 경험하면서 자신에게 무엇이 부족한지 깨닫게 됐고, 다시 큰 국제무대에 서게 됐을 때에는 그러한 단점들을 극복하고 실패를 되풀이 하지 않을 수 있다는 점입니다. 그렇게 생각하면 이 대회가 낭비는 아니었다고 믿고 싶고요. 실패 속에서 무언가를 배우고, 그것이 선수를 성장하게 만든다고 생각합니다. 올림픽대표팀에는 청소년 시절부터 국제 대회를 경험하며 꾸준히 성장한 선수들이 많았습니다. 이 선수들이 지금까지의 경험을 바탕으로 언젠가 월드컵이라는 최고의 무대에서 자신들이 가진 모든 것을 발휘할 수 있다면 이번 올림픽에서의 실패도 결코 헛되지만은 않을 것입니다.

이하라 : 베이징 올림픽에서 일본은 올림픽대표팀에 두 명의 코치가 있었습니다. 그 중에서 제가 맡은 역할이 바로 일본이 상대할 나라들의 전력을 분석하는 일이었고요. 그래서 저는 대표팀 경기를 벤치에서 지켜보는 일은 적었습니다. 무엇보다 아쉬웠던 것은 조별리그 2경기 만에 대회 탈락이 확정되었다는 점이었습니다. 언론에서도 수많은 비판이 있었지만, 프로이기 때문에 결과를 내지 못하면 비판을 피할 수 없고 또 겸허하게 받아들여야 하는 것은 당연한 일이라고 생각하고 있습니다. 일본은 나이지리아, 네덜란드, 미국과 한 조에 속했는데 사실 어느 한 팀도 쉬운 상대는 없었습니다. 다만 일본이 전체적으로는 동기부여도 강했고 또 우리 스스로 하고자 했던 축구를 보여줄 수 있었다는 점만큼은 성과가 아니었을까 행각합니다. 그래도 결과를 내지 못했던 것은 분명한 사실이기 때문에 무엇이 잘못됐고, 어디가 부족했는지 철저히 반성할 필요가 있다는 점에는 선수들도, 코칭스태프도 모두 공감했습니다. 선수들 본인들이 가장 아쉽겠지만 이 선수들은 이제 겨우 스물 세 살입니다. 젊은 선수들은 이런 경험을 앞으로 더 활용하고, 본인들이 발전해 나가는데 발판으로 삼을 수 있습니다. 이런 일련의 과정이 일본 축구의 미래와 연결되어 있는 것이라 생각합니다.

두 분은 지도자로서 '세계 축구의 벽' 같은 것을 느끼신 부분이 있나요?

홍명보 : 세계 축구의 높은 벽은 사실 현역 시절에도 꾸준히 느껴 온 부분입니다. 선수 시절, 월드컵이라는 무대를 경험하며 세계 축구의 벽에 부딪쳤고 그 높은 벽을 뛰어넘기 위해 노력했지만 그 답을 찾지 못해 절망했던 시기도 있었고요. 그런데 2002 월드컵에서 한국은 그 벽을 뛰어 넘는 경험을 한 바 있습니다. 그렇게 생각하면 베이징 올림픽에서 '이것이 세계와의 차이인가?'하고 새삼스럽게 느꼈다든지, 크게 절망했던 것은 아닙니다. 다만 선수로서 젊은 시절에 느꼈던 감정, 처음 월드컵에 출전했을 때 느꼈던 한국과 세계 축구의 수준 차이를 이번에는 지도자라는 입장에서 다시 한번 절감한 것은 사실입니다. 한국과 상대의 수준 차이 그리고 깨닫게 된 한국과 세계 축구 사이에 놓인 벽. 하지만 이런 난관을 극복하기 위해 무엇을 해야 하고, 어린 선수들을 어떻게 지도할 것인지 그 답을 찾는 것이 앞으로 제게 주어진 과제라고 생각합니다. 물론 그것은 한국 축구에 주어진 과제이기도 하고요.

이하라 : 저 역시 같은 생각입니다. 단적인 예로 하루 아침에 웨인 루니나 크리스티아누 호날두 같은 선수는 나오지 않을 겁니다. 이런 현실에서 일본이 세계 무대에서도 통하는 축구를 하기 위해서는 어떻게 해야 할지를 고민해야 합니다. 한 가지 포인트는 세계 축구의 수준과 흐름을 놓치지 않으면서도 일본 축구의 강점은 살려야 한다는 점입니다. 세계 최고 수준의 팀에 한 발짝이라도 더 다가 가겠다는 생각으로 팀을 만들어 나가야 한다고 생각합니다. 우리만의 강점을 살리면서도 세계 수준에서 통용되는 축구를 하는 것이 중요하다고 생각해요. 저 역시 이런 관점에서 지도자로서의 능력을 끌어 올려야 한다고 생각하고 있고요. 지도자로서 아직 무엇이 정답이고, 무엇이 최선인지는 분명하지 않은 점들도 많습니다. 그런 가운데 팀을 이끌고, 선수들을 육성한다는 것이 쉬운 일은 아니지만 점점 더 도전하고 싶다는 생각은 강해지고 있습니다. 아시아를 넘어 세계 수준의 축구를 구사하는 것. 이것은 저 자신뿐만 아니라 일본 축구 지도자 모두가 항상 염두 하고, 또 의식해야만 하는 테마라고 생각합니다.

양국 축구계는 많은 과제가 있지만, 반대로 언론이나 팬들의 기대 역시 점점 더 커져가고 있습니다. 특히 2002년 이후에는 한국은 물론이고 일본도 팬들의 기대가 엄청나죠. 혹

시 팬들의 기대가 필요 이상으로 과열되었다든지, 현실과의 괴리를 느끼시거나 하는 경우는 없나요?

홍명보 : 한국의 경우 이제는 2002 월드컵이 일종의 기준이 되고 있는 것은 분명한 것 같습니다. 그런데 2002년 이전에도, 2002년 이후에도 대표팀이 국제대회에서 그만큼의 성과를 낸 적은 한 번도 없습니다. 많은 기대를 받는 것은 영광스러운 일이지만 냉정하게 현실을 직시해야 한다고 느끼는 경우도 적지는 않습니다.

이하라 : 일본도 마찬가지인 것 같습니다. 2002년 월드컵에서 한국은 4강, 일본은 16강에 올랐습니다. 일본 역시 당시의 성적이 일종의 기준점이 됐고, 이제 월드컵 본선진출 정도는 당연하다고 생각하는 분위기가 있습니다. 기대를 받는다는 것은 어떤 의미에서는 고마운 일이고, 그런 부담이 없으면 선수들도 정체되어 버릴 수 있습니다. 부담과 압박이 있어야 어려운 상황을 극복해 내려는 강인함이 몸에 붙게 되니까요. 단지 그와 동시에 냉정한 눈으로 수준을 평가하고 또 지켜보려는 시선도 필요합니다. 물론 선수들에게는 팬들이나 서포터들이 납득할 수 있을만한 경기력을 보여주는 것이 가장 중요한 임무 중 하나인 것은 분명합니다. 팬들의 기대와 시선이 높은 곳을 향하고 있는 것은 사실이지만 선수는 조금이라도 더 그에 부응하는 실력을 보여주기 위해 노력해야만 할 것입니다.

최근에는 아시아의 많은 나라들이 점점 더 빠른 속도로 성장하고 있습니다. 한국도, 일본도 더 이상 지켜볼 수 있는 입장만은 아니라고 생각되는데요, 이런 변화를 실제 피부로 느끼고 계신지요? 그리고 그런 상황에서 한국과 일본 축구는 어떤 지향점을 갖고 나가야 할까요?

홍명보 : 아시아 축구가 전체적으로 강해지고 있다는 것은 저 역시 피부로 느끼고 있습니다. 하지만 한국이나 일본, 이란, 사우디 같은 나라들은 아시아 축구에서 전통적인 강호이고, 앞으로 존재감을 유지해 갈 것이라는 점 또한 크게 달라지지는 않을 것이라 생각합니다. 단지 그런 상황에 안주해 노력을 게을리 한다면 아시아 최강의 자리는 분명히 다른 나라에 빼앗기게 되겠지요. 결국 지금 우리 자신에게 가장 중요한 것은 스스로 무엇이 부족한지를 깨닫는 일입니다. 그리고 그런 점을 개선하기 위

한 노력을 행동으로 옮겨야 합니다. 부족한 점, 단점이 무엇인지 철저히 파악하고 준비하는 것과 아무것도 모른 상태에서 준비하는 것은 과정에도, 결과에도 차이가 있습니다. 그럼 한국 축구에 부족한 것은 무엇인가? 이 부분에 대해서는 많은 지도자들이 다양한 의견을 가지고 있을 겁니다. 저는 반드시 세계 축구의 흐름을 접목시켜야 한다는 생각을 갖고 있습니다. 그저 TV를 통해 보고, 아는 척 하는 수준이 아니라 실제로 세계적인 수준의 축구를 현장에서 보고, 그들의 다양한 장점을 직접 배워야 한다고 생각하고 있습니다. 아시아 수준에서 만족하지 않고 이제는 점점 더 세계무대를 향해 도전해야 한다는 것을 한국 축구계 전체가 진지하게 고민해야 할 때라고 생각합니다.

이하라 : 일본도 그렇고 한국도 마찬가지겠습니다만, 시선은 항상 세계적인 수준의 축구를 목표로 해야 한다고 생각합니다. 그런데 그 목표인 국제대회에 출전하기 위해서는 반드시 아시아를 제패해야 하죠. 그리고 세계 무대에서 싸우는 것과 아시아 무대에서 승리를 거두기 위해 일본이나 한국이 마주해야 할 축구는 분명히 다른 차원의 것이기도 하고요. 말하자면 아시아에서 승리를 거둘 수 있으면서도 세계 무대에 통용될 수 있는 축구를 지향해야 한다는 의미입니다. 최근 일본의 경우 국가대표팀을 이끌고 있는 오카다 다케시 감독님이 그런 방향성을 갖고 있다고 생각합니다. 그런 축구를 구현해 낼 수 있다면 세계 무대도 일본 축구의 존재감을 각인시키게 되겠죠. 아시아를 제압하고, 세계 무대에서도 통할 수 있는 축구를 꿈꾸면서 지도자들 전체가 공통된 방향성과 인식을 가지고 미래를 내다보는 것. 바로 이 과제를 푸는 것이 일본 축구의 미래를 밝게 하는 것이 아닐까 생각하고 있습니다.

일본은 라이벌인가
일본프로축구를 누빈 한국인 30명의 증언

인쇄	2016년 8월 1일
발행	2016년 8월 5일
지은이	신무광
옮긴이	이은혜 박지영
펴낸이	이상용
펴낸곳	스포탈코리아
책임편집	김성진
사진	스포탈코리아 DB, 이완복(FA PHOTOS)
디자인	주영희
마케팅	한상현
인쇄	그린나래문화사
주소	서울특별시 종로구 새문안로 89 정우빌딩 303호
전화	02) 734-0155
팩스	02) 734-0916
이메일	sportal@sportalkorea.co.kr
홈페이지	www.sportalkorea.com
출판신고번호	제300-2013-60호
출판신고일자	2008년 8월 28일
ISBN	979-11-952572-2-5

*가격은 겉 표지에 있습니다. *이 책의 저작권은 저자와 스포탈코리아에 있습니다. *저자 및 스포탈코리아의 사전 허가 없이 책 내용의 무단 전재를 금합니다. *잘못된 책은 구입한 곳에서 교환해드립니다.
 이 도서의 국립중앙도서관 출판예정도서목록(CIP)은 서지정보유통지원시스템 홈페이지(http://www.seoji.nl.go.kr)와 국가자료공동목록시스템(http://www.nl.go.kr/kolisnet)에서 이용하실 수 있습니다. (CIP제어번호 : 2016017672)